복음에 잠기다

당신이 하나님을 더 깊이 알아 가고 더 널리 알리는 사람이 되는 것, 이 책에 담긴 예수전도단의 마음입니다. 말씀을 통해 저자가 깨닫고, 원고를 통해 저희가 누릴 수 있었던 그 감동이 책을 통해 당신에게도 전해지기 원합니다. 그리고 당신을 통해 그 기쁨과 은혜가 더 많은 이에게 계속해서 흘러가기를 기도하겠습니다. 이 책을 통해 당신이 받은 은혜를 다른 분들에게도 나눠 주십시오. 사랑하고 축복합니다.

Gospel Deeps

Published by Crossway a publishing ministry of Good News Publishers
Wheaton, Illinois 60187, U.S.A.

복음에 잠기다

제라드 C. 윌슨 지음

/

안정임 옮김

예수전도단

이 책을 또다시 나의 아내 베키에게 바친다.

나를 언제나 또다시 사랑해 주는 당신,

그대는 내게 은혜의 화신이라오.

추천사

복음과 그리스도의 위대함을 제대로 알리려 노력하고, 그것에 계속해서 성공하는 사람이 윌슨 목사다.

J. I. 패커
캘리포니아 코스트 교회 담임목사, 《하나님을 아는 지식》(IVP 역간) 저자

우리는 복음이 다른 사람을 위한 소식이라고 생각한다. 복음으로 구원을 받았음에도 막상 자신은 복음에 심드렁한 채 불신자에게 전해주는 데만 바쁘다. 아니면 초자연적 양자 물리학처럼, 모든 것의 기반은 되지만 깊이 묵상하기에는 너무 복잡하고 난해한 것으로 여긴다. 참 건조하고 밋밋하고 침울한 삶이다. 그러나 이 탁월한 지혜의 책은 복음의 가슴 벅찬 광활함 속으로 우리를 끌어들이고, 십자가 능력으로 우리의 일상을 불꽃 튀게 만들어 준다. 부디 이 책을 정독하여 깊고 넓은 샘에서 복음을 길어 올리길 바란다.

러셀 D. 무어
남침례 신학대학원 신학부 교수처장, 교무 부총장

이 책은 성경의 토양에 뿌리를 내리고 복음의 줄기에서 자라난 아름다운 나뭇잎이다. 윌슨 목사의 파릇한 잎사귀를 당신 영혼의 머그잔에 띄워 놓고 한 모금 마셔 보라. 《복음에 눈뜨다》가 그랬던 것처럼 《복음에 잠기다》에서도 향기로운 풍미가 당신의 영혼 가득히 전해져 올 것이다.

데이비드 매티스
desiringGod.org 편집위원, 미네소타 주 트윈시티의 베들레헴 침례교회 목사

이 책은 믿음이 얕은 사람에게 적합하지 않다. 구세주는 역경에 휘둘리고, 죄에 신음하고, 상처에 아파하는 사람에게 필요한 분이다. 윌슨 목사의 《복음에 잠기다》는 그런 사람을 상상 못 할 그리스도의 깊이 속으로 인도해 줄 것이다. 부디 행복한 여정을 만끽하시라.

레이 오틀런드
테네시 주 내슈빌의 임마누엘 교회 목사

제라드 C. 윌슨 목사의 《복음에 잠기다》는 신앙생활을 위한 그저 그런 기독교 서적이 아니다. 그리스도인의 삶을 가능하게 하는 것, 즉 복음에 대한 책이다. 그것도 단순히 복음을 요약해 놓은 게 아니라 그 속에 깊이 침잠해서 복음의 핵심과 우리 삶의 능력을 조목조목 짚어 냈다. 가끔씩 망각하는, 혹은 전혀 알지 못했던 예수님의 영광과 위대함을 생생히 체험해 보라.

조 쏘온
일리노이 주 세이트찰스의 리디머 교회 목사

영적인 눈이 없는 사람은 윌슨 목사의 책이 흥미롭지 못할 것이다. 당연하다. 그의 책은 예수 그리스도와 십자가 공로만을 뚫어져라 응시하기 때문이다. 영적인 눈이 밝은 사람은 그 안에서 아주 소중한 보물을 찾아낼 것이다. 복음을 다각도로 조명한 이 책은 하나님을 아는 지식이 거미줄 같다는 걸 일깨워 준다. 하나의 줄만 건드려도 모든 게 파르르 진동한다. 서정의 여운이 짙게 배인 이 책에 들어와서 그의 맛깔스런 글맛을 마음껏 음미하며 하나님을 찬미하기 바란다.

조나단 리먼
9Marks 편집주간, 《*Church and the Surprising Offense of God's Love*》 저자

《복음에 잠기다》는 복음이라는 웅대한 그림을 보여 준다. 복음은 죄책감에 대한 무마책이나 용서로 가는 일회용 문이 아니다. 우리가 날마다 걸어야 하는 길이고, 도덕적 타락의 해답이고, 진정한 예배자와 사랑의 사람으로 변화시키는 능력이고, 교회가 상처 난 세상을 치유하게 만드는 초자연적 힘이다. 이 책은 그 사실을 되새겨 준다. 그리스도와 연합한 자에게 온갖 영적 축복이 무한히 주어졌음을 기억하고, 《복음에 잠기다》가 이끄는 대로 주 안에서 기뻐하며 흥겨워하자.

스티븐 칠더스
올랜도 리폼드 신학대학원 실천신학 교수

예수 그리스도의 복음은 아무도 상상 못할 영적 부요함의 보고다. 이 책은 바로 그 부요함을 기록한 주옥같은 보고서다. 기독교의 명저술

가로 꼽히는 윌슨 목사는 시종일관 감격의 끈을 놓지 않고서 놀라운 복음의 진리를 명징하고 활기찬 언어로 기술했다. "그리스도의 모든 게 사실이라면 지루함은 죄다"라는 그의 말이 무엇보다 가슴에 와 닿는다. 그리스도의 모든 게 사실이고 윌슨 목사도 그것을 잘 알기에, 나는 이 책에서 지루한 내용을 찾아보라고 감히 제안하고 싶다.

토니 레인케
《독서신학》(부흥과개혁사 역간) 저자

무엇보다 제라드 윌슨 목사는 미국의 유능하고 명석한 목사이자 복음 신학자의 한 사람이다. 둘째로, 그는 계속해서 성장하고 있다. 《복음에 잠기다》에서 흥미로운 부분은 복음이 의미하는 것들에 끊임없이 매료되고 있는 젊은 목사의 진솔한 마음 궤적이다. 윌슨 목사는 유능한 교사일 뿐만 아니라 예배 인도자로서의 자질을 유감없이 발휘해 주었다. 하나님의 은혜의 정원에 더 깊이 뿌리를 내리라는 그의 권고가 고맙기 그지없다. 신학은 곧 찬미로세.

스코티 스미스
테네시 주 프랭클린의 크라이스트 커뮤니티 교회 목사

차례

하나님은 거대하고, 육중하고, 굵고, 진하신 분이다. 별난 표현이라고 생각하지 말라. 하나님은 진짜로 매우 광대하셔서, 그분 안에 있으면 이내 현기증이 난다. 그분의 영광은 더 말할 나위가 없다. 그걸 조금이라도 감지하고 싶다면 피조물과의 관계를 보면 된다. 이 지구에는 80억의 인구가 있지만 그분은 모든 사람을 하나하나 다 알고 계신다. 심지어 마태복음 10장 30절을 보면, 우리의 머리카락 개수까지 헤아리고 계신단다(물론 대머리는 제외하고). 하나님은 우리의 인생 역정을 아시고, 과거와 현재와 미래의 모든 생각을 아시고, 우리 안의 모든 감정과 동기와 욕구를 아시고, 지난 삶의 모든 순간이 어떤 과정을 거쳐서 지금 이 책을 붙들고 있는 우리 자신을 형성했는지를 알고 계신다. 하나님이 허락하지 않으시면 참새 한 마리도 땅에 떨어지지 않는다고 했다. 이 세상에 얼마나 많은 참새가 있는지는 모르지만, 아마도 인간의 수와 비슷하지 않을까 예상해 본다. 와! 그 모든 일에 전부 관여하고 계신다면, 하나님은 정말 바쁘시겠다!

하지만 그것도 크고 광대한 하나님께는 새 발의 피일 뿐이다. 어마어마한 우주를 생각해 보라. 우주에 비하면 지구는 탁구공이요, 우리는 먼지다. 우리 눈에는 대단하게 보여도 이 푸른빛의 탁구공은 사실상 하나님의 영원한 권능과 비교해 푸른색의 작은 점에 지나지 않는다. 셀 수 없는 행성과 우주 물질에 둘러싸인 난쟁이 지구를 우리는 '크다'고 말한다. 우주는 좀 심하고, 그냥 너그럽게 지구와 비교해 본다면 우리는 사하라 사막에 살고 있는 개미떼라고 할 수 있다. 선지자 욥은 이 광활한 우주가 하나님 권능의 옷자락에 불과하다고 말했다. 우리만큼 우주 상식이 없었던 다윗이 시편 8편을 기록한 걸 보면 놀랍기까지 하다.

> **주의 손가락으로 만드신 주의 하늘과**
> **주께서 베풀어 두신 달과 별들을 내가 보오니**
> **사람이 무엇이기에 주께서 그를 생각하시며**
> **인자가 무엇이기에 주께서 그를 돌보시나이까** 시 8:3-4

허블 망원경도 없는 시대였지만 다윗은 우주가 얼마나 큰지를 이해했고, 영원한 하나님이 이 광활한 우주를 인류를 위해 창조하셨다는 사실에 감격을 금치 못했다. 오늘날의 인공위성 사진이나 우주공학 같은 게 있었다면 다윗은 어떤 말을 했을까?

하나님의 광대하심 때문에 그분 안에 있으면 현기증이 난다는 얘기는 그분의 거룩하심에 비해 우리가 너무 작고 초라하다는 걸 에둘러 표현한 것이다. 예루살렘 성전에 하나님의 영광이 가득

차는 것을 보고(사 6장) 아마 이사야도 똑같은 심정을 느꼈을 것이다. 하나님의 찬란하고 압도적인 광채 앞에서 그는 할 말을 잊고 망연자실했다. C. S. 루이스C. S. Lewis의 말을 들어 보라.

> 정말로 하나님의 임재 앞에 있다면, 당신은 자기 자신을 완전히 망각하거나 자신이 너무도 작고 더러운 존재로 느껴져야 한다.

하나님이 아무런 도움이나 어려움 없이 이 삼라만상을 가뿐히 유지하며 지탱하신다는 사실은 우리를 기죽게 하고, 우리 자신의 어쩔 수 없는 한계와 나약함을 돌아보게 만든다. 당신은 그 하나님과 어떻게 지내고 있는가? 그분이 하는 일이 마음에 안 들고 시키는 일에 '아멘'을 하지 못하겠다면, 대체 무엇을 어쩌겠다는 말인가? 우리는 거대한 고래 앞에서 손톱만 한 주먹을 휘둘러 대는 플랑크톤일 뿐이다.

그래도 하나님은 우리의 말을 듣고 계신다. 노트에 기록해 두신다(아마도). 성경은 그분이 우리를 늘 생각하신다고 말한다. 그래서 더 놀랍고 뭉클하다(시 8:4; 히 2:6).

한량없이 크고 전능한 하나님은 어디에 힘과 정성을 쏟으실까? 그분의 영광이 울려 퍼지는 천지 만물일 것 같지만, 천만의 말씀이다. 오히려 사하라 사막의 개미떼 같은 우리에게 신경을 쓰신다. 우리가 할 수 없는 일을 해주시고, 우리가 해결 못 할 일을 해결해 주시며, 지극한 정성과 열정을 우리에게 쏟아 부으신다. 그래서 하나님의 깊이와 넓이와 높이와 크기를 가장 또렷하게 보여 주는 곳이 예수 그리스도의 복음이다.

지난 세월 교회를 목회하면서 성도들이 복음의 '넓이'를 이해하고 예수님과 십자가에 감사하는 걸 보아 왔다. 그러나 복음의 '깊이'를 깨닫지 못하고 일상 속에서 제대로 적용하지 못하는 모습은 무척이나 안타까웠다. 이번에 《복음에 잠기다》를 통해서 친애하는 윌슨 목사가 우리를 하나님의 더 크고, 넓고, 높고, 깊은 곳으로 안내했다. 당신이 이 책을 읽게 된 것은 참으로 다행한 일이다. 부디 성령께서 하나님의 찬란한 영광과 그리스도의 풍성한 깊이를 당신에게 선명히 계시해 주시길 두 손 모은다.

매트 챈들러
댈러스 빌리지교회(The Village Church) 대표목사,
《완전한 복음》(새물결플러스 역간) 저자

감사의 글

오랜 지인들, 그리고 새로운 벗들의 기도와 지혜와 사랑이 없었다면 이 글은 세상의 빛을 보지 못했을 것이다. 사라 맥리모어, 레이 오틀런드, 크리스 부스, 롭 타운센드, 제레미 벨드만, 데일 카, 마이크 크론, 빌 스트레저, 매트 챈들러, 조쉬 코쉬누, 마크 게딕스, 그리고 뉴잉글랜드 가스펠 얼라이언스의 형제들께 머리 숙여 감사한다.

아울러 이번 원고의 구성과 집필에 도움을 주신 트레빈 왁스, 버크 파슨스, 데인 오틀런드, 조엘 버데우, 로버트 피터슨에게도 고마움을 전한다. 깊이 있고 세련된 문장은 그들의 솜씨이고, 어눌한 문장은 내 아둔함의 소치임을 밝혀 둔다.

이 자리를 빌려 특히 감사하고 싶은 분들은 두 해에 걸쳐 이 책의 내용들을 미리 듣고 은혜를 함께 나누어 준 여러 교회의 교인들이다. 가스펠 얼라이언스Gospel Alliance가 LEAD 콘퍼런스를 개최했던 텍사스 주에 있는 콘로 교회, 오하이오 주 가하나에 있는 뉴라이프 교회, 텍사스 주 휴스턴에 있는 디바인 감독교회, 매사

추세츠 주 브록턴에 있는 그레이스 교회, 메인 주 어번에 있는 이스트 어번 침례교회의 모든 교인께 감사한다. 그분들은 나의 생각과 견해를 너그럽게 받아 주고 진지하게 숙고해 주었다.

하지만 무엇보다 고마운 건 내가 목회하는 미들타운 스프링스 교회의 교우들이다. "사랑하는 형제자매 여러분, 저와 함께 복음의 길에 동행해 주어 정말로 감사합니다. 늘 기쁨과 순종의 마음으로 하나님의 말씀을 받으시는 여러분과 함께 주바라기들로 보낸 흥겨웠던 시간을 절대로 잊지 못할 것입니다."

제라드 C. 윌슨

시작하며

우리가 다 그의 충만한 데서 받으니 은혜 위에 은혜러라 요 1:16

이 책에서 내가 외치고 싶은 말은 예수 그리스도의 복음이 크다는 것이다. 정말로 크다. 엄청나게 크다. 터무니없이 크다. 그리고 깊다. 깊고 풍요롭다. 그리고 아름답다. 다채롭다. 위대하다. 강렬하다. 감동적이다. 신비롭다. 그러면서도 생생하고 투명하다. 화사하다. 깨우치고 고친다. 아 참, 크다는 얘기도 했던가?

나는 바이블벨트(Bible Belt, 기독교가 우세한 지역을 의미 – 역주)에 있는 남침례 교회에서 성장한 사람이다. 우리 교회는 보수적이고, 성경적이고, 전도에 열정적이고, 교인 친화적이었다. 주일학교도, 예배도, 수요 저녁기도회도, 중고등부도, 수양회도, 친목 모임도 복음이 없이는 진행되지 않았다. 모인 동기나 취지를 막론하고 어쨌든 마지막에는 주를 영접하겠다고 손을 들거나 강대상 앞에 나가는 것으로 예배와 모임을 마쳤다. 물론 그 자체는 나쁠 게 없었다. 그런 순간이 주님을 믿게 된 결정적인 계기였다고 말하는 사람도 많지 않은가! 복음을 들었다면 이제 회개하고 주님을 영접하라는 것이 이상할 이유는 전혀 없다.

그런데 지금 와서 그때를 돌이켜 보면 레코드판을 바늘로 긁어대는 소리, 자동차의 급브레이크를 밟아대는 소리가 들린다. 왜일까? 글쎄…, 왜 그 순간들이 이제 와서 내 심기를 이토록 건드리고 손발을 오그라들게 하는 걸까? 그건 혹시 복음을 전한 다음에 영접을 시킨 게 아니라 복음 아닌 다른 '무언가'를 전하고서 주님을 영접하라고 초청했기 때문은 아닐까? 물론 그 '무언가'는 성경적이었고, 도움이 될 만했고, 실용적이었고, 영적이었다. 하지만 그래도 복음은 아니었다. 그냥 '무언가'였다.

솔직히 그런 초청의 시간이 너무나도 흔하다 보니, 나는 아예 복음이 그런 시간만을 위한 것이라고 단정하는 경지(?)에 이르고 말았다. 내가 들었던 진지하고 심각한 설교들, 성경과 체험에 바탕을 두고 때로는 친절한 설명을 곁들인 모든 설교는 복음이 불신자들의 전유물이라는 고정관념을 은연중에 심어 주었다. 그러니까 복음의 내용은 예수님을 이미 영접한 교인들에게는 해당 사항이 없는 거였다.

너무 흔했던 영접 시간은 급기야 영접의 분위기를 시들하게 말려 버렸다. 그러자 이미 주님을 영접한 성도가 진짜 성도가 아닐지도 모른다는, 여전히 죄와 싸우고 씨름하는 것 자체가 '다시' 구원을 받아야 할 상태임을 보여 주는 거라는, 그러한 기상천외한 발상을 교인들에게 심어 주기에 이르렀다. 교회 밖으로 나가 전도를 한다거나 성도들을 복음으로 성숙시키는 일은 여전히 뒷

전인 채로 말이다. 한 번 믿으면 영원히 구원받는다고 입에 침을 튀기던 설교자가 그 침이 마르기도 전에 그런 게 아닐 수도 있다는 불안감을 사람들에게 주입하고 있었던 것이다. 그렇다면 복음은 하나님의 능력이 아니고 일순간에 양심을 깨끗하게 해주는 요술지팡일 뿐이란 말인가?

어린 시절부터 교회에 다녔던 나는 귀에 못이 박이도록 들은 설교와 가르침 덕분에 성경 지식 하나만큼은 박사 빰칠 수준을 자랑할 정도였다. 하지만 복음이 얼마나 위대하고 심오한지에 대해서는 단 한 번도 들어 본 기억이 없다. 그렇다고 우리 교회에서 복음을 잘못 전했던 건 아니었다. 제대로 전했지만, 너무 얇게 전한 것이 문제였다. 복음이 우리 인생의 전반에 적용된다는 사실을 나는 알지 못했다. 고린도전서 15장 3절에서 바울은 예수님의 죽음과 부활이 최대 중요 사건이라고 했지만, 나는 그게 최우선의 사건이라고 말하는 줄 알았다.

복음을 믿는 건 분명히 구원의 'ABC'다. 하지만 복음은 또한 'A에서 Z'이기도 하다. 우리에게는 복음의 지식만 있을 뿐 그 능력을 옳게 깨닫는 데는 미치지 못하고 있다.

고린도전서 2장 2절에서 바울은 고린도 교회를 향해 이렇게 말했다.

내가 너희 중에서 예수 그리스도와 그가 십자가에 못 박히신 것 외에는 아무것도 알지 아니하기로 작정하였음이라

알기로 작정한 게 단순히 그것뿐이라는 뜻이겠지만, 몇 구절을 내려가 보면 다음과 같은 구절이 나온다.

> 오직 은밀한 가운데 있는 하나님의 지혜를 말하는 것으로서 곧 감추어졌던 것인데 하나님이 우리의 영광을 위하여 만세 전에 미리 정하신 것이라 이 지혜는 이 세대의 통치자들이 한 사람도 알지 못하였나니 만일 알았더라면 영광의 주를 십자가에 못 박지 아니하였으리라 기록된바
>
> 하나님이 자기를 사랑하는 자들을 위하여 예비하신 모든 것은
> 눈으로 보지 못하고 귀로 듣지 못하고
> 사람의 마음으로 생각하지도 못하였다 함과 같으니라
>
> 오직 하나님이 성령으로 이것을 우리에게 보이셨으니
> 성령은 모든 것 곧 하나님의 깊은 것까지도 통달하시느니라 고전 2:7-10

오, 맙소사! 이렇게 복잡하고 고매한 이야기를 하다니! "예수 그리스도와 그가 십자가에 못 박히신 것"을 안다고 했던 말은 실상 하나님 지혜의 은밀하고 감추어진 것을 안다는 의미였던 셈이다. 바울의 말에 의하면, 예수님과 그분의 십자가 구원을 아는 것이 '하나님의 깊은 것'을 아는 것이다. 개신교 교회들이 지닌 가장 큰 문제는 복음의 내용을 뭉텅 잘라내어 (혹은 영접 전용의 복음 방정식을 만들어) 그 깊이를 헤아리지 못하게 만든 것이다. 아니, 그런 깊이가 있는지조차 짐작을 못 하게 만들어 버린 것이다.

나는 맥북 프로(MacBook Pro, 미국 애플사에서 출시한 고성능 매킨토시 노트북 컴퓨터 기종의 하나 - 역주)를 갖고 있다. 나는 이 맥북 프로를 무척이나 좋아한다. 내가 컴퓨터에 기대하는 모든 일을 이 녀석이 척척 수행해 준다. 이메일 발송, 인터넷 검색, 블로그와 문서 작성, 음악과 영화 감상까지 그야말로 흠 잡을 데가 없다. 그러나 컴퓨터를 좀 안다는 사람들은 이메일을 보내고 인터넷을 검색하고 문서를 작성하는 게 고작이라면 맥북 프로를 쓸 필요가 없다고 말한다. (사설이지만, 이 노트북은 이전의 교회에서 내게 중고제품을 선물해 준 것이므로 절대 과소비가 아님을 밝혀 둔다.)

어느 날, 친구 한 명이 내 노트북을 잠깐만 사용하고 싶다기에 그러라고 말했다. 그러자 친구는 내 컴퓨터로 감히 할 수 있으리라 상상조차 못 했던 희한한 일들을 하기 시작했다. 친구는 내가 존재 여부도 몰랐던 프로그램들을 마구 열고서 놀라운 것들을 보여 주었다. 진짜로 입이 쩍 벌어지는 기능이 그 안에 가득했다. 지금 그 얘기를 하고 있긴 하지만, 나는 지금도 그것들을 어떻게 실행하는지 전혀 모른다. 듣자 하니 내 노트북 안에는 근사한 프로그램들이 잔뜩 깔려 있다고 한다. 그런데 나는 그 근사한 것들의 정체를 알지 못한다. 어떤 이들은 맥북 프로로 절묘한 영화까지 만들어 낸다. 내 노트북에도 개러지밴드(GarageBand, 다양한 악기를 배우고 연주할 수 있는 음악 애플리케이션 - 역주)라는 게 깔려 있는데, 기막힌 기능을 갖추었다는 그 프로그램을 나는 사용도 안 하고 사용법도 모른다.

이처럼 환상적인 능력과 엄청난 잠재력을 가진 물건이 내 책상, 혹은 내 무릎 위에 떡 하니 놓여 있는데도 전원을 켤 때마다 뭐가 어디에 들어 있는지, 그것을 어떻게 사용하는지에 대해서 나는 완전 백치인 셈이다. 그런데 안타깝게도 우리 그리스도인들이 딱 그 모양이다. 아는 거라곤 그저 복음의 단편적인 조각 몇 가지뿐, 그 엄청난 넓이와 깊이를 헤아리지 못하고 있다.

우리 지식의 한계선은 복음을 믿으면 죄를 용서받고 천국행 표를 얻는다는 것까지다. 복음이 날마다 우리의 일상에서 어떤 역할을 하는지에 대해서는 깜깜하다 못해 무지할 정도다. 그리스도인 중에는 복음이 결혼 생활과 자녀 양육, 친구 관계, 그리고 신학 주제들에까지 폭넓게 적용된다는 사실을 모르는 사람이 많다. 다른 범주의 정보나 전문 지식이 그러하듯 복음도 적용 대상이 있고, 그 대상은 상상을 초월한다. 그런데도 우리는 복음의 기초 지식에 만족하며 살아간다. 그러면서도 다 아는 것처럼 행세한다. 이에 파생되는 슬픈 결과가 예수님의 충만함 속에서 받는 '은혜 위에 은혜'를 도외시하는 것이다. 복음은 하나요, 예수님도 한 분이시지만, 예수님 안에 무한한 보화가 있듯이 복음에도 무수히 다양한 면이 담겨 있다.

복음은 깊이 들어갈수록 점점 더 커진다. 아무리 멀리 가도 막다른 골목은 절대 나오지 않는다.

C. S. 루이스가 쓴 '나니아 연대기' 시리즈의 《마지막 전투》(시공주니어 역간)를 보면, 주인공들이 위대한 정원에서 다시 영광스럽게 재회하는 장면이 나온다.

이윽고 루시가 심각한 어조로 입을 열었다.

“그래요, 이제 알았어요. 이 정원은 마구간이랑 비슷해요. 밖에서 보는 것보다 안이 훨씬 더 크다는 점에서요.”

그러자 톰누스 씨가 말했다. “물론입니다, 이브의 딸. 더 높은 곳으로, 더 깊은 곳으로 들어가면 점점 더 커지지요. 안은 바깥보다 훨씬 더 크답니다.”

루시는 정원을 자세히 바라보다가 그곳이 그냥 정원이 아니라 하나의 세계라는 사실을 깨달았다. 강도 있고, 숲도 있고, 바다고 있고, 산맥도 있는 세계였다. 그런데 그런 모습들이 전혀 낯설지가 않았다. 어디선가 이미 본 적이 있는 것만 같았다.

루시가 말했다. “이제 알겠어요, 이곳도 나니아예요. 저 언덕 아래에 있는 나니아보다 더 진짜 같고 더 아름다워요. 마구간 문밖에 있던 나니아보다 더 생생하고 아름다웠던 것처럼 말이죠! 바로 그거예요.…세계 안의 세계, 나니아 안의 나니아….”

톰누스 씨가 말했다. “맞아요. 양파와 비슷하다고 할까요? 안으로 계속 들어갈수록 속에 있는 것이 더 크다는 사실만 다를 뿐이죠.”[01]

십자가 위에서, 그리고 무덤 밖에서 이루어진 예수 그리스도의 구원 복음도 이와 비슷하다. 주님의 역사를 깊이 파헤치면 파헤칠수록 우리의 시야는 넓어지고 우리의 가슴은 벅차오른다. 그래서 복음은 양파 같고 나의 맥북 노트북 같다. 성경에 보면 선지자들이 하나님의 영광에 압도당해서 그 위엄과 걸맞지 않은 얘기를 버벅거리는 장면들이 나온다. 한 예로 욥은 자신을 비롯해 온 우주를 위한 하나님의 원대한 구상과 계획 앞에서 “나는 깨닫지도 못한 일을 말하였고 스스로 알 수도 없고 헤아리기도 어려운 일을 말하였나이다"(욥 42:3)라고 머리를 조아렸다. 천지 만물을 시로 노래했던 다윗 왕마저 이렇게 고백했다.

이 지식이 내게 너무 기이하니 높아서 내가 능히 미치지 못하나이다 시 139:6

에베소서 3장 8절에서 사도 바울은 그리스도의 풍성함을 측량할 수 없다고 말했다. 하나님의 영광을 목격한 사람마다 객관적인 묘사는 고사하고 말문이 막혀 어쩔 줄을 몰라 했다. 그에 대한 레온 모리스Leon Morris의 설명이 재치 있다.

신약의 저자들은 하나님이 우리를 위해 행하신 그 놀라운 일의 일부분이라도 제대로 묘사할 만한 말들을 찾느라 쩔쩔매는 사람들과 같았다.[02)]

물론 아무런 상징이나 비유를 찾아낼 수 없다는 얘기가 아니다. 금강석, 바다, 심지어 나니아라는 상상의 나라와 양파 같은 것들이 아쉬우나마 복음의 위대함을 묘사하고는 있지만, 그중 어느 것도 정확한 비유는 아니다. 복음은 예수님이 인류 역사 속에서 이룩하신 어떤 일의 공표를 담고 있다. 그 일은 해독하기 어렵거나 복잡하지 않다. 140 글자로 압축해서 트위터로 보낼 수도 있다. 그럼에도 그것은 온 우주보다 크고 어마어마하다.

우리는 그 사실을 알아야 한다. 그 사실을 모르는 건 하나의 정보를 '놓치는' 정도가 아니다. 복음의 깊이 속에 들어가서 예수 그리스도가 성취하신 것(복음의 내용)과 그 성취로 이룩하신 것들을 제대로 아는 것이 하나님을 더 깊이 알고 사랑하는 길이다. 복음의 깊이를 모르면 예배도 허투루 드리게 된다. 예수님의 복음이 어떻게 하나님의 백성을 낳는지 설명하던 바울이 뭐라고 부르짖었는가!

> 깊도다 하나님의 지혜와 지식의 풍성함이여, 그의 판단은 헤아리지 못할 것이며 그의 길은 찾지 못할 것이로다 롬 11:33

바울의 말은 무슨 뜻인가? 이는 도를 깨우치는 소리도, 자신의 부족함을 한탄하는 소리도 아니다. 경배하고 높이는 소리다! 복음의 위대함 앞에서 "아!" 하고 탄성을 발하는 소리다. 그는 복음의 희소식을 통해 하나님의 영광과 계획을 더욱 또렷하고 더욱 폭넓게 바라보았다.

내가 앞서 쓴《복음에 눈뜨다》(예수전도단 역간)는 믿음으로 새 출발을 한 이들의 간증과 함께 복음이 삶의 다방면에 어떻게 적용되는지를 말하고 있는 책이다. 이제《복음에 잠기다》에서는 복음 그 자체를 설명하고자 한다. 나는 다이아몬드처럼 복음을 높이 쳐들고 그 다면체의 일부분을 자세히 관찰하고 싶다. 암호를 해독하듯 단순한 정보들을 머릿속에 집어넣는 게 아니라 예수 그리스도 안에서 과거에 하나님이 우리를 위해 하셨던 일, 예수 그리스도 안에서 현재 하나님이 우리를 위해 하고 계신 일, 예수 그리스도 안에서 앞으로 하나님이 우리를 위해 하실 일을 생각하며 탄성을 지르고 입을 떡 벌리고서 다 함께 놀라자는 얘기다. 복음의 심연을 헤엄치는 일은 희열이 넘치는 일이다. 그렇지 않다면 헛일에 불과하다.

자, 그럼 이제 본격적으로 탐구 여행을 떠나 보자. 그리고 하나님을 경배하자.

복음의 모든 것은 깊다.[01]
토마스 굿윈

The things of the gospel are depths.
Thomas Goodwin

01

복음의 심연 속으로

GOSPEL DEEPS

간단히 말해서 예수 그리스도의 복음은 이런 이야기다. 복음은 소식인데(충고나 교훈, 실용적 지침이 아니라), 하나님이 예수 그리스도의 생애와 죽음과 부활을 통해 죄인들을 구원하신다는 소식이다. 이 소식을 누구에게 전하느냐에 따라서 몇 가지 구체적인 내용을 보탤 수 있다. 예를 들면 모든 인간은 태어날 때부터 죄인이라든가, 예수님은 인간으로 성육신한 하나님이라든가, 예나 지금이나 예수님은 메시아라든가, 그분의 죽음은 인간을 대신하는 희생제사였다든가, 그분의 부활은 진짜로 죽었다가 영광스런 몸으로 살아나는 문자 그대로의 부활이었다든가 하는 내용들을 추가할 수 있다. 혹은 복음의 소식을 성경의 맥락에 맞추기 위해 세부사항을 보탤 수도 있다. 그러나 어쨌든 기본 사실은 앞서 말한 대로 하나님이 예수 그리스도의 생애와 죽음과 부활을 통해 죄인들을 구원하신다는 것이다. 그것이 가장 명확하고도 간결하게 복음을 정리한 내용이다.

이 간단한 복음이 가장 강퍅한 죄인들(즉, 우리 모두)을 너끈히 구원한다. 복음을 통해 구원의 능력이 전해지고, 믿음으로 그 능력을 받은 죄인은 의인이 된다. 예수님은 겨자씨 한 알만 한 믿음이면 산도 옮길 수 있다고 말씀하셨다(마 17:20). 그렇게 볼 때 우리를 구원하는 것은 우리 믿음의 크기나 강도가 아니라 믿음의 진정성이라는 얘기가 되고, 그렇기 때문에 우리의 죽은 마음이 예수님을 믿게 되는 건 우리의 힘으로가 아니라 성령이 복음을 통해 우리 안에 역사하셔야 가능하다는 얘기가 된다. 바울은 이 복음이 모든 믿는 자에게 구원을 주시는 하나님의 능력이라고 말했다(롬 1:16).

고린도전서 15장 3-4절은 복음을 다음과 같이 요약했다.

> **내가 받은 것을 먼저 너희에게 전하였노니 이는 성경대로 그리스도께서 우리 죄를 위하여 죽으시고 장사 지낸 바 되셨다가 성경대로 사흘 만에 다시 살아나사**

바울은 실제 일어났던 구체적 사건들을 예로 들며 예수님이 베드로와 다른 제자들에게 나타나셨고, 그 뒤에 500명의 사람들, 그 후 사도들에게 나타나셨다고 했다. 그러나 바울이 '먼저' 전하고 싶어 했던 복음은 3-4절에 요약되어 있다. 즉, 예수님이 우리의 죄를 위해 죽으셨고 무덤에 묻히셨다가 사흘 만에 살아나셨다는 것이다. 이것이 바로 역사적인 소식이고 희대의 희소식이다.

참으로 간단하지 않은가? 그런데 고린도전서 15장은 이런 간단한 얘기를 왜 그리 난해하고 복잡하게 하고 있을까? 자, 복음을 가만히 들여다보자. 그러면 그 효력이 결코 그리 간단하지 않다는 걸 발견하게 된다. 바울에 의하면, 복음에는 인간을 전방위로 광범위하게 변화시킬 능력이 있다. 말하자면 수시로 죄를 짓는 인간을 수시로 용서할 힘이 있다는 것만으로도 대단한 일인데, 거기에서 그치는 게 아니라는 것이다. 바울은 먼저 자신이 복음을 전파하게 해준 복음의 은혜를 예찬하고 나서(10절), 부활하신 영광의 예수님이 모든 믿는 자의 미래 부활을 실행 모드로 바꾸셨으며(21-23절), 예수님의 생애와 죽음과 부활의 복음이 그분을 구원자로 선포하고 있으므로 복음의 능력 속에 반대파에 속하는 통치와 권세와 능력을 멸할 힘이 들어 있고(24절), 끝으로 사망조차 복음의 능력을 피해가지 못하리니 예수님이 사망과 무덤을 정복하심으로써 사망과 무덤을 멸하실 것이라고 말했다(26절).

확실히 복음은 간단하면서도 복잡하고, 쉬우면서도 난해하다. 하지만 난해의 극치를 달린다고 해도 경기 종료 휘슬은 울리지 않는다. 그런 면에서 요한복음 3장 16절도 마찬가지다.

흔히들 이런 식으로 이야기한다. 복음은 어린아이가 헤엄칠 만큼 얕으면서도, 코끼리가 빠져 죽을 만큼 깊다고. 이렇게 생각할 수도 있다. 어린아이에게 글을 가르칠 때 우리는 먼저 '가나다라'를 가르치고, 그 다음에 단어와 문장을 가르친다. 그래야 아이들이 문자를 조금씩 깨우쳐서 읽고 쓸 수 있다. 반면에 그 단계를 지난 사람들은 좀 더 높은 수준의 언어를 배운다. 언어라는 영역은 같지만, 그 레벨이 다른 것이다. 복음도 그와 같다. 복음의 '가나다라'는 신앙의 고급, 중급, 초급 과정에 있는 모든 그리스도인이 이해할 수 있다. 그러나 더 심도 높은 과정으로 얼마든지 나아갈 수 있다.

어린아이도 기초를 배울 수 있다고 해서, 언어를 익히는 것이 결코 쉬운 일은 아니다. 마찬가지로, 간단한 복음도 사실은 전혀 간단하지가 않다. 가령 누군가 칠판에다 "하나님이 예수 그리스도의 생애와 죽음과 부활을 통해 죄인을 구원하신다"라는 문장을 써 놓았다고 치자. 그러면 우리는 이 간단한 문장의 단어 하나하나를 짚어가면서 더 깊은 의미들을 따져 볼 수 있을 것이다. 하나님이 예수님의 생애를 통해 죄인들을 구원하신다고? 어떻게? 이 부분에서 우리는 예수님의 전적인 순종, 성육신의 긴장감, 유혹의 실재, 무고하고 완벽한 삶과 같은 것들에 주목하게 된다. '예수님의 죽음을 통해서는 하나님이 어떻게 죄인들을 구원하시는가?' 하는 식으로 초점을 옮기다 보면, 하나의 논제에서 풍요로운 진리와 구원의 다양한 이론들을 마주치게 된다. 더욱이 부활은 '모든 것'을 바꾸어 놓았으니, 부활이라는 주제에 이르러서는 '모든 것'을 논할 채비를 해야 한다. 예수님의 부활이 죄인들에게 어떤 식의 구원을 이루어 주었는가?

지금 우리가 살짝 엿보고 있는 것은 옷장 속에 들어 있는 세상일뿐이다. 예수님이 오시면 우리는 그분의 전부를 갖게 될 것이다. 머리카락 한 올, 한 올까지 전부 다! 성경은 우리가 복음 안에서 소유하게 된 것들이 예수님의 충만한 데서 받은 것이라고 말한다(요 1:16 참고). 좀 더 쉽게 풀이하자면, 우리의 상황과 형편, 죄악, 문제가 무엇이든 우리를 향한 하나님의 사랑이 복음에 고스란히 나타나서 그분을 영화롭게 한다는 것이다. 요한복음 1장 16절을 보면, "우리가 다 그의 충만한 데서 받으니 은혜 위에 은혜러라"고 말한다. 복음에는 우리에게 필요한 모든 것이 하나도 빠짐없이 들어 있다. 왜냐하면 한결같은 사랑의 하나님이자 전지전능한 구세주가 그 복음의 장본인이시기 때문이다.

깊고 깊은 하나님의 사랑

우리는 하나님의 사랑을 사랑한다. 안 믿는 사람들도 기독교 신앙의 이 사실만큼은 부러워한다. 무신론자도 '이웃을 사랑하고(마 22:39) 원수를 사랑하라(마 5:44)'는 예수님의 말씀과 "하나님은 사랑이심이라"(요일 4:8)는 말씀 정도는 알고 있다. 믿지 않는 불신 남녀도 예식장에서만큼은 '사랑장'이라는 고린도전서 13장을 즐겨 애용한다. 우리가 알다시피 사랑은 언제까지나 남아 있을 가장 위대한 것이다.

복음 신학을 논한다면, 아마 하나님의 사랑보다 더 환상적인 출발점은 없을 것이다. 우리가 불신자나 초신자들에게 제일 먼저 가르쳐 주는 것도 요한복음 3장 16절에 나오는 하나님의 사랑이다. "하나님이 세상을 이처럼 사랑하사 독생자를 주셨으니 이는 그를 믿는 자마다 멸망하지 않고 영생을 얻게 하려 하심이라." 믿고 안 믿고를 떠나 사람들은 하나님의 사랑을 부르짖고 그 사랑을 예찬하지만, 그것이 과연 성경적 개념의 사랑인지는 의문의 여지가 있다. 혹시 그 안에 인간적 편견과 선입견이 뒤섞여 있는 것은 아닐까? 입으로는 하나님 사랑을 열심히 찬미해도, 실제로는 인간의 뒤틀린 사랑을 머릿속에 그릴 가능성이 매우 크다.

하나님의 사랑은 얼마나 크고 위대한가? 아주아주 크고, 아주아주 위대하다. 성경에 따르면 하나님의 사랑은 언제나 한결같고, 오래오래 참아 주고, 중단과 멈춤이 없고, 결별 통보도 없고, 영원무궁하고, 불가사의한 성육신에 고스란히 드러나 있다고 한다. 하나님의 사랑이 우리를 강권하고(고후 5:14), 그 사랑에 우리의 뿌리가 박히며 터가 굳어지고(엡 3:17), 그 사랑은 모든 지식을 능가한다(엡 3:19). 이런 사랑을 종교적인 감상으로, 혹은 휴머니즘으로, 심지어 낭만적 감정으로 쉽게 이해할 수 있다고 생각하는가? 미안하지만 이 사랑은 죄인을 구하고(롬 5:8), 징계하고(히 12:6), 길을 인도하는(시 25:10) 매우 구체적이고도 개인적인 사랑이다. 모호하고, 달착지근하고, 세상이 다 내 것인 양 황홀한 사랑이 아니다. 비틀스가 "너에게 필요한 건 사랑뿐이야"라고 노래했을 때 모든 사람이 고개를 끄덕거렸다. 하나님은 분명 사랑이시다. 그러나 사랑은 하나님이 아니다.

하나님 사랑의 성경적 개념은 인간의 어설픈 사랑 이론에 의해 뒤틀려 버렸다. 그중 가장 심각한 게 사랑에 자유가 있어야 한다는 엉터리 철학이다. 어디서 그런 발상이 나왔는지 모르겠다. 분명 성경에도 없는 이야기인데…. 오히려 성경은 그와는 반대로 말한다. 하나님의 사랑이 인간의 자유를 시종일관 침해한다고 말이다. 성경에 등장하는 인물들의 이야기가 그 사실을 단적으로 보여 주지 않는가? 하나님은 그들을 사랑하셨지만, 그 누구도 자기 인생을 마음대로 살아가지 못했다. 성경에 나오는 하나님의 사랑은 우리가 제멋대로 상상의 나래를 펼쳐서 신인동형론(神人同形論)적 사랑으로 격하시켜 놓은 것보다 훨씬 더 크고, 이상하고, 복잡하다. D. A. 카슨D. A. Carson 역시 "성경에서 말하는 하나님의 사랑은 우리가 만든 그럴듯한 슬로건보다 훨씬 더 복잡하고 미묘하다"라고 말했다.[02)]

개중에는 그런 슬로건으로 하나님의 사랑을 마침내 제대로 표현했다며 으스대는 자들이 있다. 최근에 유행하는 자유의지, 만인구제, 포용주의 같은 낭설들이 그 대표적인 예다. 나름 성경에 그려진 하나님 사랑을 원래대로 그려냈다고 자부하지만, 그것은 사실이 아니다. 진정한 사랑에 어떤 요소들이 필요한가를 철학적으로 고찰하고 그 사랑을 가급적 많은 사람이 수용하도록 복음을 전파할 생각은 하지 않고 금강석처럼 다각적인 사랑을 그냥 무작정 뭉크러뜨려 놓았으니 정말 미치고 팔짝 뛸 노릇이다. 하나님의 사랑을 크게 확대하겠다는 욕심이 오히려 그 사랑을 피자처럼 납작하게 만들어 버린 것이다.

그렇게 납작한 개념으로는 하나님 사랑의 넓이와 깊이를 헤아릴 수가 없다. 더 복잡하고, 다각적이고, 입체적이고, 충만한 개념이어야만 가능하다.

모든 시대, 모든 성도에게 주어진 엄숙한 과업이 있다면, 그것은 광활한 하나님 사랑을 납작하게 눌러 버리려는 내면의 충동과 싸우는 일이다. 사랑에는 정말로 자유가 있어야 하는가?

사랑하는 사람이 원하는 걸 들어주어야만 진정으로 사랑하는 것인가? 이 질문에 포용주의자들은 주저 없이 '예'라고 대답할 것이다. 성경적 지옥론을 옹호하려는 자세는 가상하지만, 성경 어디에도 그들의 사랑론을 뒷받침할 근거는 전혀 없다. C. S. 루이스의 표현을 빌리자면 그곳의 문은 안으로 잠겨 있다. 사랑에 자유가 필요하다고 말하면 감상주의가 신학이라는 강아지의 꼬리를 치게 만드는 꼴이다. 그들은 회개하지 않는 자를 하나님이 심판하실 때 "그대들의 뜻이 이루어지도다"라고 말씀하신다고 한다. 따지고 보면 그런 말씀을 하실 이유도 있겠지만, 하나님은 사실 그렇게 말씀하지 않으신다. 실제적으로 끝까지 회개하지 않는 자를 영원한 심판에 처할 때 하나님은 "나의 뜻이 이루어지도다"라고 말씀하신다.

지금까지 우리는 어떤 세뇌를 당해 왔는가? 하나님이 아무나 그분 마음대로 하신다는 것은 너무 단순하고 운명론적이니까, 그 대신 하나님이 우리가 원하는 대로 해주신다는 좀 더 감동적이고 그럴듯한 사랑의 개념을 은연중에 받아들이고 있지는 않았는가?

하지만 생각해 보라. 만일 내 딸이 트럭이 다가오는 차도로 뛰어들거나, 전기가 흐르는 전선에 손을 댈 때 단지 그 애가 하고 싶어 한다는 이유로 내가 가만히 앉아서 그 애의 자유를 보장해 주는 게 옳은 일인가? 그게 과연 아비의 사랑인가? 도리어 차도로 뛰어드는 아이의 발을 걸어 넘어뜨리고 전선을 만지려는 손을 찰싹 때리는 게 진정한 사랑이 아니겠는가?

혹자는 이렇게 반문할 것이다. "그렇지만 하나님은 자기 자녀들이 트럭에 치이고 전기에 감전되는 일을 날마다 허용하시잖아요?" 물론 그렇다. 그런 일은 날마다 일어난다. 자, 그럼 이제 본격적으로 "하나님은 사랑이시라"는 명제를 어떻게 해석할지 씨름해 보자.

하나님은 모든 사람을 사랑하신다. 그러니까 "하나님은 사랑이시라"는 말은 어쩌면 모든 사람을 언젠가 발을 걸어 넘어뜨리실 거라는 얘기가 아닐까? 회개하지 않는 자, 영적으로 죽어 있는 자, 하나님을 미워하는 자를 전부 포함해서 그들이 영원한 죽음에 뛰어들지 않게 넘어뜨리신다는 얘기일 것이다. 지금까지의 논리로 볼 때 하나님이 그렇게 하지 않으시면 그것은 도리어 모두를 사랑하지 않으신다는 결론이 되고 만다.

아니면 우리의 유한하고 타락한 정신으로는 이해 못 할 훨씬 더 차원 높은 면이 있는 것인지도 모른다. 아니면 무소부재하고 초월적인 존재의 사랑 방식을 우리로서는 도저히 꿰뚫을 길이 없는 것인지도, 또는 우리를 향한 그 사랑이 너무도 지극해서 그저 영광스럽고 경이로운 것인지도 모른다. 아니면 하나님 사랑의 높이와 넓이라는 말이 실제로 크기나 복잡성을 의미하는 것인지도 모른다.

트레버 프란시스Trevor Francis가 지은 "오, 깊고 깊은 예수님 사랑"O the Deep, Deep Love of Jesus이란 찬송을 보면 이런 가사가 나온다.

오, 깊고 깊은 예수님 사랑 한없이 넓고 무한하고 자유롭네!

그 사랑의 충만함이 거대한 대양처럼 나를 덮네.

나의 밑에도 주위에도 주 사랑의 물결이 넘실거리네.

본향으로 나를 이끌어 천국에서 영원한 안식을 취하게 하소서.

월터 매티슨Walter Matheson 도 "나를 놓지 않을 그 사랑"O Love That Will Not Let Me Go 에서 하나님 사랑이 바다처럼 깊다고 노래했다. 프란시스와 매티슨의 찬송시가 하나님 사랑의 성경적 그림에 훨씬 더 가깝게 다가서 있다. 그 사랑은 바다처럼 깊다. 단지 깊이나 거리의 측면뿐만 아니라 다양성과 복잡성에서도 측정할 수 없을 만큼 깊다. 하나님 사랑에는 첨벙거리고 놀 수 있을 만큼 얕고 투명한 곳이 있는가 하면, 한 치 앞도 분간할 수 없을 만큼 불투명하고 불가사의한 곳도 있다. 바다를 생각해 보라. 우리의 육안에는 보이지 않는 가려진 장소들, 우리가 헤엄쳐 들어갈 수 없는 깊은 곳이 있지 않은가? 바다에는 어린아이도 알 만한 것이 있는가 하면 해양 전문가도 알 수 없는 것들이 있다. 심지어 작심하고 들어가서 아무리 관찰해도 결코 발견해 낼 수 없는 것들도 있다. 성 아우구스티누스의 말처럼 "깊이는 보이는데 그 바닥은 안 보인다."

자, 우리는 성경을 읽고 믿는 사람들이다. 하나님 사랑이 아무리 측량 못할 바다 같은 사랑이라고 해도 하나님의 성품과 그분의 일이 완전히 밀봉되고 진공상태로 있는 건 아니라는 사실을 알고 있다. 하나님은 이렇게 말씀하셨다. "내가 야곱을 사랑하였고 에서는 미워하였으며"(말 1:2-3; 롬 9:13). 이 구절에서의 '미워한다'는 의미가 우리가 흔히 생각하는 그런 미움은 아닐 것이다.

그렇다면 '사랑한다'는 말 역시 우리가 일반적으로 갖고 있는 통념과 다를 것이 분명하다. 성경을 보면, 이른바 '사랑'이시라는 우리의 하나님이 인간의 민감한 정서로는 도저히 이해되지 않는 온갖 이상한 말씀을 하시고 온갖 이상한 행동을 하신다. 그렇기에 우리는 이 사실 하나를 기억하고 있어야 한다. 하나님의 바다 같은 사랑은 그분의 모든 성품이라는 무한한 우주 속에서 완벽한 균형을 이루고 있다. 하나님은 사랑이신가? 그렇다. 하지만 사랑하는 동시에 의롭고 질투하신다. 리처드 러브레이스Richard Lovelace는《신앙생활의 역학》*Dynamics of Spiritual Life*이라는 책에서 다음과 같이 이야기했다.

> 교회는 하나님의 긍휼과 인내와 사랑을 성실하게 전해야 한다. 하지만 그것이 하나님의 무한한 능력, 완전하고도 절대적인 우주만물의 지배력, 거룩함, 의로움이라는 속성과 함께 전해지지 않는다면 신빙성을 잃는다. 하나님의 의로움을 정확히 이야기하면서도 죄에 따르는 그분의 거룩한 응징을 사려 깊게 경고하신 점, 아울러 하나님과의 영원한 분리라는 지옥보다 더 끔찍한 상태의 심판이 반드시 따른다고 경고하신 점도 함께 짚어 주어야 한다. 그러나 교회 목회자들은 그런 점들에 대해 자장가나 불러 주고 있고, 혹은 너무 엽기적이어서 믿지 못할 하나님의 자화상을 그려 내고 있으니 세상과 교회가 이렇게 잠을 자고 있는 것도 어찌 보면 당연한 일이라고 할 수 있다.
>
> 하나님의 거룩한 의로움과 그분의 긍휼 어린 자비는 19세기 교회가 지어낸 한없이 은혜롭고 후덕한 하나님의 모습으로 절대 개조될 수 없다.[03]

하나님의 사랑을 일차원으로 그려서 아주 극적인 효과를 창출하려는 인간의 일차원적 단순함이야말로 참으로 슬프고 웃기는 아이러니다. 하나님의 사랑은 복잡하기 이를 데 없는 다면체적 사랑이다. 초공간적이고, 다면적이고, 성삼위적이고, 매 순간 새로워지는 경이롭게 영원무궁한 사랑이다. 그 사랑을 납작하게 만드는 자들에게 화 있을진저!

에베소서 3장 14-19절에 기록된 바울의 기도를 보면, 그 복잡다단함과 경이로움을 조금은 맛볼 수가 있다.

> 이러므로 내가 하늘과 땅에 있는 각 족속에게 이름을 주신 아버지 앞에 무릎을 꿇고 비노니 그의 영광의 풍성함을 따라 그의 성령으로 말미암아 너희 속사람을 능력으로 강건하게 하시오며 믿음으로 말미암아 그리스도께서 너희 마음에 계시게 하시옵고 너희가 사랑 가운데서 뿌리가 박히고 터가 굳어져서 능히 모든 성도와 함께 지식에 넘치는 그리스도의 사랑을 알고 그 너비와 길이와 높이와 깊이가 어떠함을 깨달아 하나님의 모든 충만하신 것으로 너희에게 충만하게 하시기를 구하노라

지식의 한계를 뛰어넘는 이 사랑을 우리는 알 수 있다. (예수님의 십자가는 이해 불가능한 '차후의 영광들'에 대한 이해할 수 있는 전주곡이었고, 우리에게는 그 십자가에 대한 정보가 주어졌다.) 그러나 이 사랑을 아주 손톱만큼이라도 이해하기 위해서는 내면의 영적[04] 능력이라는 힘이 있어야 한다. 지금의 상투적이고 감상적인 사랑 타령으로는 절대 그 근처에도 접근하지 못한다.

이 구원에 대하여는 너희에게 임할 은혜를 예언하던 선지자들이 연구하고 부지런히 살펴서 자기 속에 계신 그리스도의 영이 그 받으실 고난과 후에 받으실 영광을 미리 증언하여 누구를 또는 어떠한 때를 지시하시는지 상고하니라 이 섬긴 바가 자기를 위한 것이 아니요 너희를 위한 것임이 계시로 알게 되었으니 이것은 하늘로부터 보내신 성령을 힘입어 복음을 전하는 자들로 이제 너희에게 알린 것이요 천사들도 살펴보기를 원하는 것이니라 벧전 1:10-12

나는 베드로 사도의 "후에 받으실 영광"이라는 표현이 마음에 든다. 예수님의 십자가 구원은 아름다운 선(善)의 물결이 봇물 터지듯 흘러나오게 했다. 축복이라는 판도라의 상자가 열린 것처럼…. 베드로후서 1장 4절에서는 예수님의 영광과 덕으로 말미암아 우리가 "보배롭고 지극히 큰 약속promises"을 받게 되었다고 말한다(사실은 '약속'이 아니라 '약속들'이다).

예수님이 죄 없는 생을 사시다가 죽음으로 희생제사를 드리고 육신으로 부활하셨다는 복음의 내용은 깊고 다면적이다. 동시에 그 내용의 의미와 그것이 성취시킨 일 역시 깊고 다면적이다. 인류 역사에 일어난 복음의 사건은 미래의 축복을 한량없이 쏟아부어 놓았다. 사도 바울이 복음에 대해 "온 천하에서도 열매를 맺어 자라는도다"(골 1:5-6)라고 표현한 이유가 그 때문이었다. 한 알의 도토리 안에 나무 전체가 들어 있듯이 "예수님이 십자가에 돌아가셨다"는 복음 안에는 빛나는 축복과 영광들이 들어 있다.

그러나 예수님의 십자가와 빈 무덤을 감히 도토리와 비교할 수 있겠는가? 나는 초신성(supernova, 별의 진화 과정에서 마지막으로 대폭발을 일으켜 태양의 천만 배에서 수억 배까지 밝아지는 별 – 역주)에 비유하고 싶다. 복음은 초신성들 안에 있는 초신성들이다. 또한 다이아몬드다. 하나의 진귀한 보석이면서 그 안에 독립적인 찬란함을 갖고 있는 다면체의 보석이다.

하나님의 사랑이 깊기 때문에 그 사랑이 탄생시킨 복음도 당연히 깊을 것이라는 건 충분히 예측할 수 있는 일이다. 이 책은 복음이 지닌 다면성의 일부를 좀 더 가까이에서 들여다보려는 의도에서 기록되었다. 그 전에 잠시 복음의 깊이에 대한 맛보기로서 예수 그리스도의 복음이 어떤 의미에서 깊은지를 다섯 가지로 정리해 보겠다.

복음의 구원은 개인적이고도 우주적이다

복음은 하나님과 죄인 한 사람 사이에서 이루어지는 개인적인 거래가 아니다. 그런데도 우리는 그런 식으로 복음을 전하는 데 익숙해져 있다. 그래서 전도 대상자에게 '예수님을 당신의 구세주로 영접하라'고 말한다. 물론 완전히 틀린 말은 아니다. 그러나 예수님의 설교와 가르침에서는 우리의 일반적인 전도 양식을 발견하기가 쉽지 않다. 예수님은 사람들에게 죄를 용서받았다고 하셨고, 거듭나야 한다고 하셨고, 가서 다시는 죄를 짓지 말라고 하셨다. 하지만 예수님의 전도는 죄인 한 사람에게 개인적인 구원을 이야기하는 것보다 훨씬 더 광범위한 무언가를 내포하고 있다.

복음이 죄인 한 사람의 개인적 구원과 연결되는 것은 분명하지만, 그 이상의 의미가 있다는 사실도 잊어서는 안 된다.

세례 요한은 예수님이 오시는 걸 보면서 하나님 나라가 '가까이' 임했다고 선포했다. 마태복음에는 예수님의 공생애 기간 동안 제자들이 '하나님 나라에 대한 복음'을 들었다고 기록되어 있다. 또한 예수님은 기적을 행하셨고, 비유를 들어 가르치셨다. 결과적으로 예수님은 무엇을 하셨는가? 자신을 통해 하나님 나라가 임함으로써 하늘과 땅에서 동시에 하나님의 뜻이 이루어지게 되었음을 증거하셨다. 진짜 왕이 세상에 왔으니 잘못된 것들은 당연히 바로잡혀야 한다. 공생애 기간에 예수님이 제일 먼저 하신 일 가운데 하나가 '주의 은혜의 해'에 대한 이사야의 예언이 이루어졌다는 공표였다.

> 예수께서 그 자라나신 곳 나사렛에 이르사
> 안식일에 늘 하시던 대로 회당에 들어가사
> 성경을 읽으려고 서시매 선지자 이사야의 글을 드리거늘
> 책을 펴서 이렇게 기록된 데를 찾으시니 곧
> 주의 성령이 내게 임하셨으니 이는 가난한 자에게 복음을 전하게 하시려고
> 내게 기름을 부으시고 나를 보내사 포로 된 자에게 자유를,
> 눈 먼 자에게 다시 보게 함을 전파하며 눌린 자를 자유롭게 하고
> 주의 은혜의 해를 전파하게 하려 하심이라 하였더라
> 책을 덮어 그 맡은 자에게 주시고 앉으시니
> 회당에 있는 자들이 다 주목하여 보더라
> 이에 예수께서 그들에게 말씀하시되

이 글이 오늘 너희 귀에 응하였느니라 하시니 눅 4:16-21

예수님은 오늘날 우리가 읽는 성경의 이사야서 61장 말씀을 읽으신 것이다. 그 장의 4절은 이렇게 말한다.

그들은 오래 황폐하였던 곳을 다시 쌓을 것이며

예부터 무너진 곳을 다시 일으킬 것이며

황폐한 성읍 곧 대대로 무너져 있던 것들을 중수할 것이며

예수님은 자기 자신을 이 예언의 장본인으로 삼으시고, 황폐한 성읍과 무너져 있는 것의 회복과 재건에 공생애 전부를 바치셨다. 그리고 그 노력들은 곧바로 십자가와 무덤으로 이어졌다. 십자가와 무덤은 모든 것의 중심축인 동시에 모든 것의 회복과 재건을 목표로 하고 있었다. 하박국 2장 14절은 물이 바다를 덮음 같이 하나님의 영광을 아는 지식이 온 세상을 가득 채우는 게 하나님의 목적이라고 말한다. 사도 바울은 '모든 것'이 그리스도께 복종케 될 것이라고 했다(고전 15:27-28; 빌 3:21). 요한계시록 21장 23절을 보면, 새 하늘과 새 땅에 세워지는 거룩한 도시가 등장한다. 그곳은 어린양 자신이 등불이 되어 온 누리를 비추시므로 따로 태양이 필요하지 않다. 하나님이 독생자를 보내 이 땅에 살게 하고, 죽게 하고, 부활하게 하심으로 전방위적인 회복과 정결함이 이루어졌다. 그렇다면 내가 예수님을 나 개인의 구세주로 영접하는 것은 복음 사역의 일부분일 뿐 전체는 아닌 것이다.

이 세상은 우리가 타락함으로써 타락한 세상이 되었다. 원인 제공자인 우리는 문제 중에서도 가장 큰 문젯거리다. 하지만 우리의 문제는 너무도 문제가 많은 나머지 더 무수한 문제를 발생시켰다. 로마서 8장 19-22절이 그 사실을 극명하게 보여 준다.

> 피조물이 고대하는 바는 하나님의 아들들이 나타나는 것이니 피조물이 허무한 데 굴복하는 것은 자기 뜻이 아니요 오직 굴복하게 하시는 이로 말미암음이라 그 바라는 것은 피조물도 썩어짐의 종노릇 한 데서 해방되어 하나님의 자녀들의 영광의 자유에 이르는 것이니라 피조물이 다 이제까지 함께 탄식하며 함께 고통을 겪고 있는 것을 우리가 아느니라

왜 피조물들이 그렇게 괴로움을 당하고 있는 걸까? 원래가 악해서 그럴까? 절대로 그렇지 않다. 우리 인간들이 악해서 그런 것이다. 인간의 악이 너무도 심각하다 보니 그 악에서 파생된 결과들이 더 크고 광범위하게 영향을 미친 것이다. 타락에 대한 저주의 말씀을 보면 그 사실을 알 수 있다.

> 아담에게 이르시되
> 네가 네 아내의 말을 듣고
> 내가 네게 먹지 말라 한 나무의 열매를 먹었은즉
> 땅은 너로 말미암아 저주를 받고
> 너는 네 평생에 수고하여야 그 소산을 먹으리라
> 땅이 네게 가시덤불과 엉겅퀴를 낼 것이라

네가 먹을 것은 밭의 채소인즉

네가 흙으로 돌아갈 때까지 얼굴에 땀을 흘려야

먹을 것을 먹으리니 네가 그것에서 취함을 입었음이라

너는 흙이니 흙으로 돌아갈 것이니라 하시니라…

여호와 하나님이 에덴동산에서 그를 내보내어

그의 근원이 된 땅을 갈게 하시니라 창 3:17-19, 23

불순종의 혹독한 대가를 보여 주기 위해 하나님은 자신이 아담과 하와에게 다스리라고 주신 피조물들을 저주하셨다. 하나님과 인간 사이의 깨진 조화는 인생 전반의 모든 걸 부조화로 만들고 말았다. 피조물들이 고통에 신음하고 있다는 말은 우리의 죄가 단순히 개인 차원에서 끝나는 게 아니라 다른 것들과 연관되어 있음을 의미한다. 결국 우리의 죄는 우주적이고 영적인 영향을 미친 것이다.

공생애 기간에 예수님이 전파하신 복음은 그 모든 저주가 풀린다는 사실을 알렸다. 그럼으로써 하나님 나라의 막을 올려놓으셨다. 죄 없는 순결무구한 왕으로 자신을 세상에 반포하신 예수님은 아담(과 우리)의 개인적 형벌을 개인적으로 구속해 주셨다. 주님이 악귀를 내쫓으신 사건들은 저주받은 땅의 사악한 영적 세력이 그분에 의해 점령되고 타도되었음을 보여 주었다. 주님이 일으키신 기적들은 하나님 왕국의 도래를 알리는 서막으로써 질병도, 고통도, 죽음도, 결핍도 없는 미래의 그 시대를 잠시 맛보게 해주었다. 그리고 주님이 비유로 하신 말씀들은 하나님 나라에서의 구원받은 삶이 어떠한 삶인지를 스냅사진으로 보여 주었다.

예수님은 십자가 위에서 돌아가심으로써 고통의 근원인 죄악의 처벌적 희생물로서 자신을 바치셨다. 그리고 무덤에서 부활하심으로 하나님 나라의 첫 번째 열매가 되셨다.

과거에 예수님이 하셨고, 지금도 하고 계신 모든 일은 죄인 각자의 용서와 구원을 비롯해 타락한 피조물의 회복이라는 더 원대하고 궁극적인 목표를 모두 아우르고 있다. 지금까지 들어 온 복음이 구원받고 죽어서 천국 가는 게 전부였다면 당신이 들은 건 가지치기 한 복음일 뿐이다. 구원이란 그게 다가 아니다. 구원을 받았다는 건 장차 다가올 세상에 적합하도록 하나님이 우리를 따로 구별하심을 뜻한다. 그것이 복음의 온전한 의미다. 고난을 당했던 욥이 천국에서 육신을 벗고 축복을 누릴 소망을 품은 게 아니라 육안으로 하나님을 보며 자기의 구원자가 땅에 서 있는 걸 보게 될 것을 소망했던 이유도 바로 거기에 있었다(욥 19:25-26).

설교나 책에서 복음의 단순한 표식을 접한 적이 있을 것이다. 그중 하나를 소개하면 다음과 같다.

하나님 – 인간 – 그리스도 – 영접

이 네 개의 단어를 중심으로 한 설명은 이렇다. 하나님이 인간을 창조하셨는데 인간이 하나님의 말씀에 불순종하여 관계가 단절되는 바람에 예수 그리스도가 우리 대신 그 죗값을 치르고 죽었다가 부활하심으로 구원의 영생을 보장하셨으니 믿음으로 그 사실을 믿어 예수님을 영접하면 죄를 용서받고 하나님과의 관계가 회복된다는 것이다.

또 다른 하나를 소개하면 다음과 같다.

창조 – 타락 – 구원 – 회복

이때의 설명은 이렇다. 하나님이 인간을 비롯해 세상을 선하고 완벽하게 창조하셨지만 인간이 불순종함으로써 인간과 온 세상이 타락하게 되고, 예수 그리스도의 구원을 통해 하나님은 타락한 것들을 회복하셔서 예수님이 재림하실 때 새 하늘과 새 땅으로 모든 것을 완전케 하신다는 것이다.

자, 복음에 대한 첫 번째 설명이 옳은가, 아니면 두 번째 설명이 옳은가? 정답은 둘 다 '옳다'이다. 죄 없는 예수님이 십자가에 달려 죽었다가 부활하셨다는 구원의 역사를 기반으로 하기 때문에 두 가지 모두 성경적인 복음의 설명이라고 할 수 있다. 다만 첫 번째는 개인적인 복음에 초점을 맞추고, 두 번째는 우주적 복음에 초점을 맞추었다는 점에서 차이가 있다. 매트 챈들러Matt Chandler는 첫 번째 것을 '땅 위에 있는 복음'이라고 불렀다. 이유는 예수님의 구원 사역을 미시적 차원에서 보기 때문이다. 그리고 두 번째 것은 거시적 차원이라는 뜻에서 '공중에 있는 복음'이라고 불렀다.[05] 그런 면에서 첫 번째가 현미경으로 본 복음이라면, 두 번째는 망원경으로 본 복음이라고 말할 수 있다.

어쨌든 하나님이 예수님의 생애와 죽음과 부활을 통해 죄인들을 구원하신다는 것, 이 구원이 전체 구속 역사 퍼즐의 핵심 조각이라는 것, 전체 그림에는 예수님의 생애와 죽음과 부활을 통해 세계를 구원하시는 하나님의 뜻이 드러나 있다는 것을 성경은 보여 주고 있다(이 책의 2장 75쪽 '복음은 땅에 대한 구속적 시각을 제공한다'와 9장 "우주적 구원"에서 이 문제를 더 상세히 살펴볼 것이다).

그러나 복음에는 또 다른 깊은 의미가 담겨 있다.

복음은 하나님의 충만함을 보여 준다

성경이 보여 주는 복음의 의도와 복음의 능력은 전적으로 하나님으로 말미암은 것이다. 다시 말하면 성삼위 하나님이 총동원되었다는 뜻이다.

심지어 베드로는 성부와 성자와 성령의 특정한 사역으로 '택하심' 받았음을 강조하면서 문안 인사를 하고 있다.

> **예수 그리스도의 사도 베드로는 본도, 갈라디아, 갑바도기아, 아시아와 비두니아에 흩어진 나그네 곧 하나님 아버지의 미리 아심을 따라 성령이 거룩하게 하심으로 순종함과 예수 그리스도의 피 뿌림을 얻기 위하여 택하심을 받은 자들에게 편지하노니 은혜와 평강이 너희에게 더욱 많을지어다** 벧전 1:1-2

베드로 사도의 간단명료한 인사에는 복음의 무한한 깊이, 즉 하나님 자신의 깊이를 반영하는 그런 깊이가 고스란히 묻어나고 있다. 편지를 받는 성도들을 "하나님 아버지의 미리 아심을 따라…택하심을 받은 자들"이라고 부른 것도 복음의 기원이 시공을 초월한 하나님의 전지전능한 사랑에서 비롯되었음을 의미하는 것이다(이 문제는 뒤의 7장에서 자세히 이야기하겠다). 또한 그들을 "성령이 거룩하게 하심으로… 택하심을 받은 자들"이라고 언급한 것은 복음 안에서 성령이 하시는 고유 사역, 즉 마음을 회심시키고 감각을 살아나게 하며 눈과 귀를 열어 예수님의 공로를 깨닫게 하는 일을 의미한다. 아울러 "순종함과 예수 그리스도의 피 뿌림을 얻기 위하여 택하심을 받은 자들"이라는 말씀은 복음 안에서 이루어진 놀라운 역사(예수 그리스도의 구원의 제사)와 복음의 놀라운 역사(우리가 하나님께 순종할 때 그분을 영화롭게 함으로써 그리스도의 형상을 닮아 감)를 말하는 것이다.

베드로전서의 서두는 그저 '안녕하세요?'라는 인사겠지만, 그 안에는 프레드 샌더스Fred Sanders가 복음의 '성삼위적 윤곽'[06]이라고 부를 만한 내용이 들어 있다. "복음은 성삼위적이고, 성삼위는 복음이다. 기독교의 구원은 성삼위에서 비롯되고 성삼위를 통해 일어나며, 우리를 성삼위에게로 이끌어 준다."[07]

샌더스가 말한 윤곽은 로마서 8장 30절의 연쇄 작용에도 살짝 암시되어 있다.

> **또 미리 정하신 그들을 또한 부르시고 부르신 그들을 또한 의롭다 하시고 의롭다 하신 그들을 또한 영화롭게 하셨느니라**

성경이 이 놀라운 비밀을 하나씩 계시함에 따라 우리는 하나님 아버지가 우리를 미리 예정하셨고 성령 하나님이 우리를 부르셨으며 성자 하나님의 공로로 우리가 의롭고 영화롭게 됨을 알게 되었다. 물론 성령은 성부의 결정에 따라 우리를 의롭고 영화롭게 하신다.

우리의 죄를 용서하여 모든 불의에서 깨끗하게 하기 위해 하나님의 모든 '하나님이심'이 한 치의 남김도 없이 완벽하게 동원되었다는 사실을 이로써 확인할 수 있다. 하나님은 자신을 조금도 아끼지 않고 철저하게 자기 자신을 투입하신다. "복음의 축복은 광대하며 하나님 모양을 하고 있다"라고 샌더스는 말한다.[08]

이 책의 3장에 성삼위적 복음이 자세히 설명되어 있기에 일단 여기서는 하나님이 우리가 할 수 없는 일들을 하셨고, 그것도 아주 '많은' 일을 하셨다는 걸 밝히고 넘어가겠다.

복음은 다차원적으로 우리를 하나님과 화해시킨다

칼뱅은 "복음의 모든 과업은 우리를 하나님과 화해시킨 일로 요약된다"라고 말했다.[09]

죄인을 거룩한 하나님과 화해시키는 일은 복음이 하는 일의 핵심이다.

> 곧 우리가 원수 되었을 때에 그의 아들의 죽으심으로 말미암아 하나님과 화목하게 되었은즉 화목하게 된 자로서는 더욱 그의 살아나심으로 말미암아 구원을 받을 것이니라 그뿐 아니라 이제 우리로 화목하게 하신 우리 주 예수 그리스도로

말미암아 하나님 안에서 또한 즐거워하느니라 롬 5:10-11

하나님은 거룩하시지만 우리는 그렇지 않기 때문에 인간들의 관계는 결코 원만하지 못하다. 우리는 하나님을 거역했고 그분의 왕권을 부인했으며 우리 자신을 숭배했다. 에베소서 2장 1-3절이야말로 우리의 실체를 적나라하게 폭로하는 말씀이다. 예수 그리스도가 없으면 우리는 죽은 자이고, 사탄숭배자이고, 정욕과 음란의 추종자이고, 진노의 대상이다. 한마디로 우리는 갈 데까지 간 인간들이다.

그러나 천만다행으로 이런 우리에게도 해결책이 있다. "긍휼이 풍성하신 하나님이 우리를 사랑하신 그 큰 사랑을 인하여 허물로 죽은 우리를 그리스도와 함께 살리셨고 (너희는 은혜로 구원을 받은 것이라)"(엡 2:4-5).

예수님의 구원 사역으로, 적어도 세 가지 차원에서의 화목이 이루어졌다.

첫째, 복음은 각각의 개인을 하나님과 화목케 한다. 일차적으로 예수님의 구속 역사를 믿기만 하면 우리는 그로 말미암아 죄를 용서받고 하나님 아버지와의 관계가 회복된다. 성경에 나오는 탕자의 비유가 이 사실을 실감 나게 묘사한다.

예수님은 이 땅에서 죄 없는 삶을 사셨다. 우리 인간으로서는 전혀 불가능한 일이다. 주님은 우리가 받아야 할 진노를 대신 받아 십자가에서 죽으셨고, 사흘 만에 부활하셔서 장차 우리도 부활할 수 있게 해주셨다. 이 모든 일이 속죄를 가능케 했고, 천국에서 예수님과 함께 앉을 수 있는 우리의 위치를 확고히 했다(엡 2:6). 하나님으로부터 멀리 떨어져 있던 우리가 복음에 의해 그분 가까이 나아가게 된 것이다. 이제 우리는 관계 회복이라는 공짜 선물을 받았다. "모든 것이 하나님께로서 났으며 그가 그리스도로 말미암아 우리를 자기와 화목하게 하시고"(고후 5:18).

둘째, 복음은 인간을 서로 화목케 한다. 창세기의 타락 장면을 읽어 보면 인간과 짐승 사이에 불화가 일어났고, 인간의 죄 때문에 인간과 하나님 사이뿐만 아니라 남자와 여자 사이에도 불화가 일어났음을 보게 된다. 인간관계마저 금이 가고 깨진 것이다. 다정했던 관계는 불순종으로 얼룩지고 이기심, 교만, 우월감이 그 사이에 끼어들었다. 창세기 3장에서 하나님이 인류 최초의 죄인들을 추궁하실 때 아담은 모든 잘못을 하와 탓으로 돌려 버렸다. 아담은 하와를 탓했고, 하와는 또 뱀을 탓했다. 그 누구도 죄를 회개하지 않음으로써 돌이킬 수 없는 관계적 재앙이 몰려왔고, 결국 인류를 불행으로 몰고 갔다. 예수님이 재림하여 그분의 세상을 재건하실 때까지 그와 같은 불행은 계속될 것이다.

물론 아담과 하와가 지은 죄는 근본적으로 하나님께 대한 죄였다. 서로의 죄는 하나님의 영광에 미치지 못함으로써 생겨난, 썩은 과실에 불과하다. 그래도 어쨌든 썩은 과실은 생겨났다. 그래서 타락의 대가 중 하나가 "너는 남편을 원하고 남편은 너를 다스릴 것이니라"(창 3:16)는 벌이었다. 여기에서의 원함은 바람직한 소망이 아니고, 여기에서의 다스림은 성경적 부부관계에 의한 바람직한 돌봄이 아니다. 서로 이기적으로 착취하고 이용하는 것을 말한다. 결국 세상의 인간관계는 타락의 저주를 고스란히 반영하는 것이다.

형편없이 손상된 관계에 치료의 메스를 대신 분은 하나님이셨고, 그 도구는 율법이었다. 십계명에는 하나님과 인간의 수직적 관계를 다루는 계명들이 제일 먼저 등장한다. '하나님 외에 다른 신을 섬기지 마라, 우상을 만들지 마라, 하나님의 이름을 함부로 부르지 마라, 안식일을 지키라'와 같은 계명들이 그것이다. 그 다음으로 등장하는 것이 인간 사이의 관계를 다룬 '도둑질하지 마라, 살인하지 마라'와 같은 계명들이다.

물론 수평적 관계의 계명들도 수직적 관계의 계명들과 직접적인 연관성이 있다. 만일 내가 누군가의 물건을 훔친다면, 그것은 내가 하나님이 아닌 다른 우상을 섬기고 있다는 증거다. 그로써 예수 그리스도의 복음이 인간들의 상호 관계에 얼마나 밀접하게 연결되어 있는지를 알 수 있다. 내가 복음의 진리를 깨달았다면, 그래서 예수 그리스도를 나의 주이자 구세주로 섬긴다면, 나는 남의 아내나 물건을 탐하지 않을 것이다. 나의 주님이 예수님이 확실하다면 나는 이웃을 사랑함으로써 이웃에게 이익이 되는 일만을 도모할 것이다(요 13:35, "너희가 서로 사랑하면 이로써 모든 사람이 너희가 내 제자인 줄 알리라").

가장 큰 계명이 무엇인지 질문했을 때 예수님은 그 두 관계의 연관성을 명백히 밝히셨다. "예수께서 이르시되 네 마음을 다하고 목숨을 다하고 뜻을 다하여 주 너의 하나님을 사랑하라 하셨으니 이것이 크고 첫째 되는 계명이요 둘째도 그와 같으니 네 이웃을 네 자신같이 사랑하라 하셨으니"(마 22:37-39). 하나님에 대한 사랑은 이웃에 대한 사랑과 곧바로 연결되어 있다. 십계명에서 두 부류로 나뉜 계명들이 그 사실을 대변해 준다.

바울도 그 점을 들어서 하나님과의 화목함이 우리에게 화목함의 사명을 주셨다고 말했다(고후 5:18-19). 그러나 바울이 말한 화목은 겉으로의 '좋은 척'이 아니다.

셋째, 복음은 우리 모두를 하나님과 화목케 한다. 복음은 우리를 각자 하나님과 화목케 하고 우리를 서로 화목케 하는 게 사실이지만, 하나님의 화목 사역은 거기에서 그치지 않는다. 그런 축복들보다 더 크고 좋은 게 기다리고 있다. 하나님은 우리 각자가 변화되는 것만이 아니라 '우리 모두'가 변화되는 것에 큰 관심이 있으시다. 풀어서 말하자면 나와 당신이 착하고 진실하고 너그럽고 순종하는 사람이 되기를 원하시는 만큼 우리가 모두 착하고 진실하고 너그럽고 순종하는 '사람들'이 되기를 원하신다는 것이다. 예수님의 형상을 닮아서 그분의 영광을 반사할 수 있는 최고의 길은 구원받은 성도 각자가 아니라 구원받은 교회를 통해서 이루어지는 것이다. 바울은 그 사실을 다음과 같이 설명했다.

> 그러므로 이제부터 너희는 외인도 아니요 나그네도 아니요 오직 성도들과 동일한 시민이요 하나님의 권속이라 너희는 사도들과 선지자들의 터 위에 세우심을 입은 자라 그리스도 예수께서 친히 모퉁잇돌이 되셨느니라 그의 안에서 건물마다 서로 연결하여 주 안에서 성전이 되어 가고 너희도 성령 안에서 하나님이 거하실 처소가 되기 위하여 그리스도 예수 안에서 함께 지어져 가느니라 엡 2:19-22

우리는 각자 개인으로서 의롭고 거룩하게 되었다. 그러나 이런 성화 과정의 일부는 우리가 서로 화목하게 되어, 예수 그리스도의 흠 없는 신부로서 우리 모두 하나님과 화목하게 되는 것이다. 우리는 "건물마다 서로 연결되어" 마침내 하나의 성전, 하나님의 한 집안 사람들이 될 것이다. 한 명의 그리스도인은 작은 예수지만, 교회는 그리스도의 몸이다.

복음의 복잡다단한 화목 효과는 8장에 가서 더 자세히 살펴보겠지만, 일단 여기에서는 이 세 가지 차원(하나님과 인간, 인간과 인간, 인간 집단과 하나님)의 화목함 중 어느 하나라도 빠트린다면 복음이 절름발이가 된다는 걸 기억하기 바란다.

복음은 우리를 완전하게 구원한다

그럼 이 외에도 복음은 얼마나 더 깊은 걸까? 요한복음 1장 16절 말씀이 사실이라면 우리는 예수님의 충만함으로부터 "은혜 위에 은혜"를 받아야 한다. 무슨 얘기인가? 쉽게 말해 은혜가 무제한 제공된다는 뜻이다. 우리에게 필요한 모든 것을 하나님은 넘치도록 주신다(빌 4:19; 히 4:16).

복음이 신앙생활의 ABC가 아니라 A에서 Z라면, 우리는 주님을 영접하는 순간뿐만 아니라 남은 평생을 복음으로 살아야 한다. 복음의 구원 역사는 심오한 역사다. 조직을 들어내고 영적으로 개조를 해서 완전히 다른 사람으로 만들어 놓는 하나님의 대수술이다.

인간은 복음을 믿음으로써 영원히 죄를 용서받는다. 그리고 새로운 정체성과 신분으로 거듭나며, 천국의 시민권을 보장받고 영생의 소망을 갖게 된다. 복음을 믿으면 죄인에서 의인이 된다. 그러고도 계속 믿으면 성령의 능력으로 거룩하게 된다. 그러고도 계속 믿으면 마침내 영화롭게 된다. 복음을 믿는 자들은 율법의 저주에서 풀려나게 되고 진노의 징벌을 면하게 되고 지옥에 떨어지지 않는다. 복음을 믿으면 예수님이 우리를 위해 마련하신 모든 것을 공짜로 받는다. 이 모든 게 예수 그리스도가 하신 십자가 공로 덕분이다.

히브리서 7장 25절은 "그러므로 자기를 힘입어 하나님께 나아가는 자들을 온전히 구원하실 수 있으니 이는 그가 항상 살아 계셔서 그들을 위하여 간구하심이라"고 말한다. 히브리서 저자가 말하고 싶었던 것은 죄를 사함 받기 위해 구약에서는 계속 제사를 드려야 했지만, 신약에 와서는 예수님이 더 좋은 언약의 '보증인'(22절)으로 단번에 자신을 드려(27절) 우리의 죄를 사해 주셨다는 사실이다.

하나님은 우리 안에 시작하신 일을 또한 끝내 주시겠다고 복음을 통해 약속하셨다. 예수님의 구속 역사가 완벽했듯이 우리도 그렇게, 즉 완전하게 구원받을 것이다.

복음은 그리스도의 엄청난 풍성함을 반영한다

다음의 짧은 성구를 보면서 예수님의 특성들을 묵상해 보라.

하나님이 그들로 하여금 이 비밀의 영광이 이방인 가운데 얼마나 풍성한지를 알게 하려 하심이라 이 비밀은 너희 안에 계신 그리스도시니 곧 영광의 소망이니라 골 1:27

모든 성도 중에 지극히 작은 자보다 더 작은 나에게 이 은혜를 주신 것은 측량할 수 없는 그리스도의 풍성함을 이방인에게 전하게 하시고 엡 3:8

이는 하나님의 영광의 광채시요 그 본체의 형상이시라 그의 능력의 말씀으로 만물을 붙드시며 죄를 정결하게 하는 일을 하시고 높은 곳에 계신 지극히 크신 이의 우편에 앉으셨느니라 히 1:3

풍성함, 측량할 수 없는 풍성함, 광채, 영광…! 자, 이래도 주님이 깊고 깊은 분이라고 말하지 않을 수 있겠는가?

성경의 저자들은 온갖 형용사와 최상급을 총동원해서 놀랍고 경이로운 예수님을 조금이라도 알려 주기 위해 안간힘을 썼다. 하나님은 성경에서 스스로를 완벽하게 묘사하셨지만 그것마저 성경 저자들을 점점 더 미궁 속으로 몰아넣었다. 그토록 경이롭고 엄청난 위대함은 인간의 상상을 초월하는 것이기에 그들은 적절한 단어를 찾지 못하고 그저 감탄과 놀라움을 에둘러 표현할 수밖에 없었다. 하나님 영광의 뒷모습만으로도 수사학적 빈곤이 그대로 노출된 것이다.

그리스도의 풍성함은 측량할 수 없고 그분의 능력은 심히 크다고 성경은 말한다(고후 4:7). 복음서를 기록하던 요한마저 도중에서 펜을 놓아야만 했다. 모든 걸 세세히 기록하기란 불가능했기 때문이다. "예수께서 행하신 일이 이 외에도 많으니 만일 낱낱이 기록된다면 이 세상이라도 이 기록된 책을 두기에 부족할 줄 아노라"(요 21:25).

아브라함이 이 세상에 태어나기도 전에 예수님은 존재하셨다. 그분은 태초에 하나님과 함께 계셨고, 그분을 통해 하나님은 세상을 창조하셨다. 창세기에서 그분은 이스라엘 조상들을 찾아온 신비로운 천사였다. 비록 어린양으로서 희생되었지만 그분은 왕이요, 길이요, 진리요, 생명이요, 포도나무요, 문이요, 빛이요, 알파와 오메가요, 처음이자 나중이요, 인간의 변호인이요, 중보자요, 보증인이시다.

칼뱅은 이렇게 말한다. "그리스도는 언제나 우리에게 열려 있는 샘이다. 주님이 아니었으면 그 깊고 비밀스러운 샘에 무익하게 숨겨져 있었을 것들을 우리는 그 샘에서 긷는다."[10]

이것이 우리가 받은 주님의 복음이고, 이것이 복음 안에서 우리가 받은 주님이시다!

언젠가 내가 친구와 함께 교회에서 청년 사역을 인도하고 있을 때였다. 어느 날 담임목사님이 만나자고 연락해 오셨다. 당시 그분은 우리 교회에 부임한 지 얼마 안 된 때였는데, 각 기관과 사역의 지도자들과 친목을 다질 겸해서 우리를 부른 것이었다. 하지만 한편으로는 사역 방향에 대해 우리 내부에서 심각한 갈등을 빚고 있던 참이라 담임목사님과의 면담은 좋은 기회라는 생각이 들기도 했다.

먼저 목사님이 우리를 보고 물으셨다. "청년 사역에서 목표로 하는 것은 무엇인가요?"

나와 함께 사역을 인도했던 동료는 이 사역을 자기 집 거실의 성경공부 모임에서부터 착실히 키워 온 설립자였기에 대학생들과 청년들의 신앙을 더 '깊이' 다져 주고 싶다고 이야기했다.

그 말을 듣는 순간 담임목사님의 표정이 잠깐 굳어졌다. 대개 그 위치에 있는 사람들이 종종 당하듯이 그분도 그런 말들을 심심찮게 들어 보았을 것이다. 그건 목사의 설교와 가르침이 시원치 않다는 완곡한 비난에 가깝다. 이를테면 그 말의 저변에는 교회에서 얻는 게 얕고 변변치 않다는 깊은(?) 속뜻이 깔려 있는 것이다. 나 역시도 목사들이 설교나 블로그에서 자기 교인들이 더 깊은 가르침을 원한다며 푸념하듯 말하는 걸 여러 번 접한 적이 있다. 목사들은 그런 교인들을 향해 소비자 정신 상태를 가진 한심이들, 혹은 율법적인 헛똑똑이들이라고 손가락질한다. 물론 그런 부류에 속하는 교인들이 목사의 설교에 불만을 나타내는 것도 사실이다.

그러나 문제는 우리가 진짜 깊은 것이 무엇인지를 모른다는 점이다. '깊이 있는' 가르침이라는 게 말세나, 칼뱅신학이나, 신성 논란에 대해 가르치는 걸 뜻하는 건가? 어떤 이들은 더 많은 실천을, 어떤 이들은 더 많은 공부를 깊이 있다고 말한다. 어떤 이들은 성경 원어를 공부하는 걸, 어떤 이들은 성경 원문 어근의 어근을, 그리고 또 그 어근을 파헤치는 걸 깊이 있다고 말한다.[11)]

"깊다는 건 무슨 뜻입니까?"라고 담임목사님이 내게 물었다.

실제로 성경을 가르치는 교사는 나였으니까.

그래서 내가 대답했다. "깊다는 건 예수님을 의미합니다."

나는 행여 거기에 있는 사람들이 내 말을 곡해할까 봐 얼른 부연 설명을 덧붙였다. 모든 가르침은 예수님을 중심으로 하고 그분을 강조해야 한다고, 예수님은 절대로 따분한 존재가 아니기에 그런 말은 아무리 해도 질리거나 닳지 않는다고 말했다. 사실 예수님은 그러고도 남는 분이다. 주님은 우리가 가장 흥미를 가져야 할 분인데 공교롭게도(?) 그분은 이 온 우주에서 가장 흥미로우신 분이다.

이 책의 10장에서는 내가 할 수 있는 최선을 다해 당신을 예수님의 무궁무진한 영광들 속으로 인도할 것이지만, 이 책의 주제는 한마디로 그분의 풍성한 은혜로 말미암아 복음이 깊다는 것이다. 그 이유는 풍성한 은혜로 말미암아 예수님이 깊은 까닭이다. 복음은 선하신 한 분 예수 그리스도와 그분이 하신 일을 반영한다. 난해하면서 완벽하고, 영원하면서 충만하고, 전능하면서 아름다운 그분을…!

오, 예수님이 죽음에서 살아나셨네.
자, 일어나라, 자는 자들이여.[01]
키이스 그린

Oh, Jesus rose from the dead
Come on, get out of your bed.
Keith Green

02

복음의 위대한 역할

GOSPEL DEEPS

서양의 교회들은 몽유병에 걸려 있다. 그래서 자면서 걸어 다닌다. 왜 그럴까? 유능한 설교자가 없어서도 아니고, 혁신적인 교회 모델이나 기업가 정신, 부유한 후원자, 최첨단 기술력, 막강한 방송매체가 없어서도, 문화 보급률이 낮아서도 아니다. 미국의 대형 교회는 초대형으로 커져 가는데 기독교인 수는 점점 더 줄어들고, 심지어 진짜 제자는 급속도로 감소하고 있다.

나는 선교학이나 교회학, 사회학을 전공한 전문가는 아니지만, 적어도 성경에서 뭐라고 말씀하는지는 알고 있다. 교회는 예수 그리스도의 복음을 전파함으로써 그 안에서 역사하는 성령으로 말미암아 힘을 얻어야 한다. 그 외의 다른 곳에서는 힘을 얻지 못한다. 아무리 지식과 선행과 창의성과 홍보력을 장착해도 안 된다. 일자무식의 어부들이 어눌하게 전파한 복음으로도 세상은 활

활 불타올랐다. 그들은 그저 장작들을 모아 놓고서 복음의 횃불이 제 역할을 하리라고 믿었다.

그렇다면 서양 교회들은 대체 무엇이 문제란 말인가? 아마도 두 가지 추측이 가능할 것이다. 하나는 복음 중심으로 열심히 목회를 했는데 하나님은 이제 그런 방법으로 역사하지 않기로 결정을 내리셨다는 것이다. 이 경우 복음의 능력을 확증하는 성경말씀은 유통기한이 끝났으므로 그 효력은 소급해서 적용해야 한다. 나머지 하나는 우리의 축 처지고 냉담하고 미적지근한 신앙생활이 복음 결핍의 목회에서 비롯된 결과라는 것이다.

그럼 무엇이 우리를 깨울 수 있을까? 해답은 시력이다. 복음은 우리에게 천국행 티켓만을 제공한 게 아니라, 생명줄이 될 것을 우리의 호주머니 속에 넣어 주었다. 그것은 바로 새로운 세계관이다. 복음은 우리의 눈을 열어서 보게 했고, 우리의 귀를 열어서 듣게 했다. 우리의 시력을 개선해 영생의 경치를 구경하게 했고, 구원의 안경을 쓰고서 세계를 바라보게 했다.

성전에서 하나님의 영광을 본 이사야는 어떻게 반응했는가? 망연자실했다. 사도 바울은 찬란한 빛에 눈이 멀었고 넋이 나갔다. 베드로는 하늘에서 내려온 천 조각에 가치관이 달라졌다. 예수님의 제자들은 그분의 모습이 변형될 때 무릎을 꿇고 머리를 조아렸다.

그들 모두 눈으로 목격한 광경 때문에 사람이 달라졌고, 그 이후부터 더 철저히 하나님을 따르고 섬겼다. 그들은 정말로 하나님을 대면했던 것이다. 비록 눈앞의 광경은 사라졌지만 그들에게 세상은 더 이상 예전의 세상이 아니었다.

세례 요한은 예수님의 공생애를 준비하던 시기에 이사야 40장 3-5절 말씀을 소리 높여 부르짖었다.

> 외치는 자의 소리여 이르되
>
> 너희는 광야에서 여호와의 길을 예비하라
>
> 사막에서 우리 하나님의 대로를 평탄하게 하라
>
> 골짜기마다 돋우어지며 산마다, 언덕마다 낮아지며
>
> 고르지 아니한 곳이 평탄하게 되며 험한 곳이 평지가 될 것이요
>
> 여호와의 영광이 나타나고 모든 육체가 그것을 함께 보리라
>
> 이는 여호와의 입이 말씀하셨느니라

이 얼마나 아름다운 지각변동인가! 왕이 오시면 그분의 도착으로 땅이 흔들릴 것이다. 복음은 세계의 경관을 바꾸어 놓는다.

복음의 광대함을 바라보는 건 모든 것의 진정한 광대함을 바라보는 일이다. 우리의 시야를 넓혀 주는 복음의 세 가지 주된 요소가 다음 말씀에 잘 드러나 있다.

> 너희는 택하신 족속이요 왕 같은 제사장들이요 거룩한 나라요 그의 소유가 된 백성이니 이는 너희를 어두운 데서 불러내어 그의 기이한 빛에 들어가게 하신 이의 아름다운 덕을 선포하게 하려 하심이라 벧전 2:9

베드로는 당시의 교회들에게 어리석은 언행을 삼가고 열심히

순종하여 복음을 전파하며 하나님의 거룩함을 드러내라고 충고했다. 그런 면에서 베드로전서 2장 9절은 "그런데 너희는 자신이 어떤 존재인가를 알고 있는 거냐?"라고 말하는 것과 똑같은 의미다. 그들(그리고 우리)이 어떤 사람인지를 설명하는 구절에서 우리는 복음이 지닌 삼중 의의를 확인하게 된다.

복음은 확실한 자아 정체성을 준다

그리스도인들이 두려움과 불신, 교만을 갖고 있는 이유는 무엇인가? 자신이 누구인지, 그러니까 자신이 그리스도 안에서 누구인지를 잊고 있기 때문이다. 바울은 "그런즉 누구든지 그리스도 안에 있으면 새로운 피조물이라 이전 것은 지나갔으니 보라 새것이 되었도다"(고후 5:17)라고 명확하게 말했다. 물론 우리는 의인인 동시에 여전히 죄인이다. 그러나 복음이 지닌 부활의 능력대로 살지 못한다면, 우리는 여전히 세상에 있는 자가 우리 안에 계신 이보다 더 위대하다고 믿고 있는 것이다.

심지어 기를 쓰고 순종하는 그리스도인도 복음의 놀라운 능력을 깜빡하고 살아갈 수 있다. 겉으로 보기에는 믿음이 두텁고 선행에 힘쓰며 언행이 반듯하게 보여도 실제로는 하나님에 대한 두려움과 불신에서 그렇게 행동하는 것이라면, 최선을 다하는 일들마저 무가치하고 고민만 더해 주는 결과를 낳게 될 것이다. 다람쥐 쳇바퀴는 아무리 열심히 돌려 봤자 몸만 피곤할 뿐이다.

그러나 복음은 율법의 저주에서 우리를 해방한다고 말한다.

율법이 요구하는 것의 부담에서 해방되었다는 뜻이다. 예수님은 우리를 위해 율법의 요구를 충족시키셨다. 예수님의 의로움이 곧 우리의 의로움이며, 예수님이 우리를 그분 안에 감추어 주셨다. 이 말이 모두 사실이라면 나는 예수님만큼이나 확실한 사람이 된 것이다.

우리는 하나님의 사랑을 구걸할 이유가 없다. 사실 구걸한다고 얻을 수 있는 것도 아니다. 하나님의 사랑은 거저 주어진다. 복음이 하나님과 우리 자신에 대한 이야기임을 제대로 깨달았다면, 자아 정체성이 꽃처럼 활짝 피어나 아름답게 만개할 것이다.

자, 그럼 우리가 예수님의 복음 덕분에 어떤 사람으로 바뀌었는지를 베드로전서 2장 9절을 보며 다시 한 번 살펴보기로 하자.

택하신 족속

이 말은 하나님이 우리를 뽑으셨다는 뜻이다. 텍사스 주 휴스턴에서 살던 어린 시절에 나는 거의 주말이면 동네 공원에서 친구들과 농구나 축구를 하며 놀았다. 먼저는 팀을 정했는데, 나는 첫 번째나 두 번째 선수로 뽑히는 걸 좋아했다. 그리고 우리는 아주 진지하게 경기를 펼쳤다. 이후에 결혼을 하고 테네시 주 내슈빌로 이사를 오면서, 주말마다 하던 운동경기를 그만두었다. 몇 해가 지나 고향을 다시 방문할 기회가 있었을 때 우리 옛 동지들은 다시 뭉쳐서 축구를 하자고 의기투합했다. 먼저는 양 팀의 선수들을 정해야 했다. 나는 차에서 내려 그냥 운동장으로 걸어온 것

말고는 나의 체력을 보여 준 적이 없었음에도, 끝에서 두 번째로 선수에 뽑혔다. 아! 과거의 영웅이 이리도 처참하게 몰락하다니! 창피해서 쥐구멍을 찾고 싶은 심정이었다. 대체 이 중년 체형이 어디가 어때서…? 운동장을 날고 기던 내 화려한 이력을 불과 몇 해 만에 까마귀 알 감추듯 잊어버렸단 말인가? 갑자기 내가 데이비드 베컴이 아니라 미스터 빈이 되어 버린 기분이었다.

나는 선수로 뽑힐 때의 심정을 다시 한 번 진지하게 생각해 보았다. 사람은 누구나 뽑히기를 바란다.

복음은 그런 '뽑힘'에 대해 재미있는 이야기를 들려준다. 앞서 털어놓은 내 경험담을 예로 든다면 이런 식의 설정이 가능할 것이다. 누구를 뽑을지 죽 둘러보시던 하나님의 예리한 눈에 내가 포착된다. 별 재주나 특기도 없는 데다가 팀에 그다지 도움이 될 것 같지도 않은 녀석이다. 도움은커녕 방해나 되지 않으면 다행이겠다 싶다. 그런데 하나님이 이렇게 말씀하신다. "나는 제일 먼저 이 아이를 뽑겠다."

문제는 하나님이 그런 일을 우리 각자에게 하신다는 것이다. 그분이 우리를 뽑으셨다. 우리가 대단하고 특출하기 때문이 아니라, 예수님이 대단하고 특출하시기 때문이다. 우리는 하나님께 아무런 보탬도 되지 못한다. 하나님은 우리가 필요 없으시다. 그런데도 그분은 그냥 우리를 선택하셨다. 지지리 못나고, 엉성하고, 형편없고, 후보 축에도 들지 못할 우리를 일부러 지명하셨다. 하나님 나라 경제학에서는 꼴찌가 일등이 되고, 심령이 가난한 자가 억만장자가 되고, 겸손한 자가 높은 자리를 차지한다.

당신 생각에는 당신 자신의 결정으로 하나님을 믿게 된 것 같은가? 천만의 말씀! "너희가 나를 택한 것이 아니요 내가 너희를 택하여 세웠나니"(요 15:16). 당신이 잘나서 선택된 것 같은가? 천부당만부당한 소리! "그런즉 원하는 자로 말미암음도 아니요 달음박질하는 자로 말미암음도 아니요 오직 긍휼히 여기시는 하나님으로 말미암음이니라"(롬 9:16). 당신이 선수 선발전에 참가했기에 선출된 것 같은가? 아니올시다! "곧 창세전에 그리스도 안에서 우리를 택하사"(엡 1:4).

왕 같은 제사장

하나님은 삼류들만 뽑아 놓고 멍하니 앉아 계신 분이 아니다. 삼류들을 최우수 스타플레이어들로 키우신다. 후보 팀을 정식 팀으로 올려놓으신다. 신분 상승을 이뤄 주신다. 하나님 왕국의 시종들이 아니라 왕의 형제와 자매가 되게 하시고, 그분의 통치권 아래서 왕자와 공주가 되게 하신다. 하나님은 우리를 천국에서 그리스도와 한자리에 앉게 하신다(엡 2:6). 복음은 우리를 왕실의 일원으로 대우하며, 언젠가는 진짜로 우리 머리에 왕관이 빛나게 함으로써 그것을 증명해 줄 것이다(약 1:12; 벧전 5:4).

그런데 왕실의 일원도 그냥 일원이 아니다. 우리는 왕 같은 제사장이다. 우리는 그리스도의 대사로서 하나님께 정식으로 임명받아 불신자들을 하나님과 화목케 하여 열방으로 제자 삼으라는 임무를 부여받았다. 우리는 예수님처럼 자신의 삶과 생명을 아낌

없이 내어 주어 그분의 구속 역사를 증거한다. 주님은 우리의 희생적 전도를 하나님에 대한 영광으로 삼으실 것이다. 구약시대에는 우리의 죄를 사해 줄 제사장들이 필요했다. 그러나 대제사장이신 예수님이 우리의 죄를 영원히 사해 주신 지금은 우리 자신이 제사장이 되어, 지성소 안에 있는 은혜의 보좌 앞에 담대히 나아갈 수 있다. 실은 우리의 육신이 성령이 거하시는 성전이다.

자, 하나님이 우리를 어느 정도까지 출세시키셨는지 이제 알겠는가? 하지만 여기서 끝이 아니다.

거룩한 나라

"내가 거룩하니 너희도 거룩할지어다"라는 말씀은 명령인 동시에 약속이다. 우리의 힘으로는 완벽하게 거룩해지기가 불가능하므로 하나님이 우리를 대신해서 거룩하게 만들어 주신다는 것이다. 성자의 보혈이 모든 불의에서 우리를 깨끗하게 씻어 주신다. 예수 그리스도의 공로가 우리를 대신해서 세상을 휘감은 정죄와 징벌에서 우리를 떼어내 주신다. 우리는 특별한 임무를 위해 엄선된 자들이다. 온 누리에 자신의 거룩함을 보여 주려는 비전을 이루기 위해서 하나님은 우리를 거룩하게 하신다.

하나님의 소유가 된 백성

간단히 말해 하나님은 우리를 소유하고 계시다. 물론 어느 인간인들 하나님의 것이 아니겠느냐만, 그분은 자기 아들을 신뢰하는 자들을 자신의 자녀로 삼아 주신다. 그리고 아주 특별하게 대우하신다. 그런 자들을 점찍어 두었다가 보호하고, 미래를 보장해 주고, 소망을 주신다. 자신의 영을 보내어 그들의 속에 거하면서 죄를 깨닫게 하고, 진리를 가르치고, 위로하게 하신다.

자, 머리를 굴려 보라. 감히 하나님의 것을 훔쳐 갈 자가 있겠는가? 하나님이 당신을 소유하셨다면, 그건 정말로 당신을 소유하셨다는 뜻이다. 성부를 위해 성자가 피 값으로 산 자들은 잃어버리거나 빼앗길 염려가 절대로 없다(요 6:39, 10:28).[02]

예수님은 우리를 모든 불의에서 깨끗하게 씻어 주신다. 그 사실에 어찌 한순간인들 감사하지 않을 수 있으랴! 이 얼마나 철두철미하고 완전무결한 구원인가!

나는 닐 앤더슨Neal Anderson의 학설에 전부 동의하지는 않지만(특히 'simul justus et peccator'[03]에 관한 주장은 약간 문제가 있다고 본다), 그의 책 《내가 누구인지 이제 알았습니다》(죠이선교회 역간)에 나온 복음 관련 성구들을 좋아한다. 그래서 상담이나 나 개인의 묵상용으로 자주 애용하고 있다.

- 나는 하나님의 은혜로 그리스도 안에 있으니…나는 의로워졌다. 모든 죄를 완전하게 용서받아서 의인이 되었다 롬 5:1
- 나는 그리스도와 함께 죽었고 내 삶을 지배하는 죄의 세력에 대해서도 죽었다 롬 6:1–6
- 나는 영원히 정죄를 받지 않는다 롬 8:1

- 나는 하나님으로부터 나서 그리스도 예수 안에 있다 고전 1:30
- 나는 하나님의 성령을 받았기에 하나님이 은혜로 거저 주신 것들을 알게 되었다 고전 2:12
- 나는 그리스도의 마음(생각)을 받았다 고전 2:16
- 나는 값 주고 산 몸이므로 나 자신의 것이 아니라 하나님께 속한 자다 고전 6:19, 20
- 나는 그리스도 안에서 하나님에 의해 굳건하게 되었고 기름부음을 받았으며 장차 받을 기업의 보증으로 성령을 받았다 고후 1:21; 엡 1:13, 14
- 나는 죽었으므로 이제 나 자신을 위해 사는 게 아니라 그리스도를 위해 산다 고후 5:14, 15
- 나는 의롭게 되었다 고후 5:21
- 나는 그리스도와 함께 십자가에 못 박혔으므로 이제는 내가 사는 게 아니라 내 안에 계신 그리스도가 사시는 것이다. 지금 내가 살고 있는 삶은 그리스도의 삶이다 갈 2:20
- 나는 모든 신령한 복을 다 받았다 엡 1:3
- 나는 하나님 앞에서 거룩하고 흠 없는 자가 되기 위해 창세전에 그리스도 안에서 선택되었다 엡 1:4
- 나는 예정된 하나님의 기쁘신 뜻을 따라 그분의 자녀로 입양되었다 엡 1:5
- 나는 구원을 받았고 죄를 용서받았으며 그분의 한량없는 은혜를 받았다
- 나는 그리스도 예수와 함께 살아났다 엡 2:5
- 나는 그리스도 예수와 함께 살아나서 그분과 함께 하늘에 앉게 되었다 엡 2:6
- 나는 성령을 통해 하나님 아버지께 직접 나아갈 수 있게 되었다 엡 2:18
- 나는 담대함과 확신을 갖고 하나님 아버지께 나아갈 수 있다 엡 3:12

- 나는 사탄이 지배하는 흑암의 권세에서 구출되어 예수 그리스도의 나라로 옮겨졌다 골 1:13
- 나는 모든 죄를 용서받고 구원을 받았다. 내 모든 빚은 청산되었다 골 1:14
- 예수 그리스도가 친히 내 안에 거하신다 골 1:27
- 나는 그리스도 안에 뿌리를 굳게 박았고 이제 그분 안에서 세워져 가고 있다 골 2:7
- 나는 영적인 할례를 받았다 골 2:11
- 나는 그리스도 안에서 완전해졌다 골 2:10
- 나는 그리스도와 함께 죽었고, 장사되었고, 다시 살아났다. 나의 생명은 그리스도와 함께 하나님 안에 감추어졌다. 이제는 그리스도가 나의 생명이시다 골 3:1-4
- 나는 능력과 사랑과 절제의 영을 받았다 딤후 1:7
- 나는 하나님의 뜻에 따라 구원을 받고 구별되었다 딤후 1:9; 딛 3:5
- 나는 거룩해졌고 나를 거룩하게 하신 이와 하나 되었기 때문에 그분은 나를 형제라 부르기를 부끄러워하지 아니하신다 히 2:11
- 나는 필요할 때마다 은혜와 긍휼을 얻기 위해 하나님 보좌 앞에 담대히 나아갈 권리가 있다 히 4:16
- 나는 보배롭고 지극히 큰 약속을 받았고 그 약속으로 인해 하나님의 신성한 성품에 참여하는 자가 되었다 벧후 1:4[04)]

자, 이래도 자신감이 생기지 않는가? 이건 의식을 개조하기 위한 자기계발 self help 이 아니다. 하나님 주도 계발 God-help 이다. 또한 자부심 내지 자존감 self-esteem 이 아니다. 이 중 어느 것도 자기 자신self에 의한 건 아무것도 없다. 자기 자신을 쥐어짜고 닦달한다고 이루어지지 않는다. 앞에 언급한 문장들은 대부분 성경에 언급된 이야기이며, 하나님이 우리의 자존감을 세워 주시는 이야기다. 모든 게 하나님이 우리를 위해 하신 일들이고, 하나님이 우리에 대해 말씀하신 것들이다.

예수님은 자신에 대해 깜짝 놀랄 만한 말씀을 하심으로써 우리에 대해 깜짝 놀랄 만한 사실을 밝혀 주셨다. "예수께서 이르시되 나는 부활이요 생명이니 나를 믿는 자는 죽어도 살겠고"(요 11:25). 이보다 더 확실한 미래 보장이 있을까? 당신이 그리스도 안에 있다면 누가 당신을 죽인다고 해도 진짜로 죽는 게 아니다.

나 제라드는 하나님의 진노를 받을 수밖에 없는 죄인이다. 하지만 그와 동시에 죄와 진노에서 벗어난 사람이다. 이 모두 예수님 때문이다. 왜 어떤 그리스도인들은 예수님 안에서 자신의 정체성을 찾는 것이(성경에는 분명 그렇게 하라고 말씀하시는데) 자만이라고 생각하는 걸까? 하나님이 우리에 대해 직접 하신 말씀을 그들은 왜 믿지 않으려는 걸까? 하나님은 자기 자녀들에 관해 "너희를 범하는 자는 그의 눈동자를 범하는 것이라"(슥 2:8)고 분명히 말씀하셨는데, 이걸 빈말로 여기라는 말인가? 하나님 말을 믿지 않는(혹은 교리적으로 주장하는) 것은 사탄의 계략에 동조하는 짓이다. 사탄은 우리를 용서하시겠다는 하나님의 약속보다 우리 죄가 더 크다고 주야장천 사기를 치는 놈이 아닌가!

《신앙 상담의 편지들》*Letters of Spiritual Counsel*에서 마르틴 루터는 한 청년에게 다음과 같은 말로 용기를 주었다.

마귀가 우리 죄를 들이대면서 사형과 지옥 형벌이 마땅하다고 말한다면 우리는 이렇게 응답해야 합니다. "나에게 사형과 지옥 형벌이 마땅하다는 건 인정한다. 하지만 그것이 어쨌다는 말이냐? 내가 영원한 멸망의 선고라도 받았다는 말이냐? 웃기지 마라. 나를 대신해서 형벌을 받고 죄를 대속하신 분이 계시다. 그분의 이름은 하나님의 아들 예수 그리스도다. 그래서 그분이 계신 곳에 나도 있을 것이다."05)

우리는 복음의 렌즈를 통해 내가 어떤 사람인지를 보아야 한다. 그러면 만사가 달라진다. 하지만 복음에는 이 외에도 또 다른 면들이 있다.

복음은 땅에 대한 구속적 시각을 제공한다

베드로전서 2장 9절은 우리를 누구라고 말하는가?

너희는 택하신 족속이요 왕 같은 제사장들이요 거룩한 나라요 그의 소유가 된 백성이니

독자들은 이 구절에 나오는 명사들이 단수가 아니라는 점을 이미 눈치챘을 것이다(지금까지 우리 개개인의 상태만을 언급했는데, 사실은 이 구절이 복수형이라서 난감했을 것이다). 그렇다. 베드로는 그리스도 안에서 우리 각자의 정체성을 묘사하는 동시에 각 개인이 아닌 모든 그리스도의 공통적 정체성에 관해서도 이야기한다.

그리스도인은 왕의 자녀이고 거룩하며 하나님의 소유가 된 자들이다. 또한 모든 그리스도인은 하나의 족속, 제사장들, 나라, 백성으로서 왕족이 되고, 거룩하게 되고, 하나님 소유가 되었다. 하나님은 우리 한 사람, 한 사람을 구원하시지만, 그렇다고 해서 개인의 영혼만을 위해 구원하신 것은 아니다. 우리는 하나님이 자신의 백성과 맺으신 언약이라는 상황 내에서 구원을 받는다. 즉, 우리는 무언가를 '위해' 구원받았다는 뜻이다.

족속과 나라와 백성에는 현실 세계와의 연관성이 작용하고 있다. 족속과 나라는 창조의 범주에 속한다. 하나님이 이스라엘이라는 나라를 예정대로 선택하신 목적은 그들을 단순히 세상으로부터가 아니라 세상 안에서 거룩한 자들로 구별하기 위함이었다. 하나님은 그분의 은혜를 이스라엘 족속과 나라에 쏟아부어 주셨다. 그들을 거룩한 자들로 선별하기 위함만이 아니라 다른 목적을 위해 선별해 놓으신 것인데, 그 목적이란 다른 나라들에 빛이 되어 하나님 영광의 복음을 전파하는 것이었다. 마찬가지로, 하나님이 이방인들을 자신의 선민들에게 접목해 이전의 두 백성이었던 자들이 하나의 새로운 백성, 즉 '그의 백성'(엡 2:11-19)이 된 이유도 예수 그리스도의 말씀과 공로를 통해 하나님께 회복의 계획이 있음을 전 세계에 증거하기 위함이었다.

우리가 왕 같은 제사장이 된 것도 그 때문이다. 그리스도의 의의 옷을 입고 신분 상승이 이루어진 것은 남보다 우월하게 되었다는 의미가 아니다. 진짜로 그런 의미였다면 우리는 왕 대접을 받기에 합당한 사람들이었을 것이다. 즉, 그리스도의 의로움이라는 이질적 의로움이 아니라 우리 자신의 의로움으로 그 위치에 도달했을 것이다. 하지만 그건 사실이 아니다. 우리의 왕권은 대사로서 임명을 받았다는 의미다. 우리는 이제 천국 시민으로서 '제사장'의 임무를 부여받았다. 그렇기에 하나님과 불신 국가들 사이에 들어가 중재자의 역할을 해야 한다. 하나님과 화평케 된 우리는 화평의 외교관이 되어 세상에 복음을 증거하고, 하나님 나라(장차 다가올 나라)를 구하고, 하나님의 뜻을 행하는(하늘에서와 같이 땅에서도 이루어지도록) 사명을 부여받았다.

예수님이 십자가에 달려 돌아가시고 우리가 사는 이 땅에서 부활하신 데에는 하나님의 특별한 계획이 있었다. 그 계획은 세상을 창조하실 때 일차적으로 드러났고, 인간이 타락한 뒤 이스라엘 백성에게 목축과 농경을 지시하실 때 또다시 드러났다. 아울러 시온의 영광이 온 세계 나라들 위에 빛나는 날이 올 것이라는 선지자들의 예언에도 드러났다. 또한 오병이어로 5천 명을 먹이고 물 위를 걷고 흙을 이겨 맹인을 고치며 폭풍을 잠재우는 예수님의 행적에서도 드러났다. 예수님이 십자가에 달려 돌아가실 때 땅이 갈라지고 천지가 진동한 것을 비롯해 타락한 피조물이 구원을 갈망하며 신음하는 모습에도 그 계획이 드러나 있다(롬 8:22). 바울은 그 신음이 해산의 진통과 다름없다고 말했다. 간절한 고통이 새로운 생명을 낳게 된다는 것이다.

예수님은 하나님 나라가 임해서 그분의 뜻이 하늘에서와 같이 땅에서도 이루어지게 해 달라고 기도하셨다(마 6:10). 그러나 그 기도의 응답은 사실상 예수님 자신이었다. 하나님 아버지는 그분의 뜻을 이루기 위해, 즉 천국이 가까이 왔다는 걸 알리고 예수님의 죄 없는 삶과 희생적 죽음과 영광스런 부활로 그 나라(하나님의 통치를 드러내는 것)의 도래를 현실화하기 위해 예수님을 보내신 것이었다. 하나님은 예수님을 통해 이 세상(이 땅)에 대한 약속이 실현된다는 걸 보여 주셨다. N. T. 라이트N. T. Wright의 설명을 들어 보라.

> '이 땅'이란 하나의 상징이기도 하지만 빵과 포도주가 생산되고, 양과 염소를 치고, 올리브와 무화과가 열리는 실제 땅이기도 하다. 또한 여호와 하나님이 언약의 백성에게 주신 장소이자 이곳을 통해 축복을 받게 되리라고 약속하신 곳이기도 하다. 이 모든 의미가 압축된 단어가 평화를 뜻하는 '샬롬'이다. 그곳은 새로운 에덴, 여호와의 동산, 진정한 인류의 주거지다.…'신의 왕국'은 기본적으로 여호와가 왕이 되신다는 사실을 말하는 것이지만, 이 상황에서의 왕국은 여호와가 통치하시는 장소를 의미하기도 한다. 그분은 자신의 거룩한 땅을 정결하게 해서 백성이 살기에 적합한 장소로 만들어, 그곳에서 열방을 다스리실 것이다.[06)]

베드로가 복음 안에서 우리의 정체성에 대해 택하신 족속, 왕 같은 제사장, 거룩한 나라, 하나님의 소유된 백성이라고 선포하는 이유가 바로 여기에 있다. 우리는 온 우주를 지배하시는 예수님의 통치 아래 감히 상상도 못 할 자리에 앉게 되었다. 자격도 없는 우리가 순전히 복음 때문에 그런 영예를 얻게 된 것이다. 그래서 "하늘에 있는 자들과 땅에 있는 자들과 땅 아래에 있는 자들로 모든 무릎을 예수의 이름에 꿇게"(빌 2:10) 될 것이라고 바울은 예견했다. 만일 인류를 향한 하나님의 계획이 그리스도인들을 세상에서 철수시켜 천상의 낙원에서 영혼의 기쁨을 누리게 하는 것이 아니라 새 하늘과 새 땅에서 주님의 통치 아래 왕자와 공주로서 살아가게 하시는 것이라면, 우리는 이 세상을 언젠가 멸망해서 없어져 버릴 대상으로 보아서는 안 된다. 하나님의 계획은 이 세상을 산산이 조각내어 쓰레기통에 던지는 것이 절대로 아니다. 구겨진 면들을 반듯하게 펴고, 높은 곳들을 평평하게 다듬고, 푹 꺼진 곳들을 돋우시려는 것이다. 물이 바다를 덮음 같이 이 세상을 하나님을 아는 지식으로 채우는 게(합 2:14) 그분의 계획이라면, 우리 주변의 장소들을 영광에 흠뻑 젖은 눈으로 바라볼 필요가 있다.

나는 학개 2장 6-7절의 예언을 좋아한다.

> **만군의 여호와가 이같이 말하노라 조금 있으면 내가 하늘과 땅과 바다와 육지를 진동시킬 것이요 또한 모든 나라를 진동시킬 것이며 모든 나라의 보배가 이르리니 내가 이 성전에 영광이 충만하게 하리라 만군의 여호와의 말이니라**

특히 미국의 뉴잉글랜드 지역에 사는 사람들은 이 말씀을 새겨들을 필요가 있다. 한때 서양 기독교의 보석이요, 순수한 청교도의 터전이요, 허리띠를 졸라매고 일하는 개신교도들의 땅이었던 뉴잉글랜드가 지금은 미국에서 가장 교회가 적고, 가장 신앙이 저조한 지역으로 추락하고 말았다. 한때 대각성이 일어났던 곳이 이제는 대거 잠을 자는 장소가 되었고, 그리스도를 높이는 설교로 뜨겁게 달아오르던 지역이 너무 얼어붙어서 빙설대가 되고 말았다.

나는 뉴잉글랜드에서도 최고로 냉랭하다는 버몬트에 살고 있다. 러틀랜드Rutland에서 차로 15분 정도 떨어진 마을이다. 러틀랜드는 그 이름만으로도 자신의 고리타분한a rut land 상황을 잘 드러내고 있다. 특히 이 지역의 젊은이들은 막다른 골목에 부닥친 사람들처럼 좌절과 소외감에 시달리고 있다.

그러나 복음에 나타난 하나님의 계획이 정말로 종족, 나라, 백성, 땅을 위한 것이라면 우리에게 막다른 골목은 있을 수 없다. 사실 따지고 보면 죽고, 시들고, 병든 상태라야 부흥이 일어날 수 있으니, 그런 면에서 봤을 때 하나님이 미국에서 부흥을 일으키시기에 가장 적합한 장소는 뉴잉글랜드일지도 모른다.

하나님은 온 우주의 모든 장소를 소유하고 계신 분이다. 그 사실을 절대로 잊지 말라. 아브라함 카이퍼Abraham Kuyper는 이렇게 말했다.

> **인간이 존재하는 전 세계 어느 곳이든 만물의 지배자이신 예수 그리스도가 '내 것이다!'라고 선포하지 않으실 땅은 단 한 뼘도 없다.**[07)]

이 세상 어디든 황폐하고 몰락한 곳을 보면 실망스러운 게 사실이다. 그래도 그곳에는 역사와 유산이 서려 있다. 비록 하나님이 '좋다'고 하셨던 타락 이전의 모습을 떠올려야 가능한 일이지만…. 어쨌든 복음은 그 사실을 명심하게 하는 동시에, 하나님이

'좋다'고 하셨던 것들이 예수님의 구속 역사로 말미암아 다시 새롭게 될 날(질병도, 고통도, 사회문제도 없는 날)을 설레는 마음으로 기대하게 한다. 그제야 우리가 사는 세상은 전능자에게 걸맞은 장소가 될 것이다.

복음은 세상이 어떤 상태인지를 현실적으로 보게 해준다. 아울러 장차 세상이 어떻게 될지를 보는 낙관적 시력도 제공한다. 택하신 족속이요, 왕 같은 제사장이요, 거룩한 나라요, 하나님의 소유된 백성으로서 우리에게는 이 세상에 대한 구속적 시각이 주어졌다. C. S. 루이스나 찰스 윌리엄스Charles Williams의 말처럼 이 타락한 세상의 척박한 땅 밑에서 복음이 솟아나오는 것을 보게 할 것이다. 루이스와 윌리엄스는 모두 '로그레스'Logres라는 개념의 애호가였다. 이 단어가 당시 영국(아서 왕, 카멜롯, 도도한 기사들, 왕과 하나님의 깃발을 휘날린 원정대의 영국) 이면의 진정한 영국을 보여 준다고 믿었기 때문이다.[08] 데이비드 다우닝David downing은 이렇게 말했다.

> 루이스는 그 이름이 대대로 비밀스레 전해져서 새로운 형태의 침입에 항거하는 전투의 지휘자에게 붙게 되는 걸 상상했다.…윌리엄스는 아서왕의 전설을 다룬 책들에서 영국의 영적인 면을 표현하기 위해 로그레스라는 이름을 사용했다. 즉, 그 말은 기독교와 켈트족의 이상향을 결합한 것으로, 세속적이며 부도덕한 풍조에 결연히 맞서는 세력을 이야기하는 것이다.[09]

루이스는 이 개념을 자신의 판타지 소설에 도입하여, 이 세상에서 다른 세상으로 나가는 비밀의 문으로써 옷장, 그림, 기차역 등을 설정했다. 로그레스를 간단히 요약하면 종족, 나라, 백성(그리고 그들이 거주하는 땅)을 향한 하나님의 원래 계획이 대부분 모호하게 감추어져 있으나, 그럼에도 여전히 유효하며 가끔은 겉으로 드러나서 언젠가는 황폐한 땅에 복원될 진짜 모습을 상기시켜 준다는 것이다. 루이스의 소설에 등장하는 주인공들은 더 나은 세상(로그레스의 세상)이 영국에 실현되어 자신들이 사는 장소가 더 좋고 더 멋진 세상이 되는 것을 경험한다. 마찬가지로 우리도 복음의 세상에 매료되면 더 좋고 더 멋진 천국 왕국이 실현되는 걸 경험하게 된다. 물론 아직은 그 왕국이 완전하게 실현된 게 아니지만, '가까이' 다가와 있다. 천국은 작은 씨앗에서 커다란 거목으로 자랄 것이고, 적은 누룩이 반죽 덩어리 전체를 부풀게 할 것이라고 예수님은 말씀하셨다(마 13:31-33). 바울도 복음에 대해 "온 천하에서도 열매를 맺어 자라는도다"(골 1:6)라고 말했다.

"오래 황폐하였던 곳을 다시 쌓을 것이며 예부터 무너진 곳을 다시 일으킬 것이며 황폐한 성읍 곧 대대로 무너져 있던 것들을 중수할 것이며"(사 61:4)라는 말씀처럼, 세상의 소금이자 빛인 우리는 복음적 시야를 갖고 각자 자기 자신이 그 일의 사명자임을 깨달아야 한다. 복음은 우리에게 이 땅에 대한 구속적 시각을 제공한다.

그러나 그 어떤 관점도 우리 자신과 우리의 일에 마침표를 찍지 않는다. 우리 자신과 주변 환경에 대한 복음적 시각은 근본적이고도 궁극적으로 하나님의 영광을 위한 시각이다.

복음은 하나님에 대한 원대한 관점을 제공한다

베드로전서 2장 9절의 후반부는 이렇게 이어진다.

> **이는 너희를 어두운 데서 불러내어 그의 기이한 빛에 들어가게 하신 이의 아름다운 덕을 선포하게 하려 하심이라**

하나님이 예수 그리스도를 통해 우리와 세상을 구원하시는 궁극적인 이유가 바로 이것이다. 우리가 하나님을 경배하도록 만들려는 것이다.

웨스트민스터 소요리 문답을 보면 인간이 사는 목적이 하나님을 영화롭게 하고 영원토록 그분을 즐거워하는 것이라고 한다. 베드로는 구원자 하나님의 아름다운 덕을 더 깊이 알기 위해 우리가 구원을 받은 것이라고 했다. 결국 우리가 위대해진 것은 위대한 그분을 제대로 알기 위함이다.

그런데 여기에서 '아름다운 덕'excellencies이 복수라는 사실에 주목하라. 이 단어가 복수인 이유는 하나님의 덕이 다양하고 무궁무진하기 때문이다. 성삼위의 각 위가 무한한 덕을 갖고 계시며, 그 덕들이 다시 다른 위들과 결합되어 성경 저자들이 도저히 말로는 표현해 낼 수 없는 영광을 발하고 있다. 하나님의 영광은 저자들을 압도했고, 꼼짝 못 하게 했으며, 넋이 나가게 했고, 매료되게 했고, 변하게 했다. 하나님의 영광이 그들을 폐인처럼 만들었지만, 그래도 여전히 그들은 더 큰 영광을 보고 싶어 했다.

성경에 나오는 '하나님의 영광'은 선포해야 하고, 추구해야 하고, 누려야 할 대상이다. 그와 동시에 두려워하고, 피난처로 삼아야 할 대상이기도 하다. 그 영광은 지극히 크고 찬란해서, 광대한 하늘이 그 영광의 선포자이고 광대한 우주가 그 영광의 요람이다. 반면 우리 각자도 그 영광을 먹고 마시며 누릴 수 있을 만큼 개인적이기도 하다.

우리 자신과 이 세상에 대한 복음적 관점은 오로지 하나님의 빛으로 조명을 받아야만 가능하다. 그 사실을 반드시 명심하기 바란다. 우리는 복음을 통해서만 하나님을 더 분명하게 볼 수 있다. 하나님 자신이 우리가 그분을 알게 되길 누구보다 원하고 계신다. 인간과 세상에 대한 구속의 은혜는 우리 입에서 "아!"라는 탄성이 저절로 터져 나오게 한다. 그건 인간과 세상에 대한 감탄이 아니라 하나님에 대한 감탄이다.

조나단 에드워즈Jonathan Edwards도 그 사실을 강조하며 다음과 같이 말했다.

> 하나님이 무언가의 성격과 역할을 존귀하고 자랑스럽게 여기신다면, 그건 자기 자신을 가장 존귀하게 여기셔야만 가능한 일이다. 만일 그렇지 않다면 그분의 완벽한 성품과 지혜와 거룩함과 공정함에 거슬리게 될 것이다. 하나님은 그분의 완벽함에 걸맞은 일만 하시기 때문이다.[10)]

성경은 하나님이 질투하시는 하나님임을 보여 준다. 자기 이름의 명예를 지키려 하고, 우리에게 경배를 명령하고, 자신만이 하나님이라는 사실을 보여 주는 말씀과 행동을 하시는 분임을 보여 준다. 결국 그분의 가장 큰 관심사는 그분 자신이 영광을 받는 것임을 쉽게 짐작할 수 있다.

그렇다면 그 사실이 복음에 어떻게 반영되어 있는가?

첫째, 예수님을 통한 죄 용서의 복음은 우리에게 용서가 필요하다는 점을 단언할 뿐만 아니라, 나아가 우리에게 그런 용서를 받을 만한 자격이나 능력이 없음을 말해 준다. 따라서 복음은 모든 인류의 영광 결핍을 전제로 하고 있다. 사실상 죄란 '하나님의 영광에 이르지 못함'으로 정의된다(롬 3:23).

둘째, 하나님이자 인간이었던 예수님은 십자가에서 인류의 죗값을 치르심으로 하나님께 구원의 영광(영예)을 올려드렸다.

셋째, 주님은 자의로 십자가를 지심으로써 인간에게 죽임을 당하지 않고 오직 인간이 자신을 죽일 수 있도록 허락하셨다. 그렇게 해서 범죄자라는 오명을 뒤집어쓰지 않고 그분의 죽음이 희생제사였음을 분명히 하셨다.

넷째, 주님은 죽음에 머물지 않고 사흘 만에 성령의 능력으로 부활하여 영광의 몸을 입고서 더 큰 영광을 하나님께 돌리셨다. 그 뒤에 하늘로 승천해서 더 큰 영광을 받으셨다. 하늘에 오르신 주님은 성령을 보내어 그분의 공로를 인정할 믿음을 허락하셨다. 우리가 복음을 믿을 때 그분은 더 큰 영광을 받게 되신다. 또한 주님의 복음은 세상 끝까지 전파되어 여전히 더 큰 영광을 받으시게 될 것이다.

마지막으로, 주님은 그분의 왕국을 영원히 세우기 위해 다시

한 번 재림하실 것이다(그 왕국에는 엄청난 영광이 임할 것이다). 그래서 산 자와 죽은 자를 심판하시고(더 큰 영광을 받으시고), 태양을 하나님 영광의 광채로 바꾸시고(히 1:3), 새 하늘과 새 땅이 그야말로 빛으로 충만하게 될 것이다(영광의 백 퍼센트 포화 상태). 복음의 설계와 실행과 적용과 예견은 모든 면에서 하나님이 그 중심이고 구심점이라는 사실을 공고히 한다. 어찌 보면 하나님 자신이 하나님 중심적이라고 할 수 있다. 복음은 인간을 구원하기 위한 것이지만, 궁극적으로는 하나님 자신의 영광을 위한 것이다.

하나님은 복음을 통해 우리를 어둠에서 그분의 기이한 빛으로 나아오게 하셨다. 기이한 빛이라고 말하는 이유는 그 빛에 놀랍고 비범한 면이 있기 때문이다. 하지만 하나님의 위대하심에 비하면 그것도 빙산의 일각에 불과할 뿐이다. 어느 면에서 보든 하나님은 정말로 굉장하시다. 예수님의 죄 없는 삶에서도 하나님이 얼마나 위대하신가를, 예수님의 희생적 죽음에서도 하나님이 얼마나 위대하신가를, 예수님의 부활에서도 하나님이 얼마나 위대하신가를, 심지어 불신자들에 대한 심판에서도 하나님이 얼마나 위대하신가를 엿볼 수 있다. 어느 각도에서 보든 결국 복음은 하나님 영광의 각기 다른 면을 반사하고 있다.

복음은 처음부터 끝까지, 위에서 아래까지 하나님의 영광으로 출렁거리고 있다.

그래서 존 파이퍼John Piper는 "우리가 하나님 안에서 가장 만족할 때 하나님은 우리 안에서 가장 영화로워지신다"라고 했다.[11)]

당신은 자신이 한없이 초라하고 보잘것없고 나약하고 믿음 없는 자로 여겨지는가? 혹은 궁지에 몰린 쥐와 같이 느껴지고, 지금의 처지에서는 미래도 희망도 없어 보이는가? 혹시 그것이 하나님을 너무 작게 보는 습관 때문에 복음의 눈으로 자기 자신과 상황을 보지 못하기 때문은 아닐까?

사실 우리는 하나님의 영광에 굶주려 있다. 그분의 영광을 얼핏이라도 보게 되면 누구든 정신이 바짝 들고 힘이 솟게 되어 있다. 복음의 역할이 바로 그 영광을 소개해 주는 것이다.

복음은 하나님 모양을 하고 있기 때문이다.

구원받은 자는 반드시
성삼위를 생각해야 한다.
아타나시우스 신경 중에서

He therefore that will be saved,
must thus think of the Trinity.
from the Athanasian Creed

03

하나님 모양의 복음

GOSPEL DEEPS

테네시 주 내슈빌 외곽에 있는 우리 집에는 손님방이 하나 있다. 지금도 그 방에 깔아 놓은 카펫 냄새가 생생하게 기억난다. 가볍고 몽실몽실한 털로 덮여 있는 그 베르베르 천에는 청회색과 붉은색의 무늬가 있어 더러운 얼룩은 가려 주었지만, 접착제의 역한 냄새부터 먼지 냄새, 진공청소기 줄의 고무 타는 냄새까지 생활의 냄새가 고스란히 배어들어 있었다. 물론 처음 방문한 사람들은 그 냄새를 알아채지 못한다. 나처럼 그것에 코를 박고 많은 시간을 보내야만 알 수 있다. 나는 냄새뿐만 아니라 내 이마와 뺨이 닿아 푹 꺼진 자리의 감촉까지 느낄 수 있다.

무릎을 꿇고 바닥에 엎드린 채 신음의 기도만이 흘러나올 때, 그곳에서 딱딱한 지표와 부드러운 공기, 지상과 천상의 엄숙한 조우가 이루어졌다. 도시 근교의 그 작은 손님방에서 한 남자가

벌거벗은 영혼으로 하나님 앞에 엎드려, 눈물 콧물을 쏟으며 목이 아프도록 통곡하면서 떨리는 손으로 그리스도의 옷자락 끝이라고 잡겠다고 몸부림치고 있었다. 그리고 바로 그곳에서 의외의 일이 벌어졌다. 힘도 재산도 미덕도 없는 나약하기 짝이 없는 그 남자가 하나님의 충만하심을 체험하게 된 것이다.

그 남자는 바로 나였다. 실패에 멍들고, 수치에 찌들고, 죄책감에 시달리고, 좌절과 실의에 젖어 있던 바로 나였다. 오랜 세월 내 인생과 가정에 뿌려 놓은 죄악이 허무의 절정으로 치달아 올라 몇 달이라는 시간 동안 불면의 밤을 지내던 어느 날 저녁, '제발'이라는 한 마디로 온 기도를 채우고 카펫의 퀴퀴한 냄새 속에서 가슴을 쥐어뜯고 있을 때 하나님의 임재가 내 존재를 삼켜 버렸다. 이전은 물론이요 이후에도 맛보지 못할, 충만하고 힘차고 벅찬 그분의 임재가 나의 존재를 감싸 안았다.

나는 아무것도 아닌 나라는 존재를 하나님의 보좌 앞에 올려 드렸다. 그러자 그분이 자기 자신을 나에게 주셨다. 귀로 들을 수 있는 소리는 아니었지만 성령은 분명히 내 마음속에 이렇게 말씀하셨다. "내가 너를 사랑한다. 그리고 너를 인정한다."

나는 그 말씀을 믿었다. 그분의 은혜로 말미암아 그분의 은혜를 믿었다. 물론 하나님은 내 죄나 의로움을 인정하신 게 아니라 오로지 그분의 아들 예수 그리스도의 의로우심 때문에 나를 인정하신 것이었다. 그럼에도 인정한다는 그 한마디는 내가 가장 알고 싶고, 느끼고 싶고, 듣고 싶었던 말이었다. 난생처음 나 자신이 진짜로 용서를 받았다는 확신이 들었고, 깊은 안도감과 평강이 가슴속에 물밀듯이 밀려들었다.

대체 무슨 일이 일어난 걸까? 나는 더 이상 도망칠 구멍이 없는 상황에서 나 자신을 하나님께 드릴 수밖에 없었다. 나에게는 다른 선택의 여지가 없었다. 내가 섬겼던 우상 중 어느 것도 더 이상은 아무 소용이 없었다. 간신히 의지했던 목발들마저 하나님은 자비롭게 꺾어 버리셨다. 내 혈관 속에 흐르던 영양주사도 사정없이 뽑혀 나갔다. 죄악이 남긴 쓴맛만이 입속을 감돌았다. 내게는 남은 게 없었으므로, 내가 할 수 있는 일이란 그저 조금씩 주님 앞에 다가서는 것뿐이었다. 내 존재 전부를 그 카펫에 담아 하나님께 올려드렸을 때 그분은 나의 전 존재를 받아 주셨다.

C. S. 루이스는 이렇게 말했다.

> 보통의 평범한 그리스도인들은 무릎을 꿇고 기도를 드린다. 그는 하나님과의 만남을 시도한다. 그러나 그가 정녕 그리스도인이라면 기도를 하게 하시는 이도 하나님이라는 사실을 알아야 한다. 말하자면 하나님이 그의 안에서 기도하시는 것이다. 그리고 또 하나 알아야 할 것은 하나님에 대한 모든 지식이 신이며 인간이었던 예수님을 통해 말미암는다는 사실이다. 예수님은 그의 곁에 서서 기도를 도우시며 그를 위해 기도하신다. 자, 그럼 무슨 일이 일어나는가? 그가 기도하는 대상은 하나님이며 그는 하나님과 대화하기를 원한다. 동시에 하나님은 그의 내면에서 기도의 동기를 부여하는 원동력이 되신다. 또한 기도하도록 이끌어 주는 길잡이와 다리 역할도 하신다. 따라서 보통의 그리스도인이 자신의 방에서 기도할 때 실제로는 성삼위 모든 하나님이 그 기도에 참여하시는 것이다.[01)]

아멘. 할렐루야!

하나님이 자신의 충만함으로 언제든 우리와 함께하신다는 사실은 결코 놀랄 만한 일이 아니다. 하나님은 이미 우리 안에 그분의 형상을 온전하게 반영해 놓으셨다. "하나님이 이르시되 우리의 형상을 따라 우리의 모양대로 우리가 사람을 만들고"(창 1:26). 성삼위 하나님은 각기 다른 하나님이면서 동일한 분들이고, 동일하면서 각기 다른 분들이다. 따라서 '우리의 형상', '우리의 모양'은 곧 '나의 형상', '나의 모양'을 뜻한다. 그것은 하나님과 천사들, 혹은 하나님과 다른 신들을 뜻하는 게 아니다. "하나님이 자기 형상 곧 하나님의 형상대로 사람을 창조하시되"(창 1:27). 26절에는 단수 하나님이 자신들의 형상으로 사람을 만들겠다는 의도가 드러나 있고, 27절은 그 의도가 그대로 실현되었음을 보여 준다. 26절에서 사용된 복수형과 27절에서 사용된 단수형은 다수의 형상을 의미하는 게 아니다. 성삼위께서 바로 창세기 1장의 그 현장에 계셨음을 의미한다. 그리고 하나님은 바로 지금 우리와도 함께하신다.

그렇다면 하나님의 형상대로 만들어졌다는 것이란 무엇인가? 나도 정확하게는 모른다. 우리의 육체와 정신과 영혼이 성삼위 하나님의 세 위를 예시하는 것일까? 우리 인간만이 이성과 영을 가진 피조물이라는 말일까? 우리만이 영광을 위해 창조된 자들이라는 뜻일까? 하나님이 우주만물의 통치권을 갖고 계시듯 우리에게도 그와 비슷한 통치권이 주어졌다는 의미일까? 정답은 어쩌면 모두 다 일지도 모른다. 성경은 '하나님의 형상'Imago Dei 에 관해 구체적으로 설명해 주지 않는다.

인간이 하나님의 말씀을 거역한 뒤에 그분은 다른 의미에서 "우리 중 하나같이 되었으니"라고 말씀하셨다(창 3:22). 하나님이 선악을 아신다는 건 거룩한 지식이고 주권자로서의 지식이다. 하나님은 악의 주체도 아니요 객체도 아니며 오로지 악을 지배하시는 분이다. 악의 유혹에 취약한 우리는 악의 주체인 동시에 희생물이다. 이제 우리는 깨어진 유리 조각마냥 하나님의 형상을 반영하고 있다.

그렇다고 해서 범신론, 다원론이 이야기하듯 하나님이 모든 인간 속에 내재하신다는 의미는 아니다. 뉴에이지에서 하나님이 모든 사람 속에 계시다는 말은 사실상 모든 사람이 하나님이라는 뜻이다. 그러나 기독교에서 인간이 하나님의 형상으로 만들어졌다는 얘기는 우리가 성삼위 하나님을 반영하도록 창조되었음을 의미한다. 따라서 아무리 믿지 않는 사악한 불신자라도 그의 안에는 하나님 형상으로서의 타고난 존엄성과 거룩함이 있다.

누군가를 구원하실 때 하나님은 그의 내면에 자기 자신을 넣으신다. 물론 이는 그 사람을 하나님과 똑같은 신으로 만드신다는 얘기가 아니라, 죄 때문에 깨지고 얼룩진 그분의 형상을 그 사람 안에 다시 회복시킨다는 말이다. 이 사실을 염두에 둔다면 "하나님이 구원하신다"라는 말은 결국 "성삼위가 구원하신다"라고 해야 맞는다. 복음의 회복 역사는 성삼위의 충만함으로 이루어지는 것이다.

성삼위에 대한 진실

그렇다면 성삼위가 무엇을 의미하는지부터 알 필요가 있다. 이에 대해서는 참고할 자료가 풍부하다. 우선은 권위 있는 성경을 통해 알 수 있다. 아울러 사도신경을 비롯해 여러 신경들과 교회 교부들이 성삼위의 교리를 다음과 같이 정리해 놓았다.

- 하나님은 한 분이시다.
- 하나님께는 성부, 성자, 성령이라는 별개의 세 위(位)가 계시다.
- 각각의 위는 동일하고도 영원하며 동시에 존재하는 하나님이다.

삼위일체설에 대해서는 이 외에도 많은 이야기를 할 수 있지만, 일단 여기에서는 정통 교리로 받아들여지는 핵심 사항만 다루도록 하겠다. 물론 우리로서는 삼위일체가 정확하게 어떤 형태인지 알 길이 없다. 어쨌든 하나님은 성삼위이시다. 어떻게 유일신 하나님이 삼위일체인지는 모르지만, 최소한 그분이 삼위일체라는 사실만큼은 모든 자료와 정보들을 통해 알 수 있다(지금 내 비서인 코니 이튼이 서류에다 코를 박고서 저 많은 세금 부호를 갖고 무얼 하는지는 모르지만, 적어도 내 세금을 계산해 주고 있다는 사실만큼은 알 수 있듯이).

성삼위의 각 위는 모두 하나님이시다. 가톨릭 식으로 말하자면, 신으로서의 본질essence을 지니고 계신 온전한 하나님이시다. 그분들은 서로 섬기신다. 성자 하나님은 성부 하나님의 뜻에 순종하면서 그분을 섬기고 영화롭게 하신다. 물론 두 분은 똑같은 하나님이시다. 성령 하나님은 성자 하나님을 영화롭게 하시며 성자를 통해 성부 하나님을 영화롭게 하신다. 물론 성령도 성부, 성자와 똑같은 하나님이시다. 성부 하나님은 성자, 성령과 동일한 하나님이면서도 두 분을 세상에 파송하여 스스로를 영화롭게 하신다. 성삼위는 진정한 유일신 하나님이자 기쁨과 다양성의 공동체로서 스스로를 영화롭게 하신다. 각 위가 서로 교통하며 각자 맡은 역할과 사명을 수행하신다. 그러나 세 분 모두 동일하고도 영원한 신이시다. 세 분의 신이 있는 것이 아니라 한 분의 신이 세 위격(位格)으로 존재하시는 것이다.

독생자(창조되지 않고 하나님이 낳으신) 성자 하나님은 성부 하나님으로 말미암는다. 성령 하나님은 성부와 성자 하나님으로 말미암는다. 각 위마다 자신에게 주어진 독특한 사명이 있지만, 다른 위에게 종속되지 않고 다른 위보다 열등하거나 우월하지 않다. 칼뱅은 초대교부 터툴리안Tertulian의 표현을 빌려 "하나님 안에는 본질에 영향을 주지 않는 일종의 분배질서가 있다"라고 말했다.[02] 다시 말해 각 위가 하나님의 3분의 1씩도 아니고 3극(三極)도 아니라는 뜻이다. 세 위가 영원히 한 분의 하나님으로 존재하신다. 이것이 정통적인 삼위일체론이다. 이 중 하나라도 바꾸거나 날조하게 되면 삼위일체의 실상을 잃게 된다.

나는 이 장을 교정하는 동안 내 블로그가 유명한 종교대변인 T. D. 제익스T. D. Jakes 때문에 상당히 어지러워져 있는 걸 발견했다. 그가 어떤 기독교 콘퍼런스에 나를 초대한 일 때문이었다. 그는 원래 단일오순절교단Oneness Pentecostals에 속했던 사람인데, 그 교단은 양태론modalism으로 알려진 삼위일체설을 믿고 있다.

양태론을 신봉하는 사람들은 하나님이 한 분이고 성부, 성자, 성령의 세 위격으로 존재하지만, 동시에 같은 하나님으로 존재하는 것은 아니라고 말한다. 그들은 "하나님이 세 양태manifestation로 존재하신다"라는 등의 발언을 함으로써 하나님이 때로는 성부로, 때로는 성자로, 때로는 성령의 모습으로 나타나신다고 주장한다. 그러나 이 주장은 사실이 아니며, 4세기에 교회에 의해 공식적으로 두 차례나 이단적 교리라는 판정을 받았다. 양태론이 말하듯 '때로' 여러 모습을 보인다는 주장은 성경말씀과도 일치하지 않을 뿐만 아니라 신경들의 내용과도 어긋난다. 자, 여기에 아타나시우스 신경의 삼위일체론을 소개하겠다.

> 가톨릭의 믿음은 이것이니 우리는 삼위일체가 되시는 한 분 하나님을 믿는다.
> 이 삼위일체는 인격을 혼합한 것도 아니요 그 본성을 나눈 것도 아니다.
> 성부도 한 인격, 성자도 한 인격, 성령도 한 인격이시다.
> 그러나 성부의 신격과 성자의 신격과 성령의 신격은 모두 하나이며
> 그 영광이 동일하고 그 위엄은 영원히 함께 공존한다.

아타나시우스 신경에서 삼위일체의 세 위격이 갖는 위엄이 영원히 함께 공존한다고 말한 것은 한 번에 각각의 다른 모습으로 나타난다는 주장과 정면으로 대치하는 것이다.

현재 T. D. 제익스는 자신의 과거 배경에서 멀어져 더 많은 사

람의 호응을 얻어내려 하고 있다. 그래서 자신의 주장은 이단에서 진화된 것이라고 말한다. 그럼에도 그의 교회가 내걸고 있는 신앙 선언문에는 여전히 알쏭달쏭하고 경고등이 켜지게 만드는 '양태'라는 단어가 들어가 있다. 내가 보기에 그는 이단 배경에서 완전히 벗어나고는 싶지만, 진짜 삼위일체론을 명시함으로 과거 오순절파 지인들의 감정을 상하게 하고 싶지는 않은 듯하다.[03] 2000년도에 발간된 〈크리스채너티 투데이〉*Christianity Today* 지에서 그는 자신은 이제 양태론을 믿지 않는다고 말했다. 그럼에도 15개나 되는 인터뷰 문장 어디에도 정통 삼위일체론에 대한 내용은 보이지 않았다.[04] 그는 하나님이 한 분이시며 성부, 성자, 성령은 구별된 존재라고 했다. 모두 맞는 말이지만, '세 분인 동시에 한 분'이라는 사실과 '동시에 한 분'이라는 사실을 명쾌하게 언급하는 것 없이 그저 두루뭉술하게 넘어갔다. 10년 뒤에 오픈하우스Open House의 인터뷰어 셰리든 보이시Sheridan Voisey가 제익스의 견해를 요청했을 때에도, 그는 삼위일체를 정의하기가 매우 곤란하다고 응답했다.[05] 가장 최근의 공식 발언으로는 엘리펀트룸투Elephant Room 2라는 인터넷 토론방에서 한 이야기인데, 여기에서도 그는 삼위일체론에 동의는 하면서 여전히 양태론의 이단 교리를 공식 부인하는 입장을 보여 주지 않았다. 정말로 정통 삼위일체론을 믿고 고백하는 사람이라면 그렇게 모호한 태도를 취할 이유가 어디 있는가?

성삼위는 구약에 투영되어 있지만, 우리는 지금 구약시대에 살고 있지 않다. 언약에 나오는 복수형 '엘로힘'은 사실상 성부,

성자, 성령으로 존재하시는 단수 하나님을 뜻한다. "이스라엘아 들으라 우리 하나님 여호와는 오직 유일한 여호와이시니"(신 6:4)라고 했을 때 히브리인들은 '유일한'이 에다드, 즉 합성어라는 점을 모르지 않았다('돌'과 '다리'라는 두 형태소가 결합하여 '돌다리'라는 단어가 되는 것과 같은 이치다). 아울러 점진적인 계시에 의해 그 합성어가 성부 하나님, 성자 하나님, 성령 하나님을 가리킨다는 사실도 알게 되었다. 이사야서 48장에서 하나님은 "나는 처음이요 또 나는 마지막이라"(12절)고 자신을 소개하셨고, 16절에서는 주 여호와께서 자신과 성령을 보내셨다고 말씀하셨다. 그렇다면 주 여호와와 성령의 보내심을 받은 동시에 처음과 나중인 분이 누구란 말인가? 이사야는 세상의 빛으로 오실 예수님에 대해 예언한 것이다.

그 밖에도 구약의 많은 말씀에 삼위일체의 그림자가 진하게 드리워져 있다. 가령 언약의 희생제사라든가 사막 위를 줄지어 걸어가던 사람들의 수, 암호와 같은 단어들, 다양한 상징 속에 성삼위를 암시하는 내용들이 들어 있다. 그러나 인간을 구원하기 위해 빛으로 오신 성자 하나님만큼 성삼위를 뚜렷하게 보여 주는 존재는 없다. 주님은 자기 자신을 충만히 알려 주심으로 구원의 충만한 역사 속에서 하나님을 충만히 알리려고 이 땅에 오셨다. 우리가 사는 신약시대는 이전보다 하나님의 계시가 훨씬 더 명확해졌지만, 여전히 우리는 어렴풋하게 알 뿐 언젠가 때가 되어 온전히 알게 될 날을 기다리고 있다.

그럼 이 마당에 삼위일체가 왜 중요하다는 말인가? T. D. 제익스가 뭐라고 하던 그게 무슨 대수인가? 그렇지 않다. 우리는 그가 모호한 태도를 정리하고(혹은 여전히 이단적 사고를 버리지 못했다면 완전히 버리고), 정통 삼위일체론을 주장하길 부탁해야 한다.

삼위일체를 이해하는 게 중요한 이유는 간단하다. 그리스도인이라면 하나님과 친밀한 관계를 맺어야 하고, 그렇다면 우선적으로 친밀한 관계를 맺을 하나님이 어떤 분이신가부터 알아야 당연하지 않은가? 하나님이 누구이며 어떤 분이신가에 대해 우리가 할 수 있는 최선을 다해 알아 가야 한다.

예수님을 믿는 사람은 한 단계의 영광에서 더 높은 차원의 영광으로 변화해 나간다(고후 3:18). 풀어서 이야기하자면, 우리가 하나님이 본래 창조하신 그분의 형상으로 차츰차츰 회복되어 간다는 뜻이다. 우리가 하나님의 형상을 지닌 존재들이라면 하나님의 형상이 대체 어떤 것인지를 알아야 한다. 하나님은 성삼위이시다. 그러므로 우리가 하나님을 영화롭게 하려면 성삼위에 관한 올바른 지식이 있어야 한다.

성삼위의 이름으로 세례를 받다

다시 앞서 말한 손님방으로 돌아가 보자. 나는 바위의 갈라진 틈 사이에서, 방바닥에 놓인 까칠한 쿠션으로 얼굴을 가린 가운데서 하나님 영광의 뒷모습이 지나가며 회복의 복음이 선포되는 것을 보았다. 복음의 목적은 온전하게 만드는 것이며(살전 5:23), 하나님 말씀의 목적은 완벽하게 만드는 것이다(딤후 3:16-17). 그래서 하나님의 온전함과 완벽함이 어우러져 성삼위 협주곡으로 드러나는 것이다. 사도 요한은 "우리가 다 그의 충만한 데서 받으니 은혜 위에 은혜러라"고 고백했다(요 1:16).

예수님은 제자들에게 모든 민족으로 제자를 삼으라고 하시면서 아울러 "아버지와 아들과 성령의 이름으로" 세례를 주라고 명령하셨다(마 28:19). 여기서 '이름'이 단수로 쓰인 점을 눈여겨보라. 성삼위의 '이름으로'라고 했지 '이름들로'라고 하지 않았다.

사도행전에서는 사도들이 간단하게 "예수님의 이름으로" 세례를 주었다. 세례를 줄 때 하는 기도문이 본래 예수님이 일러 주신 것인지, 사도들이 일부러 줄여서 사용한 것인지 아닌지는 우리가 알 길이 없지만, 이 한 가지는 분명하다. 복음을 믿어 회심한다는 차원에서 봤을 때 "예수님의 이름으로"를 "아버지와 아들과 성령의 이름으로"에 연결할 수 있는 이유는 예수님이 하나님의 생명으로 향하는 문이시기 때문이다.[06] 현재 그리스도인들은 "예수님의 이름으로 기도합니다, 아멘" 하면서 기도를 마친다. 이는 성자 하나님의 피 값으로 성부 하나님과의 친교가 가능해졌다는 뜻이다. 하지만 어떤 경우에는 "성자 안에서 성령에 의해 성부께 영광 돌립니다, 아멘"이라고 기도를 마칠 때도 있다. 프레드 샌더스가 '흐름에 맞는 기도'라는 말을 했듯이 경우마다 다르게 기도할 때가 있는 것이다.[07]

성자가 성부와 성령인 것은 아니지만, 예수님의 이름으로 세례를 준다고 해서 성삼위의 이름으로 세례를 주는 것과 어긋나는 일인 것은 아니다. 왜냐하면 예수님은 성부께로 가는 길, 성부를 위한 진리, 성부로부터 온 생명, 성령의 기름부음 받은 메시아로서, 하나님의 충만함으로 향하는 문이시기 때문이다. 성부가 성자를 세상에 보내신 것은 우리로 하여금 성부를 알게 하고 그분과 화해시켜 성부를 영화롭게 하기 위함이었다. 그뿐만 아니라 나중에 성령을 보내어 우리가 성자를 알게 되고 성자를 통해 성부와 화해하여 성삼위께서 서로 안에 계시듯 우리도 그분들 안에 있고 그분들도 우리 안에 계시게 하려는 것이었다(요 17장). 셀라.

왜 우리는 성삼위의 이름으로 세례를 받아야 하는가? 여기에 몇 가지 신빙성 있는 이유를 대 보겠다.

첫째, 예수님 자신이 세례를 받으셨던 장면이 성삼위의 존재를 단적으로 보여 주고 있기 때문이다(마 3:16-17). 성자가 물속에 들어가실 때 성부가 하늘에서 말씀하셨고 성령이 비둘기처럼 하늘에서 내려와 성자에게 임하셨다. 예수 그리스도의 공생애가 시작되는 공식 위임식장에 성부와 성령이 깜짝 출연하신 것이다. 우리가 받는 세례도 마찬가지다. 그것은 예수님의 죽음과 부활을 상징할 뿐만 아니라 예수님 자신이 받으셨던 세례의 본보기도 따르고 있다.

둘째, 우리가 성삼위의 이름으로 세례를 받는 이유는 세례 의식이 하나님의 주권에 순복하겠다는 공식적인 선언이기 때문이다. 하나님의 주권은 성삼위 하나님의 주권이기도 하다. 우리는 성부 하나님의 뜻만이 아니라 성자 하나님의 권위와 성령 하나님의 능력에도 순복한다. 순차적이 아니라, 한 번에 성삼위 모든 분께 순복한다. 한마디로 성삼위의 주권은 패키지인 셈이다.

셋째, 우리가 성삼위의 이름으로 세례를 받는 이유는 세례라는 의식 자체가 교회라는 가시적 언약의 공동체에 들어간다는 표시이기 때문이다. 즉, 그것은 성삼위라는 불가시적 언약 공동체를 상징하는 것이다.

마지막으로, 우리가 성삼위의 이름으로 세례를 받는 이유는 세례가 상징하는 구원이 성삼위 모든 분의 합작품이기 때문이다.

복음은 우리 안에 있는 성삼위의 형상이 회복된다고 말한다. 복음의 능력은 성삼위에 의해 고안되고, 확립되고, 실행되었다.

J. I. 패커J. I. Packer는 그 사실을 다음과 같이 요약했다.

> 하나님은 삼위이시다. 하나님은 성부, 성자, 성령의 삼위이신데, 구원은 그 삼위가 함께 이루어 내신 것이다. 성부는 구원을 의도하셨고, 성자는 구원을 확고히 하셨으며, 성령은 구원을 적용하셨다.[08]

복음은 하나님 모양을 하고 있다. 우리는 복음이 성삼위적이라는 사실을 알게 된다. 완전히 타락한 인간은 완전히 거룩한 하나님에 의해 완전히 구원을 받았다(사 6:3; 계 4:8).

성삼위 복음

신앙과 생활이 따로 노는 그리스도인에게 믿음은 좋은데 삶이 형편없다고 하는 건 이치에 맞는 말이 아니다. 내가 목회했던 교회에는 목축업자, 목수, 건설공사 인부, 기계공 같은 직업에 종사하는 교인들이 많았다. 어느 날 내가 집에서도 신학자가 되어야 한다고 설교하자, 금세 그들의 눈꼬리가 올라가는 게 보였다. 목사에게 신학은 실용적일지 몰라도, 그들이 보기에 목사는 비실용적인 것의 전문가에 불과했을 것이다. 직업 전선에서 바쁘게 살아가는 우리 동네 사람들은 (아울러 당신 동네의 사람들도) 삼위일체론이 소젖을 짜고, 문짝을 달고, 시멘트를 바르고, 모터를 돌리는데 무슨 도움이 되는지를 궁금해한다. 물론 나는 일반적인 이야기를 하는 것이다. 우리 교회에 나오는 교인들은 참으로 신실한 분들이어서 얼마나 감사한지 모른다. 또한 신학이 얼마나 실용적인지는 잘 몰라도 최소한 신학이 중요하다는 건 알고 있다. 그러한 교회에서 목회를 한다는 것도 무척이나 감사하다. 그렇다. 신학은 소를 키우거나 건물을 짓는 것만큼 실용적인 것은 분명 아니다. 그러나 그와 비슷한 차원에서 실용적이다. 신학은 우리가 영원히 죽지 않도록 도와준다. 존 파이퍼는 신학이 실생활에 즉각적으로 도움이 되는 건 아니지만 영원히 도움이 된다고 말했다. 그러나 나는 반대로 정통 신학이 영원히 도움이 되기 때문에 그래서 실생활에 즉각적으로 도움이 된다고 말하고 싶다.[09]

삼위일체적 복음은 영원히 도움이 된다. 그 이유는 우리를 영원한 멸망에서 안전하게 지켜 주기 때문이다. 또한 우리가 믿는 순간, 즉 바로 지금 우리를 지켜 주기 때문에 즉각적으로 도움이 된다. 우리를 생존하게 하는 것보다 더 실용적이고 도움이 되는 게 어디 있겠는가?

복음은 인간의 충만함을 위해 죄의 충만함에도 불구하고 하나님의 충만함을 선포한다. 그 사실을 언급한 것이 베드로전서 1장 1-2절 말씀이다.

> 예수 그리스도의 사도 베드로는 본도, 갈라디아, 갑바도기아, 아시아와 비두니아에 흩어진 나그네 곧 하나님 아버지의 미리 아심을 따라 성령이 거룩하게 하심으로 순종함과 예수 그리스도의 피 뿌림을 얻기 위하여 택하심을 받은 자들에게 편지하노니 은혜와 평강이 너희에게 더욱 많을지어다

흩어져 사는 유대인들에게 있어서 자신들이 택함 받았다는 사실보다 더 기쁜 소식이 있었을까? 베드로는 그들을 가리켜 '선택 받은 나그네들'이라고 불렀다. 타향살이하는 사람들에게 그것은 무척이나 중요하고 필수적인 문제였다. 자신이 선택받았으며 사랑받고 있고 인정받고 있고 안전하다는 것만큼 실향민들에게 위안을 주는 이야기가 어디 있겠는가?

하지만 대체 그들이 어떻게 선택을 받았다는 말인가? 베드로는 우리에게 성삼위 하나님의 역사에 의한 구원을 보여 준다. "하나님 아버지의 미리 아심을 따라."

하나님의 미리 아심에 대해 존 칼뱅은 "그것이 기반이다"라고 말했다.[10] 하나님의 예지(豫智)에서 구원의 역사가 비롯되었다. 예지란 미리 아는 것, 하나님의 초감각적 선견지명을 뜻한다. 예를 들어 하나님은 우리가 내일 아침 식사로 무엇을 먹을지, 혹은 아침 식사 시간까지 살아 있기나 할는지를 다 알고 계신다. 하지만 베드로전서 1장 2절의 '미리 아심'은 그것과 다른 형태의 예지

다. 로마서 8장 29절 말씀처럼, 그것은 어떤 사물이나 상태가 아니라 하나님이 미리 아시는 '사람'을 의미하는 것이다.

웨인 그루뎀Wayne Grudem은 베드로전서 1장 2절을 "세상이 창조되기 전 하나님 아버지의 지극한 애정에 따라"라고 풀어서 읽을 수 있다고 말했다.[11] 다시 말해, 베드로는 하나님의 선택이 영원 전부터의 사랑에서 비롯되었음을 밝히고 있는 것이다. 당신이 만약 그리스도인이라면 하나님은 영원 전부터 이미 아버지로서 당신을 사랑하고 계셨다. 세상이 창조되기 전에 그분은 이미 당신의 가장 추악한 모습을 보셨으면서도 여전히 "내가 너를 사랑한다"라고 말씀하신 것이다.

하나님 아버지의 예지는 우리가 복음을 이해하는 데에도 큰 도움이 된다. 그분은 우리의 믿음을 보고 자녀로 입양하신 게 아니라, 그분이 입양해 주셨기에 우리가 그분을 믿게 된 것이다. 갈라디아서 4장 6절에서 바울은 "너희가 아들이므로 하나님이 그 아들의 영을 우리 마음 가운데 보내사 아빠 아버지라 부르게 하셨느니라"고 말했다. 우리가 하나님의 자녀가 되기 이전부터 하나님 아버지는 우리를 그분의 자녀로 사랑하셨다. 복음은 바로 이 사실에서 시작된다. 하나님의 자녀가 된 그리스도인은 저주의 대상이었던 상태에서 자비로 구원받은 상태로 전환된다(엡 2:1-4). 심지어 그리스도인이 된 후에 행하는 모든 선한 행동도 알고 보면 하나님이 미리 예비하셨다가 때가 이르자 우리로 하여금 그렇게 행하게 하신 것에 지나지 않는다(엡 2:10).

만일 그 모든 게 사실이라면 우리 안에는 엄청난 확신과 자신감이 펑펑 솟아나야 마땅하다. 하나님이 미리 아신 자들에게 미리 마련해 주신 구원을 베푸셨는데, 그분이 예정하신 일이 어떻게 안 일어나고 배길 수 있겠는가? 예정하신 일이 일어나지 않는다면, 그건 예정이 아니라 어림짐작에 불과하지 않겠는가?

우리 그리스도인은 하나님의 미리 아심에 따라 구원을 받았다. 그뿐만이 아니다.

성령이 거룩하게 하심으로 (구원을 받았다)

성삼위께서 하나님의 예지에 따라 우리를 구원하셨다. 그리고 성삼위는 성령님의 거룩하게 하심으로 우리를 구원하셨다.

성령님은 우리를 덮어 주셨다. 성령님의 거룩하게 하시는 역사에는 두 가지 면이 있는데, 그 첫째는 예수님을 영접하는 순간에 우리를 씻어 거룩하게 하시는 것이다. 이 경우의 성화는 과거형이다. 고린도전서 6장 11절을 읽어 보라. "주 예수 그리스도의 이름과 우리 하나님의 성령 안에서 씻음과 거룩함과 의롭다 하심을 받았느니라." 성령님의 거룩하게 하심에 있어서 또 다른 면은 흔히 '점진적인 성화'라고 부르는 것이다. 전자에서는 새로운 탄생과 더불어 새로운 특성이 주어진다. 우리의 더러워진 양심을 깨끗하게 씻으신 후 우리 안에 거하심으로써 성령님은 우리가 하나님의 소유가 되며 영생을 얻었음을 보증하신다. 하지만 그래도 우리에게는 여전히 죄성(罪性)이 남아 있다. 이 죄성은 우리의 영과 계속해서 마찰을 일으키지만, 성령님은 위로와 확신과 깨달음의 역사를 통해 우리를 거룩하게 보존하시며 더욱 거룩해지도록 이끌어 주신다.

고린도전서 15장 1-2절 말씀처럼 우리는 복음을 받았고(과거형), 복음에 서고(현재형), 구원받을 것이다(미래형). 우리는 속죄를 받아 의롭게 되었는가? 그렇다. 우리는 거룩하게 되었는가? 그렇다. 하지만 여전히 "거룩함을 온전히 이루어"(고후 7:1)야 한다. 또한 성령의 열매도 맺어야 한다. 웨스트민스터 대요리 문답의 일곱 번째 항목이 그 사실을 잘 대변해 준다.

> **성화는 창세 전에 거룩한 자로 선택을 받은 자들에게 베푸시는 하나님의 은혜이며, 그분의 성령이 그리스도의 죽음과 부활을 그들에게 적용해서 이루시는 강력한 역사이고, 하나님의 형상으로 온전하게 회복해 나가는 일이다. 삶 속에서 회개의 씨앗을 가진 이들은 구원으로 인한 다른 모든 은혜들도 함께 자신의 가슴에 심겨지고 그 은혜들에 깊은 감화를 받고 힘을 얻고 성숙해져서, 점점 더 죄에 대하여 죽고 새로운 생명에 대해 살게 된다.**

구원의 역사는 시간이 갈수록 강화되고 증폭된다. 하나님 아버지는 자녀인 우리를 영원 전부터 알고 계신다. 그래서 우리에게 성령님의 소생력, 실제적인 소명, 내면적 임재, 정결케 하는 힘을 주기 위해 우리를 선택하셨다. 성령님은 우리의 마음을 소생시키시고, 죄의 쓴맛을 볼 때 잘못을 깨닫고 뉘우치게 하시고, 주님의 사랑을 느낄 때 그분을 따르고 헌신하게 하시며, 거룩함에 대한 열정으로 타오르게 하신다. 그러나 성령은 자신이 아닌 성자를 영화롭게 하신다.

순종함과 예수 그리스도의 피 뿌림을 얻기 위하여

첫째로, 이 점을 명심하라. 우리는 순종을 했기에 구원받은 게 아니라 순종을 위해서 구원받았다. 자, 다시 한 번 에베소서 2장 10절을 읽어 보자. 성 아우구스티누스의 말처럼 "우리가 무엇을 잘했기 때문에 은혜를 주신 것이 아니라 잘하도록 은혜를 주신 것이다."[12)]

성부의 목적이 성령의 목적이고 그리스도인의 목적은 그리스도의 목적을 성취하는 것이다. 성부와 성자의 파송을 받은 성령은 우리가 그리스도의 형상을 닮아 가게 하신다. 그 이유는 하나님이 영광을 받으시기 위해서다. 우리가 예수님께 순종할 때 하나님은 영광을 받으신다(마 5:16). 그리고 우리가 예수님의 피 뿌림을 받을 때 하나님이 영광을 받으신다. 하나님의 형상은 거룩함 속에서 반사되기 때문이다.

성령의 능력 안에서 성부로부터 오신 성자는 성령의 능력 안에서 우리를 성부와 화목케 하기 위해 돌아가셨다. 성자는 희생제사를 드리셨고, 성부는 그 제사를 받으셨으며, 성령은 그 제사의 효력이 우리에게 적용하게 해주셨다. 십자가 위에서 하나님의 진노와 자비의 통로가 되신 예수님은 성부에게 버림을 받으셨음에도 자신의 영을 그분의 손에 의탁하셨다. 인간의 거역에 대한 성삼위의 절묘한 해결책을 위해 예수님이 매개자가 되어 주신 것이다. 그분은 하나님의 모략을 성사시킨 일꾼이었고, 하나님의 은혜와 능력으로 신성을 인성과 접목해 거사를 이루어 낸 장본인이셨다. 프란시스 쉐퍼Francis Schaeffer의 말을 들어 보라.

> **십자가 위에서 "나의 하나님, 나의 하나님 어찌하여 나를 버리시나이까?"라고 하신 예수님의 부르짖음은 인간의 타락으로 하나님과 인간 사이에 생긴 단절을 하나님이 (위대한 사랑 가운데) 성삼위 본인들에게 지워서 극복해 내셨음을 말해 주는 것이라고 생각한다.**[13)]

자, 성삼위께서 우리에게 어떻게 역사하고 계신지 알겠는가? 이토록 뜨거운 세 분의 애정공세를 우리가 어찌 당해 낼 수 있으랴! 할렐루야! "성부가 계획하신 구원은 성자가 이루셨고 이제는 성령에 의해 제시되며 보호된다."[14)]

하나님의 영광은 성삼위 본인들에 의해 영원히 증거될 것이다. "거룩하다 거룩하다 거룩하다 주 하나님 곧 전능하신 이여 전에도 계셨고 이제도 계시고 장차 오실 이시라"(계 4:8). 하나님의 거룩함은 깊이, 높이, 길이, 넓이에 있어 세 배로 완벽하다. "거룩하다 거룩하다 거룩하다 만군의 여호와여 그의 영광이 온 땅에 충만하도다"(사 6:3). 언젠가 물이 바다를 덮음 같이 하나님의 영광을 아는 지식이 온 세상을 덮게 될 것이다(합 2:14). 현재 주님이 우리를 덮으심과 같이 온 우주의 모든 면이 주님으로 덮이게 될 것이다!

은혜와 평강이 너희에게 더욱 많을지어다

성삼위 복음이 우리 삶에 직접적으로 도움이 되는 이유는 지금 현재 예수님이 우리의 변호인(요일 2:1)이자 중보자(히 7:25)가 되시고 성령 또한 우리 기도를 거들어 주시도록 하기 때문이다(롬 8:26).

성삼위와 함께하는 구원의 기쁨은 단지 우리에게 은혜와 평강을 구하라고 하나님이 명령하신 데서 그치지 않는다. 하나님 자신이 그분 자신에게 그것(성삼위와 함께하는 구원의 기쁨)을 기도하시고, 그분 자신이 그분을 통해 그것을 우리에게 주시고, 그분 자신이 그분을 통해 권위 있게 그것을 선포하시는 까닭이기도 하다. 구원의 결과는 "흩어진 나그네 곧 하나님 아버지의 미리 아심을 따라 성령이 거룩하게 하심으로 순종함과 예수 그리스도의 피 뿌림을 얻기 위하여 택하심을 받은 자들"에게 풍성한 은혜와 평강이 부어지는 것이다. 이렇게 좋고 기쁜 소식이 어디 있겠는가?

우리는 하나님을 위해, 하나님을 통해, 하나님에 의해 구원을 받았다. 성삼위가 협력하여 역사하심으로 우리는 하나님 안에서 구원에 삼켜진 것이다.

풍족하신 하나님

존 업다이크John Updike는 자신의 소설 《테러리스트》(영림카디널 역간)에서 아마드 아시모어 멀로이라는 청년을 주인공으로 등장시켜 급진적 이슬람의 열정과 고뇌를 실감 나게 그렸다. 가출한 이집트인 아버지와 활달한 성격의 아일랜드인 어머니 사이에서 사생아로 태어난 아마드는 마을의 이슬람 지도자에게 신앙교육을 받지만, 결국은 뉴욕 시티에 있는 링컨 터널의 자살 폭탄 테러리스트가 되고 만다. 업다이크의 작품에 익숙한 사람들은 그가 신앙과 세속, 숭고함과 추잡함을 교묘히 융합하면서도 주제들은 보통 기독교적 관점, 특히 기독교 중에서도 뉴잉글랜드 지역 개신교도의 관점을 반영한다는 걸 잘 알고 있을 것이다. 9·11 사태 당시 브루클린 하이츠 아파트 10층에서 그 사건을 직접 목격했던 증인의 한 사람으로서 업다이크는 그 비극을 토대로 테러리스트 아마드를 탄생시켰다. 서민층 무슬림 소년의 삶을 깊이 있게 추적한 이 소설에서 우리가 발견하는 것은 간음자나 술주정뱅이, 비정한 부모들(소위 기독교 지역이라는 뉴잉글랜드 가정의 부모들)처럼 죄 많은 인간과 거룩하신 하나님 사이에서 발생하는 문제와는 전혀 차원이 다른 관계와 감각과 갈등의 문제들이다.

아마드가 섬기던 알라는 가까이 있었는가? 그렇다. "그의 목핏줄보다 가까이 있었다"[15]고 업다이크는 여러 차례 서술했다. 알라 신은 가까웠지만 그렇게 가깝지는 않았다. 아마드는 신이 자기를 사랑한다고 믿었으나 그 사랑 때문에 무언가를 시도하지는 않았다. 말하자면 그는 실용주의자였다. 자신의 구원을 위해 두려움과 떨림으로 노력을 했지만 그의 헌신적 노력은 단지 자신의 가치를 입증하고자 했던 일련의 몸부림에 지나지 않았다.

결국 소설에 등장하는 테러리스트는 아마드가 아니라 그의 알라 신, 아마드가 알지 못하는 친아버지의 왜곡된 이미지가 반영된 그의 신인 것이다. 그 신은 가까이에 있어도 아마드에게 떨쳐 버릴 수 없는 외로움을 선사한다.

> 택시 안의 고독감 속에서도 그는 혼자가 아니었다. 알라 신이 그와 함께 있었다. 그러나 알라 신 자신도 혼자였고 궁극적으로 고독했다. 아마드는 자기의 고독한 신을 사랑했다.[16)]

업다이크의 삼위일체론은 허울이다. 우리의 하나님은 고독한 하나님이 아니다. 얼마나 감사한 일인가! 그분은 아무런 부족함이나 결핍이 없는, 영원히 풍족하고 자족하시는 하나님이다. 영원무궁한 하나님은 성삼위의 신성한 연합으로 결속해 계신다. 하나님 자신이 공동체로 존재하시며 궁극적인 관계 가운데 살아가신다. 전혀 외롭거나 고독하지 않은 하나님이 우리를 사랑하신다. 그분은 우리 가까이 계실 뿐만 아니라 우리와 가까워져서 우리를 위로하고 보호하고 친구가 되어 주길 그 무엇보다 원하고 계신다. 이것이 그분의 강력한 은혜가 지닌 깊이다.

우리 집 손님방에서 내 인생과 가정의 불투명한 미래와 마주하고 있었던 그때, 죄와 수치심의 무게에 짓눌려 허덕이고 있던 그때, 내가 느꼈던 고독감은 이루 말할 수 없을 만큼 참혹하고 처절했다. 숨이 막혔다. 방바닥에 엎드려 머리를 조아리고 더러운 카펫에 코를 박고서 그 단단한 헝겊조각을 쥐어뜯고 있던 그때에는 나를 받치고 있는 모든 것이 순식간에 사라져 버릴 것만 같았다. 내 안의 공허감과 혼자라는 외로움조차 그 무시무시한 압박감에 질식당하고 있었다. 나는 고뇌에 몸부림쳤다. 그러나 다행히 무너지지는 않았다. 내게는 하나님 아버지의 사랑이 있었다. 영원 전부터 그분의 예지의 샘에서 흘러나온 사랑이 그 방을 적셨고 나를 촉촉이 적셨다. 나의 왕이며, 형이며 친구이며, 구세주이며, 주님이신 예수 그리스도가 자신의 의의 옷을 내 몸에 입혀 주시며 나의 수치를 덮어 주시고 은혜의 보증인 성령께서 내 마음 깊은 곳에 오셔서 "내가 너를 사랑하고 인정한다"라고 말씀해 주셨다.

내가 처한 상황은 하나도 바뀐 것이 없었지만, 나는 난생처음으로 말할 수 없는 환희와 안도감을 느꼈다. 그 위대하신 하나님이 나와 친구가 되어 주신 것이다!

하나님과의 친교는 우리에게 희열과 평강을 안겨 준다. 그분은 하나님 모양의 복음을 통해 하나님 모양의 공동체 안으로 우리를 이끌어 주신다.

C. S. 루이스가 이 장의 서두를 열었으니 그의 말로 이 장을 마무리하겠다.

> 당신은 이렇게 물을 것이다. "인간의 머리로 삼위의 존재를 상상할 수조차 없다면 그에 대해 말하는 게 무슨 소용이 있습니까?" 사실 말하는 것은 별 소용이 없다. 다만 삼위이신 분께 가까이 나아가는 것이 중요할 뿐이다. 그건 언제라도 가능하다. 원한다면 오늘 밤이라도.[17]

하나님을 영화롭게 하라는 명령은
그분을 즐기라는 하나님의 초대다.[01]

C. S. 루이스

In commanding us to glorify Him,
God is inviting us to enjoy Him.

C. S. Lewis

04

주의 동산에서 뛰놀라

GOSPEL DEEPS

매트 챈들러 목사는 더 빌리지 교회The Village Church 홈페이지에 다음 주 설교 내용을 소개할 때면 가끔 "와서 즐기세요"라는 맺음말로 사람들을 초청한다. 나는 그 말이 무척이나 마음에 든다. 사실 그도 그럴 것이 하나님의 백성이 한자리에 모여 그분을 높이고 찬양한다면 하나님은 분명히 아주 특별한 방법으로 그들과 함께하실 것이고, "주의 오른쪽에는 영원한 즐거움이 있나이다"(시 16:11)라는 말씀처럼 큰 기쁨과 희열이 그들을 기다리고 있을 것이기 때문이다.

설교의 시간은 우리가 하나님의 말씀을 기쁘게 받아서 꿀처럼 단 그 말씀을 음미하고 그 권위에 기꺼이 순종하여 창조주의 무한한 아름다움을 깨닫게 되는 시간(복음을 듣는 시간)이다. 그 시간이 즐기는 시간이 아니면 무엇이란 말인가! 신령한 예배란 여러

면에서 어린아이의 신기해하는 동심과 흡사하다. 하나님의 위대하심을 주목하는 순간에 우리는 넋을 잃고 그분께 매료되어 가식이나 걱정 없이 순전한 기쁨 속에서 그분을 바라보지 않을 수 없다. N. T. 라이트N. T. Wright 역시 그 사실을 이렇게 표현했다.

> 경배는 겸손과 기쁨의 시간이다. 하나님을 기억하면서 자신을 잊게 하고, 진리 자체가 아닌 하나님의 진리라는 사실에 기뻐한다. 진정한 경배는 구경거리도 아니고 법석도 아니다. 진정한 경배는 누가 시켜서 하거나, 마지못해 하거나, 시계만 쳐다보거나, 옆 사람이 어떻게 생각할지 신경 쓰며 드리는 예배가 아니다. 진정한 경배는 하나님께 마음을 활짝 열고 그분을 전심으로 송축하고, 기다리면서 어둠 속에서도 그분을 신뢰하는 것이다.[02)]

N. T. 라이트가 말하는 경배는 우리가 교회에서 드리는 정기적인 예배보다 포괄적인 것이다. 성경에 나오는 예배를 생각하면 된다. 물이 바다를 덮음 같이 하나님의 영광을 아는 지식이 언젠가 온 세상을 덮게 된다면(합 2:14) 인간이 거주하는 곳곳마다 예배가 삶의 일부분이 되지 않겠는가?

복음에 대한 깨달음이 깊어질수록 하나님을 향한 경배도 깊고 강력해진다. 그런 면에서 복음은 인간을 매료시키고 행복하게 하는 궁극적인 원천이다.

성경의 복음 증거자들은 기쁨에 들떠 있다. 그래서 하나님이 어떤 분이고 어떤 일을 하셨는지를 알게 되면 나오는 반응이 경배뿐이라는 걸 듣는 사람들이 자연히 알게 된다. 결국 그들은 성경을 읽는 독자들을 위해 기쁨의 복음을 서술하고 있는 것이다(고후 1:24). 기쁨으로 복음을 전하는 것 자체가 경배의 행위다. 성경의 저자들은 진리의 말씀을 성실하게 선포하는 동시에 자기들도 그것을 즐거워하며 누리고 있다. 하나님의 숨결이 깃든 복음이 얼마나 달고 맛있는지, 말로 표현하기가 어려울 정도로 놀랍고도 경이롭다며 그들은 하나같이 입을 모은다. 그 이유는 사실이 그렇기 때문이다.

그렇다면 최고의 경배는 무엇인가? 하나님 자신과 그분이 하신 일을 높여 드리는 것이다. 교회에 모여 회중 예배를 드려도 좋고 자기 집 안방에서, 혹은 동틀 녘 새벽공기를 마시며 바깥에서 개인 예배를 드려도 무방하다. 하나님과 그분이 하신 일을 높여 드리는 신령한 예배는 잿빛의 컴퓨터 앞에서 데이터를 입력하면서도, 태양이 작열하는 논밭에서 비지땀을 흘리면서도, 눈부시게 반짝이는 호수에서 경치를 감상하면서도 얼마든지 드릴 수 있다. 또한 불신자에게 복음을 설명하며, 선행을 하며, 어려운 이웃을 도와주며, 편안히 쉬며 드릴 수도 있다. 여호와를 기뻐하는 것이 우리의 힘이기 때문이다.

전 세계에 흩어진 주님의 일꾼들이 북미 대륙에서 교회를 세우고, 아마존 정글에서 복음을 심고, 회교도들의 사막에서 순교의 피를 흘리면서 사랑과 섬김과 가르침과 기도와 죽음으로 부르짖는 것은 "예수 그리스도가 살아나셨다! 하나님 나라가 가까이 왔다! 와서 즐기라!"는 초청이다.

만일 예수님에 대한 모든 것이 진실이라면, 지루함이나 따분함을 느끼는 것은 죄다.

예수님이 그토록 아름다운 분이심에도 지루하고 따분하다 느낀다면, 그것은 죄를 짓는 것이다. 복음의 혜택 대상이 아닌 천사들조차 그 신비로움에 매료되어 살펴보기를 원했다고 하지 않는가!(벧전 1:12) 예수님은 창문을 열고 성삼위의 영원한 신비를 보게 해주셨다. 복음은 그러한 주님의 측량할 수 없는 부요함을 선포하는 것이다. 그래서 눈부시게 찬란하고 빼어나며 다채롭다. 이런 복음이 지루하다면, 그건 주님을 제대로 보지 않았다는 말밖에 되지 않는다. 어떻게 주님이 지루하고 따분할 수 있을까? 사실 따분한 건 주님이 아니라 우리다. 문제는 우리에게 있지 주님께 있지 않다.

지루함과 쌍벽을 이루는 게으름도 알고 보면 신학적 무지의 소산이다. 제대로 알지도 못하고, 믿지도 않고, 경배하지도 않는다는 얘기다. 토마스 아퀴나스Thomas Aquinas는 "나태는 일종의 슬픔이다"라고 말했다.[03] 그 말은 나태의 뚜껑을 열고 속을 들여다보면서 "너의 문제가 바로 여기에 있다"라는 지적이다. 그 속에는 경배하지 않는 마음, 기쁨 없는 마음이 들어 있다. 권태나 나태나 결국 병명은 슬픔이다. 그리고 그에 대한 처방은 오직 하나, 여호와를 기뻐하는 것이다.

게으름은 안식이 아니다. 그렇기에 그 안에는 기쁨이 없다. 그러나 예수님이 우리를 자유롭게 하시면 우리는 정말로 자유로워진다. 자유롭게 일하고, 자유롭게 사랑하며, 자유롭게 안식할 수 있다. 우리 삶에 행복과 즐거움, 경이와 감탄, 보람과 만족이 가득 차게 된다.

"영혼에는 입과 목구멍이 있다. 그렇지 않았다면 예수님이 우리에게 마시라고 명령하지 않으셨을 것이다"라고 존 파이퍼는 말했다.[04] 우리의 육신만이 즐거움을 누리는 건 아니다. 우리의 영혼에도 감각이 있다. 문제는 우리가 육신이 즐거워야만 영혼도 즐겁다고 착각하는 것이다. 하지만 사실은 정반대다. 예수님의 몸과 피가 우리의 영혼을 만족시키지 않으면 어떤 음식과 음료도 우리를 만족시키지 못한다. 그러나 우리의 두뇌는 너무 두꺼워서, 이 명백한 사실을 받아들이지 못하고 있다.

그렇기에 하나님은 우리에게 그분의 말씀을 기뻐하라고 명령하셨다. 복음에는 기쁨이 동반되는 게 정상인데, 안타깝게도 그리스도인의 삶은 그렇지 못하다. 그래서 기뻐하라는 명령을 받은 것이다. 우리에게는 선택의 여지가 없다. 다음의 성구들을 보아도 발뺌의 여지가 없어 보인다.

- **첫날에는 너희가 아름다운 나무 실과와 종려나무 가지와 무성한 나무 가지와 시내 버들을 취하여 너희의 하나님 여호와 앞에서 이레 동안 즐거워할 것이라** 레 23:40
- **또 화목제를 드리고 거기에서 먹으며 네 하나님 여호와 앞에서 즐거워하라** 신 27:7

- 여호와를 구하는 자마다 마음이 즐거울지로다 대상 16:10
- 그러나 주께 피하는 모든 사람은 다 기뻐하며 시 5:11
- 너희 의인들아 여호와를 기뻐하며 즐거워할지어다 마음이 정직한 너희들아 다 즐거이 외칠지어다 시 32:11
- 의인이여 너희는 여호와로 말미암아 기뻐하며 그의 거룩한 이름에 감사할지어다 시 97:12
- 이날은 여호와께서 정하신 것이라 이날에 우리가 즐거워하고 기뻐하리로다 시 118:24
- 악인이 범죄하는 것은 스스로 올무가 되게 하는 것이나 의인은 노래하고 기뻐하느니라 잠 29:6
- 사람이 여러 해를 살면 항상 즐거워할지로다 전 11:8
- 그날에 말하기를 이는 우리의 하나님이시라 우리가 그를 기다렸으니 그가 우리를 구원하시리로다 이는 여호와시라 우리가 그를 기다렸으니 우리는 그의 구원을 기뻐하며 즐거워하리라 할 것이며 사 25:9
- 너희는 내가 창조하는 것으로 말미암아 영원히 기뻐하며 즐거워할지니라 사 65:18
- 땅이여 두려워하지 말고 기뻐하며 즐거워할지어다 여호와께서 큰 일을 행하셨음이로다 욜 2:21
- 비록 무화과나무가 무성하지 못하며 포도나무에 열매가 없으며 감람나무에 소출이 없으며 밭에 먹을 것이 없으며 우리에 양이 없으며 외양간에 소가 없을지라도 나는 여호와로 말미암아 즐거워하며 나의 구원의 하나님으로 말미암아 기뻐하리로다 합 3:17–18
- 이스라엘아 기쁘게 부를지어다 예루살렘 딸아 전심으로 기뻐하며 즐거워할

지어다 습 3:14

- 시온의 딸아 크게 기뻐할지어다 예루살렘의 딸아 즐거이 부를지어다 슥 9:9
- 기뻐하고 즐거워하라 하늘에서 너희의 상이 큼이라 마 5:12
- 너희 이름이 하늘에 기록된 것으로 기뻐하라 눅 10:20
- 또한 그로 말미암아 우리가 믿음으로 서 있는 이 은혜에 들어감을 얻었으며 하나님의 영광을 바라고 즐거워하느니라 롬 5:2
- 소망 중에 즐거워하며 환난 중에 참으며 기도에 항상 힘쓰며 롬 12:12
- 즐거워하는 자들과 함께 즐거워하고 롬 12:15
- 이와 같이 너희도 기뻐하고 나와 함께 기뻐하라 빌 2:18
- 주 안에서 항상 기뻐하라 내가 다시 말하노니 기뻐하라 빌 4:4
- 항상 기뻐하라 살전 5:16
- 오히려 너희가 그리스도의 고난에 참여하는 것으로 즐거워하라 벧전 4:13
- 우리가 즐거워하고 크게 기뻐하며 그에게 영광을 돌리세 어린양의 혼인 기약이 이르렀고 그의 아내가 자신을 준비하였으므로 계 19:7
- 마지막으로 말하노니 형제들아 기뻐하라 고후 13:11

자, 이제는 알겠는가?

기쁨은 행복보다 깊다. 그러나 기쁨도 행복처럼 상황에 의존한다. 다시 말해, 행복하지 않은 순간에도 하나님의 선하심과 사랑이라는 상황 때문에 우리는 순전한 기쁨을 느껴야 한다는 뜻이다. 하나님의 은혜가 영구불변의 상황이라면, 우리의 기쁨도 당연히 영구불변해야 한다.

알다시피 하나님은 기뻐하라고 명령하셨다. 그러나 그분은 우리가 기뻐하기 어렵다는 사실도 잘 알고 계신다. 우리는 쉬는 것마저 애를 써야 가능하다(히 4:11). 기뻐하기 위해서도 애를 써야 한다. 루터의 말을 빌리자면 끊임없이 머리를 때리며 기뻐하자고 되뇌어야 한다.

사실 기뻐하지 않는 건 죄를 짓는 일이다. 루이스의 말이 그 좋은 증거다. "우리는 다른 것들과 마찬가지로 사도들이 '기뻐하라'고 했던 당부를 쓸데없이 거역함으로써 죄를 짓고 있다."[05] 그렇다. 알고 보면 다른 불순종들도 전부 '주 안에서 기뻐하라'는 명령의 불순종인 셈이다. 빌립보서 4장 4절 말씀을 읽어 보라. "주 안에서 '항상' 기뻐하라 내가 다시 말하노니 기뻐하라."

감사하게도 하나님은 그분이 명령하신 바를 지킬 힘을 복음 안에서 우리에게 공급해 주신다. 기쁨의 근원과 연결되지 않는 한 우리가 기뻐하라는 명령을 지킬 방도는 없다.

기쁨은 복음의 일부분이다. 복음 자체가 "온 백성에게 미칠 큰 기쁨의 좋은 소식"(눅 2:10)이며, 복음이 우리에게 주는 것도 이 기쁨이기 때문이다. "내가 이것을 너희에게 이름은 내 기쁨이 너희 안에 있어 너희 기쁨을 충만하게 하려 함이라"(요 15:11). 그래서 복음이라는 패키지에는 기쁨이 들어 있다. 예수님을 믿고 구원받은 마음에 성령이 임하시면 그로 인해 맺히는 주요 열매 중의 하나가 기쁨이다(갈 5:22).

하나님은 기쁨을 우리 속에 넣으시고, 그분을 사모하는 남은 생을 기쁨으로 살아가게 하신다. 기쁨은 구원의 순간에만 느끼는 것이 아니라 죽을 때까지 리필Refill되는 것이다. 베드로 사도는

"말할 수 없는 영광스러운 즐거움으로 기뻐하니"(벧전 1:8)라고 말했다. 이를테면 말로는 도저히 표현할 수 없을 만큼 가슴이 벅차고 입이 쩍 벌어지게 기쁘다는 뜻이다. 아무리 온갖 형용사를 갖다 붙여도 그 기쁨은 형용할 길이 없다. 자동차 뒤에 붙이고 다니는 시시한 스티커 문장의 소재가 아니다. 이 기쁨으로 말할 것 같으면 영광으로 가득 찬, 하나님의 경이로움을 잉태하고 있는, 복음이 일부 드러나는 하나님의 완벽함으로 찰랑거리는, 그러면서도 결코 고갈되지 않는 그런 기쁨이다. 유진 피터슨Eugene Peterson에 따르면 "경이의 감정은 포장할 수도, 만들어 낼 수도 없는 것이다. 오로지 그 자리에서 놀랄 수밖에 없다."[06] 베드로전서 1장 8절을 보면, 그리스도를 볼 수 없어도 어쨌든 우리는 그분을 사랑하고 믿는다고 했다. 이는 성령께서 이기지 못할 기쁨의 수문을 활짝 열어 주시는 까닭이다.

복음을 즐거워함

주를 기뻐하는 것은 평생의 햇살이다. 우리의 머리에서 발끝까지, 우리의 손이 가고 생각이 가는 모든 것에까지 골고루 비치고 스며든다. 웨스트민스터 소요리 문답이 정의하듯 "인간이 사는 목적은 하나님을 영화롭게 하고 영원히 그분을 즐거워하는 것"이다. 제리 브리지스Jerry Bridges 역시도 "그것은 전 인류의 주요한 목적들이 아니라 우리의 주요한 목적이다. 후자의 목적은 단수형이다. 다 함께 하나님을 영화롭게 하고 그분을 즐거워하는 것이 한 목적을 이룬다는 뜻이다."[07] 그렇다면 이 말을 고린도전서 10장 31절에도 적용할 수 있을까? "그런즉 너희가 먹든지 마시든지 무엇을 하든지 다 하나님의 영광을 위하여 하라." 하나님이 주신 좋은 선물들을 즐거워하는 것이 그분을 즐거워하는 것이다.[08] 복음은 우리를 해방시켜 마음껏 그분을 즐거워하게 만들어 준다. 더불어 그분이 주시는 선물들도 마음껏 누리게 해준다. 그 사실을 단적으로 보여 주는 말씀이 느헤미야서다.

우선 느헤미야서의 배경부터 간단히 소개해 보겠다. 기원전 6세기 말에서 5세기 초 사이에 바벨론 사람들이 예루살렘을 침공해서 하나님의 거룩한 도시를 파괴하고 성전과 성벽과 모든 마을을 폐허로 만들었다. 그러나 70년이 지난 뒤 바벨론에 잡혀갔던 유대인 포로 다수가 예루살렘으로 돌아와 도시를 재건하고 그곳에 다시 거주하게 되었다. 에스라서는 예루살렘 성전이 재건되는 과정을 이야기하는 책이다. 예루살렘이 파괴된 지 100년 후 느헤미야는 당시의 재앙과 그 원인을 전해 듣고 눈물을 흘렸다. 가슴이 아파서 "수일 동안 슬퍼하며 하늘의 하나님 앞에 금식하며 기도"(느 1:4)했을 정도다.

예루살렘 성벽이 파괴되었다는 사실을 1세기가 지난 뒤 알게 되었을 때의 심정을 생각해 보라. 느헤미야는 슬픔과 애통으로 가슴이 미어졌다. 만약 우리가 현재의 도시들을 위해 그 같은 애절함으로 걱정하고 기도한다면 어떤 결과가 일어나겠는가? 느헤미야는 포로로 잡혀갔던 유대인들을 이끌고 성벽 재건에 앞장섰다. 건축이 마무리되기까지는 총 52일이 걸렸다. 때로는 일손을 내려놓고 원수의 공격에 맞서야만 했다. 사실 막대한 공사였지만, 이스라엘 사람들은 느헤미야의 지도력 아래 전력을 다해서 충성스럽게 일했다.

모든 공사가 끝나고 성벽이 재건되자 이스라엘 사람들은 일제히 수문 앞 광장에 모여 에스라에게 설교를 해 달라고 부탁했다. 그것은 평범한 설교가 아니었다. 모세오경을 읽어 달라는 것이었다. 에스라는 모세오경을 읽고 나서, 해설까지 곁들였다.

하나님의 율법책을 낭독하고 그 뜻을 해석하여 백성에게 그 낭독하는 것을 다 깨닫게 하니 느 8:8

그러자 율법은 그것이 가진 고유의 힘을 발휘하기 시작했다. 사람들의 마음을 녹여서 하나님의 말씀을 들을 수 있게 준비시킨 것이다. 이스라엘 백성은 이내 가슴을 치며 통곡했다. "백성이 율법의 말씀을 듣고 다 우는지라"(느 8:9).

그런데 여기에서 놀라운 건 그 뒤에 느헤미야와 에스라가 한 말이다. 자, 9절부터 차근히 읽어 보도록 하자.

백성이 율법의 말씀을 듣고 다 우는지라 총독 느헤미야와 제사장 겸 학사 에스라와 백성을 가르치는 레위 사람들이 모든 백성에게 이르기를 오늘은 너희 하나님 여호와의 성일이니 슬퍼하지 말며 울지 말라 하고 느헤미야가 또 그들에게 이르기를 너희는 가서 살진 것을 먹고 단것을 마시되 준비하지 못한 자에게는 나누어 주라 이날은 우리 주의 성일이니 근심하지 말라 여호와로 인하여 기뻐하

는 것이 너희의 힘이니라 하고 레위 사람들도 모든 백성을 정숙하게 하여 이르기를 오늘은 성일이니 마땅히 조용하고 근심하지 말라 하니 모든 백성이 곧 가서 먹고 마시며 나누어 주고 크게 즐거워하니 이는 그들이 그 읽어 들려준 말을 밝히 앎이라 느 8:9-12

이 말씀은 복음을 즐거워하는 공식을 보여 준다. 하나님의 영광을 먹고 마시는 원리가 위의 네 구절에 집약된 것이다. 우리의 죄가 마음을 찌를 때 하나님이 우리를 거룩하게 하신다는 복음은 무엇보다 기쁜 소식이 아닐 수 없다.

그리스도인들이 항상 슬프면서도 항상 기뻐해야 할 이유가 여기에 있다. "근심하는 자 같으나 항상 기뻐하고 가난한 자 같으나 많은 사람을 부요하게 하고 아무것도 없는 자 같으나 모든 것을 가진 자로다"(고후 6:10). 사실 우리의 초점이 올바르다면 거룩한 슬픔은 거룩한 기쁨을 낳고, 거룩한 기쁨은 거룩한 슬픔을 낳는다. 죄의 사악함을 생각하면 생각할수록 예수님의 거룩함이 더 가슴에 사무칠 것이고, 반대로 예수님의 거룩함이 가슴에 사무칠수록 죄의 사악함을 더 깊이 생각하게 될 것이다. 기뻐하라는 명령은 회개의 아픔을 제거하라는 게 아니라 회개의 아픔을 동반하라는 뜻이다. 율법의 정죄로 마음이 아픈 건 좋은 일이며 우선되어야 할 일이다.

죄를 깨닫고 회개하지 않는 사람은 절대 복음을 즐거워할 수 없다. 토마스 왓슨Thomas Watson 은 "죄가 쓰게 느껴질 때까지 그리스도는 결코 달게 느껴지지 않는다"라고 말했다.[09)]

참회는 좋은 일이고 우선되어야 할 일이지만, 복음을 기뻐하는 것은 그보다 더 좋은 일이다. 어떤 이들은 거룩함과 심각함이 동의어인 줄 안다. 심각하고, 엄숙하고, 경직된 사람이 거룩하다고 생각한다면 당신은 거룩함이 무엇인지 모르는 것이다.

> **느헤미야가 또 그들에게 이르기를 너희는 가서 살진 것을 먹고 단것을 마시되 준비하지 못한 자에게는 나누어 주라 이날은 우리 주의 성일이니…** 느 8:10

아니, 뭐라고? 살진 것을 먹으라고? 단것을 마시라고? 왜냐하면 성일이기 때문이라고?

자, 자, 흥분은 금물이니 잠시 머리를 식히고 생각 좀 해보자. 이 말씀이 식탐과 음주를 부추기는 캠페인인 것은 절대 아닐 것이다. 그렇다면 무엇인가? 정확히 말해서, 그리고 솔직히 말해서, 이 말씀은 말 그대로 먹고 마시며 즐기라는 것이다. 이유는 간단하다. 하나님의 역사 자체가 흥겨운 잔치라서 그렇다. "스테이크와 포도주 더 필요한 사람 있습니까? 마음껏 드십시오! 하나님이 이런 굉장한 일을 하셨는데 우리가 가만히 있을 수 있습니까?"

점진적 성화 과정에서 빼놓을 수 없는 하나를 꼽으라면, 죄에 오염되지 않은 순수한 기쁨의 증가다. 복음이 진리이고 우리가 그 진리를 믿는다면, 우리 삶에 기쁨과 즐거움이 철철 넘쳐흘러야 정상이다. 러셀 무어Russell Moore는 "먹고 마시고 즐거워하라. 어제의 당신은 죽었다"라고 말했다.[10)]

…근심하지 말라 여호와로 인하여 기뻐하는 것이 너희의 힘이니라 느 8:10

이 말씀은 "걱정하지 말고 하하 웃으세요"라는 광고문도 아니고 "자기 태도를 점검하라"는 진부한 격언도 아니다. 그때그때 상황에 따라 잠시 어깨를 들썩이는 흥겨움도 아니다. 이것은 바로 주님의 기쁨이다.

어렵고 힘들 때에도 기뻐한다는 게 가능한 일일까? 성경은 과감하게 그렇다고 말한다.

우리의 모든 환난 가운데서도 위로가 가득하고 기쁨이 넘치는도다 고후 7:4

너희가 갇힌 자를 동정하고 너희 소유를 빼앗기는 것도 기쁘게 당한 것은 더 낫고 영구한 소유가 있는 줄 앎이라 히 10:34

내 형제들아 너희가 여러 가지 시험을 당하거든 온전히 기쁘게 여기라 약 1:2

하나님이 하신 일에 정말로 감사하고 감격하는 사람은 세상 문제에 일희일비할 가치를 느끼지 못한다. '저의 재산을 양보하라고요? 좋습니다. 저의 건강을 가져가시겠다고요? 그러시죠. 저는 주님 한 분으로 만족합니다. 주님만 보면 절로 힘이 나거든요.' "의인의 소망은 즐거움을 이루어도"(잠 10:28).

레위 사람들도 모든 백성을 정숙하게 하여 이르기를 오늘은 성일이니 마땅히 조

용하고 근심하지 말라 하니 모든 백성이 곧 가서 먹고 마시며 나누어 주고 크게 즐거워하니 느 8:11–12

이스라엘 백성은 복음을 들었고 잔치를 열었다. 먹고 마시고 즐거워함으로써 하나님께 영광을 돌렸다.

자, 이것이 바로 초막절이고, 그 안에 담긴 의미는 명명백백하다. 거룩하신 하나님이 즐겁게 잔치를 열라고 명령하셨다는 사실이다. 하나님은 잔치를 매우 좋아하시는 분이다. 그래서 온갖 종류의 잔치를 개발해서 구약의 이스라엘 백성에게 잘 지키라고 당부하셨다. 하나님은 잔치 애호가시다. 흥청망청하면서 타락과 죄의 온상이 되는 잔치가 아니라 기쁘고 신명 나고 행복한 잔치를 즐기라는 것이다. 이 세상에 온갖 좋은 것을 만들어 주셨으니 우리가 그것들을 누리고 즐기는 건 무엇보다 하나님이 먼저 원하고 바라시는 바다.

자기 마음과 육신의 정욕을 경계해야 할 때 우리는 오히려 재미와 즐거움을 경계한다. 대체 하나님이 언제 재미와 즐거움을 경계하라고 하셨는가? 그것은 하나님 자신이 고안하신 것이다. 그것도 그분의 영광을 위해서…. 우리 하나님은 구세주와 왕으로 온 우주를 통치하시고, 우리는 그런 하나님과 함께 영원무궁히 살아갈 것이다. 당신은 영원히 초콜릿과 아이스크림을 압수당한 채 살고 싶은가?

복음은 무너지고 황폐한 곳을 재건해서 하나님의 거룩한 울타리를 친 뒤에 그 안에 들어가 하나님의 거룩한 기쁨으로 행복하게 살라고 이끌어 준다. 결국 복음이 창조해 낸 것은, 아니 재창조해 낸 것은 타락 이전의 에덴 문화, 그 기쁨과 행복의 문화다. 따라서 느헤미야서에 기록된 구속의 즐거움은 전체 복음의 스냅 사진일 뿐이다. 매튜 리 앤더슨Matthew Lee Anderson은 이렇게 말한다.

> 그 이야기(복음)는 세상에 가득한 선과 영광을 확인시켜 준다. 또한 창조의 아름다움, 하나님 영광이 펼쳐지는 무대, 창조주의 형상을 갖고 태어난 자들의 고결함을 말해 준다. 그 이야기는 불가능한 아름다움을 닮으려는 끔찍한 부담감을 내려놓고 기쁨과 사랑의 옷을 걸쳐 입고 하늘의 별보다 더 찬란한 빛을 발할 수 있게 해준다.[11)]

탕자의 비유를 보면, 돼지를 치던 탕자가 자신의 잘못을 뉘우치고 아버지 집에서 품꾼이라도 하겠다며 돌아가는 장면이 나온다(눅 15:17-19). 그러나 그의 예상과 달리 아버지는 그에게 최고로 좋은 옷을 입히고 살진 송아지를 잡아 주었다. 복음에는 이런 반전의 묘미가 있다. 율법의 저주가 끊어진 게 그 하나다. 그리스도와 그분의 의로움을 옷 입은 사람은 품꾼의 작업복을 벗고 아들의 꼬까옷을 입게 된다.

> 이는 그들이 그 읽어 들려준 말을 밝히 앎이라 느 8:12

순전한 기쁨은 복음을 이해하고 믿는 사람에게만 가능하다. 당신도 그런 기쁨을 맛보고 싶은가? 그러면 느헤미야서에 나오는 이스라엘 백성처럼 하나님의 말씀을 듣고, 자신의 죄를 회개하고, 가르침을 받고, 함께 모여 예배하고, 복음에 계시된 하나님의 무한한 사랑과 은혜를 깨닫고 믿으라.

나는 가슴을 울리는 복음 설교를 듣고 있으면 그 말씀이 얼마나 달고 맛있는지 하늘이라도 날 듯 가슴이 벅차오른다. 내가 뭔가를 해서 기쁜 게 전혀 아니다. 토마스 찰머스Thomas Chalmers의 말을 들어 보라.

> 우리는 이미 충분히 겪어서 알고 있다. 자기 마음의 신축력이 아무리 좋아도 세욕(世慾)을 떨쳐내고 광야의 평수를 줄이기가 힘들다는 것을…. 우리 마음은 그렇게 단단하고 여물지가 못하다. 과거의 애정은 오직 새로운 애정으로 쫓아내야 한다.[12]

하나님은 큰 자비와 능력으로 성령을 통해 나에게 그 마음을 허락해 주셨다. 내 속의 광야 평수를 줄여 주시고, 내 영혼에 "남방 시내들같이"(시 126:4) 생수가 넘쳐나게 하셨다. 그래서 이제는 율법의 정죄를 받고 낙심하다가도 복음을 들으면 새 힘이 솟아오른다.

복음과 복음다움

다시 한 번 말하지만 복음적 기쁨을 만끽하려면 복음적 회개가 선행되어야 한다. 자신의 죄를 철저히 깨닫고 뉘우치지 않는 한 하나님 안에서의 진정한 기쁨을 누리지 못한다. 모든 죄와 우상들을 회개해야만 우리의 마음은 진정으로 홀가분해지고 해방감을 맛보게 된다. 그제야 즐거운 마음으로 살진 것을 먹고, 포도주를 마시고, 흥겹게 춤출 수 있다.

하나님이 주신 좋은 것들을 누리기 위해서는 먼저 그것을 주신 분을 좋아해야 한다. 그분이 가장 큰 기쁨이 되지 않으면, 그분이 주신 좋은 것들을 있는 그대로 누리지 못하고 과장하거나 축소하거나 왜곡해서 기형적으로 누릴 수밖에 없다.

《예기치 못한 기쁨》(홍성사 역간)에서 C. S. 루이스는 가까운 친구에게 이렇게 털어놓았다. "각 사물에 정신없이 몰입하지는 않되 그것의 근사함은 누릴 줄 아는, 유쾌하면서도 진지한 결정을 하려고 노력한다네."[13] 존 파이퍼 역시 비슷한 말을 했다. "아침에 일어나서 침대의 견고함, 햇살의 따사로움, 시계 초침의 재깍거림, 그저 물건들이 옆에 있다는 의식만으로…" 그는 잔잔한 기쁨을 누린다고 했다.[14]

내가 복음을 믿지 않았더라면 모든 것의 '그것다움'을 누리지 못했을 것이다. 그래서 그것들을 단지 약물로써, 우상으로써, 식욕 충족물로써, 권력욕 충족물로써, 자아 숭배물로써 바라보았을 것이다.

스테이크, 포도주, 초콜릿, 아이스크림, 어떤 것이든지 내 마음을 기쁘게 하는 궁극적인 대상이 하나님이 아닌 다른 것이라면 내 기쁨은 일시적이고, 공허하고, 얄팍하고, 시시한 기쁨이다. 하지만 나는 복음을 믿고 하나님을 기뻐하기에 초콜릿은 초콜릿으로, 커피는 커피로 먹고 마시며 즐거워할 수 있다. 오직 복음만이 만물을 지금의 본질 그대로, 아울러 장차 새로워질 본질 그대로 즐기게 해주는 원동력이다.

복음은 그 자체로 축제다. 구약에서 준수했던 모든 절기와 성찬식에서 의미하는 모든 구원의 상징이 하나로 모이는 궁극의 정점이다. 음식을 먹고 물을 마셔야 살 수 있는 것처럼 우리는 주님의 몸을 먹고 주님의 피를 마셔야 살 수 있다. 그분이 없으면 우리는 죽는다. 하나님의 잔칫상에서 우리는 종교라는 멀건 죽이나 홀짝거리며 주님과 교제하는 사람들이 아니다. 버선발로 뛰어 나와 맞아 주시는 주님과 함께 제일 좋은 옷을 입고 상다리가 휘어지게 차려놓은 진수성찬 앞에서 하나님의 은혜와 선하심을 마음껏 먹고 마시는 사람들이다.

하나님의 마음은 광대하고 그분의 은혜는 따사롭고 그분의 복음은 흥겹다. 그러니 허리띠를 풀러 놓고 입을 크게 벌리고서 배 터지게…아니, 영혼 터지게 드시라!

그리스도의 지극한 행복

존 플라벨John Flavel의 글 한 구절을 소개하겠다.

> 그리스도는 모든 기쁨과 즐거움의 본질이자 영혼이며 실체다. 모든 강물이 대양으로 흘러가고 대양은 이 세상 모든 물의 집합소 내지 만남의 장소가 되듯이, 그리스도는 모든 참 기쁨과 즐거움이 만나는 대양이다.…그분의 아름다운 덕은 정

결하고 순전해서 한 방울의 쓴맛도 없는 단물의 대양이다.[15)]

제인 오스틴Jane Austen 이 지은 《오만과 편견》을 보면, 주인공으로 등장하는 베넷가의 딸들 중 위의 두 자매가 매우 절친한 사이로 그려진다. 그러나 두 사람의 성격은 낮과 밤처럼 대조적이다. 엘리자베스는 냉소적이고 생각이 깊은 반면 제인은 낙천적이면서 약간 철딱서니가 없다. 제인은 그 누구에 대해서도 나쁘게 생각하지 않는다. 설령 자기에게 잘못하는 사람이 있어도 그녀는 즉시 용서해 준다. 나에게 인상적이었던 건 엘리자베스가 제인의 약혼을 축하해 주며 나누는 대화였다.

제인이 엘리자베스를 보며 소리쳤다. "나는 정말로 세상에서 제일가는 행운아가 틀림없어! 오, 언니! 왜 우리 가족 중에 나 혼자만 이런 축복을 받는 걸까? 나는 언니도 행복했으면 좋겠어! 언니에게도 분명 좋은 남자가 나타날 거야!"

(엘리자베스가 대답한다.) "네가 그런 남자 마흔 명을 데려다 준대도 나는 너처럼 행복하지 못할 거야. 네 성격과 마음씨를 갖지 않는 한 내가 네 행복을 갖기는 애초에 그른 일이지."[16)]

여기에 심오한 영적 진리가 들어 있다. 우리 안에 마흔 개의 우상을 세워 놓고 모든 사랑과 애정을 쏟아 붓는다고 해도 그런 애정에는 참된 행복이 깃들 수 없다. 마흔 가지 방법으로 독실한 신앙생활을 한다고 해도 그 안에 복음의 능력에 의한 '그리스도 닮음'이 없다면 행복하기는 애초에 그른 일이다.

사도 바울은 빌립보서 2장 5절에서 "너희 안에 이 마음을 품으라"고 하며 그리스도의 마음가짐에 관해 이야기했다. 와이머스Weymouth는 이 구절을 "예수 그리스도의 성품과 마음씨를 너희도 가지라"고 풀이했다.

우리에게 기쁜 소식이 있다. 로마서 8장 29절을 보면 그리스도인들이 예수님의 형상을 닮도록 미리 예정되어 있다는 것이다. 우리는 결국 그분의 성품과 마음씨를 닮게 될 것이다!

그리스도의 기쁨은 그분의 신부에게도 옮아간다. 성령의 능력을 통해 우리가 받는 것은 그리스도의 마음과 성령의 열매이고, 바꿔 말하면 그것은 그리스도의 성품과 마음씨다. 교회가 박해와 핍박을 당해도 기뻐하는 이유는 영혼의 무한한 기쁨 때문이다. 그리스도인들은 주님의 고난을 알기에 주님 앞에 놓여 있던 기쁨도 알고 있다. 그리스도를 아는 지식이 세상만사 모든 시름을 잊게 하는 진통제다.

예수 그리스도의 성품과 마음씨를 갖지 않는 한 우리는 그분의 행복을 누릴 수 없다.

그 예수님은 자기 앞에 놓인 기쁨을 위해 십자가의 극형도 참으셨다(히 12:2). 기쁨과 십자가…, 얼마나 모순적인 신비인가! 이제 그 신비로 우리의 시선을 돌리기로 하자.

당신은 갈보리가 무엇인지 아는가? 뭐라고? 뭐라고? 뭐라고? …
그건 저주였다. 그런데 주님은 그걸 정성스레 걸머지셨다.[01)]

존 던컨

D'ye know what Calvary was? what? what? what? ...
It was damnation; and he took it lovingly.

John Duncan

05

대속의 날카로운 칼날

GOSPEL DEEPS

매우 충격적인 이야기가 있다. 이교도나 기독교도 모두 잘 아는 이야기의 하나다. 모세오경 한 군데에 떡하니 자리 잡고서 고뇌와 경악, 혼동과 공포의 극치를 보여 주는 이 이야기는 믿음과 노력이 충돌하는 곳에서 어떻게 경배가 탄생하는지를 말해 준다.

아버지와 외동아들이 봇짐을 지고서 터덜터덜 산길을 올라가고 있었다(창 22). 모리아라는 산악지대에 오르자 아버지는 저 멀리 한적한 곳에 적당한 장소를 찾아냈다. 조금 꾸물거려도 큰 탈은 없으리라 생각하면서 그는 하인들을 뒤에 남겨 두고 아들과 함께 그곳으로 걸어갔다. 아들의 등에는 제사에 사용할 장작이 얹혀 있었고, 아버지의 손에는 횃불이 들려 있었다. 그리고 제물을 잡을 칼도….

아버지의 등에서는 식은땀이 흘렀고 애간장이 타들어 갔다.

그는 온몸을 사시나무처럼 떨고 있었다. 도저히 이해되지 않는 일이지만 따를 수밖에 도리가 없었다. 아들 역시 뭔가가 심상치 않다고 느꼈지만 그냥 순종하기로 마음을 다잡았다.

아버지는 주변의 돌들을 주섬주섬 주워 모으더니 제단을 쌓기 시작했다. 그의 다리가 질질 끌렸다. 하기 싫어서라기보다 다리에 힘이 풀려서 그런 것이었다. 하나, 둘, 셋…, 돌들이 쌓여 제단의 모양이 갖추어지자 아버지는 그 위에 장작들을 올려놓았다.

그때 아들이 입을 열었다. "아버지, 나무와 불은 있는데 어린 양은 어디 있나요?"

"하나님이 마련해 주실 거다." 아버지가 아들에게 말했다. 아니, 그 자신에게 말했다.

나는 당시의 상황과 당사자들의 심정을 구체적으로 한 번 상상해 보았다. 그러나 아들을 묶어서 제단 위에 올려놓는 아브라함의 심정은 내 나름대로 상상해서 적어 놓기가 싫었다. 성경은 오로지 "그의 아들 이삭을 결박하여 제단 나무 위에 놓고"(창 22:9)라고만 기록하고 있다. 혹시 반항이나 몸부림은 없었을까? 이건 부당한 일이라며 이삭이 항변하지는 않았을까? 그도 저도 아니면 그냥 자신의 뻔한 운명을 고분고분하게 받아들였을까?

내 생각에는 아브라함이나 이삭이나 둘 다 그냥 덮어놓고 믿었던 것 같다. 그런 비이성적이고 맹목적인 믿음은 가슴을 저리게 하는 동시에 상쾌하게 한다. 우리는 지금 그 상상할 수도 없는 순간에 빛났을 하나님 영광의 광채 아래 서 있다. 그리고 약속의 실현 속에서 도살당하는 어린 양처럼 하나님의 외동아들이 순순히 제물로 바쳐지는 모습을 보고 있다. 어쩌면 이삭 자신도 왜 그렇게 자기가 고분고분한지 이해가 안 갔을지 모른다. 그런데 이삭보다 더 완벽한 제물이었던 그분은 십자가를 지기 전에 고뇌와 근심에 휩싸여 계셨다. 따라서 순종에 고뇌와 근심이 따를 수 있음을 우리도 알고 그분도 알고 계시다.

어쨌든 이삭은 제단 위에 올라가 있었다. 머리 위에서는 아버지의 칼이 대기하고 있었다.

그때 하늘에서 '여호와의 사자'(아마도 예수님이 아니었을까?)가 아브라함을 불러 이삭의 목숨을 구해 주었다. 그리고 아브라함의 눈에 덤불에 걸려 있는 숫양이 보였다. 제 발로 찾아온 대체 제물이었다.

하나님의 자비와 진노가 교차하는 곳이 십자가이듯이 아브라함의 믿음과 죄가 교차하는 곳이 이삭의 제단이었다. 물론 아브라함 이야기는 하나님이 독생자를 바치는 것의 모형에 불과하다. 그랬다 하더라도 그건 쉬운 일이 아니었다. 아울러 아브라함의 제사와 예수님이 드린 제사에는 흡사한 점이 많지만 일대일의 상관관계가 없는 부분도 많다. 우선, 아브라함은 자기 죄를 용서받기 위해 제사를 드렸던 것이고 하나님께는 아무 죄가 없으셨다. 그분의 제사는 오롯이 우리 인간들을 위한 것이었다. 속죄의 제사를 드리는 방법에 있어 아브라함은 그의 독생자를 바치라는 명령을 받았고, 그것은 자기 자신을 바치는 것보다 훨씬 더 고통스러운 일이었다. 숫양이 나타나기 전까지 그는 하나님이 단죄하신 자기 죄에 고뇌했고, 독생자를 잃어야 하는 슬픔에 가슴이 미어졌다. 아브라함 이야기와 갈보리 사건 사이의 연관성은 우리가 생각하는 것보다 더 의미 깊고 심오하다. 하나님은 참으로 지혜로우신 분이다.

아브라함의 이야기는 구약의 샘물처럼 각기 다른 방향으로 흘러가며 전후좌우에 보혈의 그림자를 드리운다. 복음서에서 샘물은 강을 이루고 그렇게 창세기 22장의 동쪽 끝에서 흘러나온 강물은 서쪽 끝의 요한계시록 12장 11절에서 그친다. "또 우리 형제들이 어린 양의 피와 자기들이 증언하는 말씀으로써 그를 이겼으니 그들은 죽기까지 자기들의 생명을 아끼지 아니하였도다." 요한계시록 22장에서 보혈의 강은 수정같이 맑은 생명수 강으로 바뀐다. 그 강은 언제나 생명의 강이었다. 물론 한때는 죽음처럼 보이기도 했으나 결국에는 영생의 영광으로 눈부시게 반짝거릴 것이다.

아브라함의 이야기가 구약의 샘물로써 각기 다른 방향으로 흘러간다는 의미는 하나님이 구약에서 이스라엘 백성을 다루시는 각종 사건이 구원의 예시와 전조라는 뜻이다. 속죄의 필요성, 속죄의 염원, 속죄의 대체물 모두 하나님과 인간 사이에 일어난 실제 이야기다. 이 점을 올바르게 인식한다면 복음을 올바르게 이해한 것이다.

우리는 아들의 머리 위에서 번득이던 칼의 존재를 무시하거나 잊어서는 안 된다. 서슬이 시퍼렇던 그 칼날을 잊는 것은 그 상처에서 파생된 모든 은덕을 잊는 것이다. 마틴 헹겔Martin Hengel이 말하듯, "창끝은 창을 부러뜨리지 못한다."[02)]

복음의 축소판

복음은 다차원적이며 둥근 원형이다. 그리고 깊다. 이것이 이 책의 전제다. 아울러 주목할 점은 사도들이 전한 복음의 축소판이다. 그들은 한결같이 십자가를 중점적으로 전파했다. 바울은 복음이 "십자가의 도"(고전 1:18)라고 했고 "십자가 외에"(갈 6:14) 다른 것은 자랑하지 않겠다고 했으며 "십자가에 못 박힌 그리스도"(고전 1:23)를 전하겠다고 했다.

아니, 그럼 부활은 중요하지 않다는 말인가? 전혀 그렇지 않다. 복음을 요약하면 십자가라는 뜻이다. 그런 복음의 요약을 "십자가 중심의 저술"이라고도 말한다. 이 '십자가 중심'에 대해 제프 퍼스웰Jeff Purswell은 다음과 같이 설명했다.

> **우리 중 그 누구도 기독교 교리가 하나의 형용사로 희석되기를 원치는 않을 것이다. 그럼에도 이 특정한 표현은 신약의 통상적인 형태를 보여 주고 있다. 그 안에서 '십자가'는 그리스도가 성취한 구속의 역사, 즉 생애와 죽음과 부활과 승천의 모든 다양한 면을 보여 주는 축소판 기능을 한다.**[03]

십자가가 복음의 축소판이라니 그게 무슨 얘기인가? 그 말은 십자가가 지렛대처럼 구속의 역사를 받쳐 주고 있다는 의미다. 물론 부활이 없으면 구원은 불가능하다. 그러나 십자가 죽음이 없으면 부활도 불가능하다. 앞에서도 언급했듯이 구약에 더욱 분명히 예언된 것은 십자가 죽음이었다(메시아의 부활도 함께 언급되어 있지만, 부활은 구속사에서 일어난 대반전으로써 십자가 예언 안에 절묘하게 암시되어 있다).[04] 그리고 신약의 서신들이 전하는 메시지에 있어 복음의 축소판 기능을 담당한 것이 십자가였다.[05]

십자가의 2음절 성취들

복음은 깊다. 그래서 십자가에도 그 깊이와 다양한 측면이 반영되어 있다. 구약의 희생제사들을 자세히 보게 되면 예수님이 자신을 드린 한 번의 제사가 모든 요구를 충족시켰다는 걸 분명히 알 수 있다. 나는 그것을 십자가의 2음절(2음절로 된 단어들) 성취들이라고 부른다.

중개. 인간과 하나님 사이에는 건널 수 없는 틈이 벌어져 있었다. 인간의 죄와 그에 대한 하나님의 정당한 진노가 그 원인이었다. 무죄한 예수님은 십자가 위에서 우리의 죄를 덮음으로써 하나님과 우리 사이의 틈을 메워 주시고, 미래 그분의 역할이 될 우리와 하나님 사이의 중재자와 중보자로서의 입지를 공고히 하셨다(요일 2:1; 히 7:25).

정죄. 우리에게는 모세나 제사장보다 더 낫고 참된 중재자가 있으니 그분은 예수 그리스도다. 그분 스스로 정죄를 당하는 자리에 서서 우리 죄를 대신해 희생제사의 제물이 되셨다. 자신의 무죄를 우리의 유죄와 맞바꾸신 것이다. 기꺼이 십자가의 길을 가셨던 것도 우리가 받아야 할 형벌의 자리가 그분의 숙명적인 자리였기 때문이다. 그분은 형벌의 대리인이었다.

진정. 법적으로 우리는 사형을 선고받은 범죄자들이었다. 우리가 지은 죄의 대가는 사형이었고, 그 대가를 지불하기 전까지는 하나님의 정당한 진노를 피할 수 없었다. 하지만 문제는 우리가 그 대가를 지불할 수 없다는 것이었다. 모든 인류는 도덕적으로 파산해서 완전히 거덜 난 상태였다. 그런 우리를 위해 예수님은 십자가 위에서 자신의 부요함으로 그 대가를 지불하시고, 모든 형벌과 채무관계를 깨끗이 정리하여 하나님의 진노를 가라앉게 해주셨다. 예수 그리스도의 속죄로 말미암아 하나님은 우리를 향한 진노를 거두어 주셨다.

칭의. 십자가에서 성취된 구속의 역사는 우리가 하나님 앞에 다시 한 번 떳떳하게 설 길을 열어 주었다. 완전한 순종과 완전한 희생제사를 보여 주는 예수님의 십자가를 통해 우리는 완전한 용서를 받았다. 결코 의로워질 수 없었던 죄인이 비로소 의인이 된 것이다.

전가. 죄의 전가가 일어났다. 십자가 위에서 예수님이 우리 대신 죄를 뒤집어쓰고 죄인이 되셨다. 결백하신 그분이 진짜로 범죄자가 되신 것이다. 우리의 죄는 그분의 것이 되었고, 그분의 의로움은 우리의 것이 되었다.

하나님이 죄를 알지도 못하신 이를 우리를 대신하여 죄로 삼으신 것은 우리로 하여금 그 안에서 하나님의 의가 되게 하려 하심이라 고후 5:21

속죄. 예수님의 공로는 거기에서 그치지 않는다. 십자가에서 자신의 생명을 희생제물로 바침으로써 우리의 죄를 대신 뒤집어쓰셨을 뿐만 아니라 아예 모든 죄를 완전히 제거해 버리셨다. 따라서 예수님의 속죄로 일어난 결과는 죄로부터의 놀라운 해방이다.

> **염소와 황소의 피와 및 암송아지의 재를 부정한 자에게 뿌려 그 육체를 정결하게 하여 거룩하게 하거든 하물며 영원하신 성령으로 말미암아 흠 없는 자기를 하나님께 드린 그리스도의 피가 어찌 너희 양심을 죽은 행실에서 깨끗하게 하고 살아 계신 하나님을 섬기게 하지 못하겠느냐** 히 9:13-14

예수님의 속죄로 말미암아 우리는 깨끗하게 되었다. 단순히 의인으로 선포됐을 뿐만 아니라 영적으로 정결하게 되어 진짜 의인이 되었다.

성화. 성화는 성령의 지속적인 역사로 이루어지는 것이다. 그러나 예수님의 십자가 공로 덕분에 우리는 또한 거룩하게 되었다. 그 말은 예수님의 보혈로 우리의 모든 죄가 씻겨서 거룩하게 되었다는 뜻이다(고전 6:11). 단번의 거룩해짐과 지속적인 거룩해짐 모두 십자가 사건의 효과요, 칭의의 결과다.

화해. 이제 우리는 하나님 앞에서 의로운 자가 되었으므로 그분과의 화해도 이루어졌다. 틈새는 메워졌고, 진노는 가라앉았고, 빚이 청산되었으며, 영혼은 깨끗해졌다. 예수님이 십자가 위에서 양팔을 벌리고 못 박히심으로 하나님 아버지는 한때 잃어버렸던 자신의 자녀들을 양팔로 감싸 안으실 수 있게 되었다. 예수님은 십자가를 통해 우리를 하나님과 화해시켜 주셨다(골 1:20).

열방. 예수님은 정확하게 누구를 위해 십자가에서 돌아가셨는가?(요일 2:2) 온 세상 열방의 모든 족속을 위해서다.

지금까지 나열한 2음절 단어들은 구속이라는 산맥의 몇 가지 봉우리에 지나지 않을 뿐이다. 이 밖에도 예수님이 이루신 일은 헤아릴 수 없이 많다! 다만 그중에서도 특출하게 솟아나온 봉우리들이 있어서 그것들을 기점으로 여러 가지 개념이 모이고 갈라진다. 그러한 봉우리마다 예수님은 우리를 대신해 우리가 할 수 없는 일들을 해주셨다.

십자가는 복음의 중심이고, 십자가의 중심은 대속이다.

내가 서야 할 곳에 그분이 서셨다

대속이란 속죄의 날카로운 칼날이다.[06] 예수님의 구원에 대속만 있는 것은 아니지만, 구원 사역을 통해 성취된 모든 것은 바늘이 실을 잡아당기듯 대속의 궤적을 따라 이어진다.

속죄가 어떻게 이루어지는가에 대해서는 '학설'이라고 불리는 몇 가지 견해가 있다. 개중에는 올바른 것도 있고 그렇지 못한 것도 있다. 대속의 쌍둥이는 '크리스투스 빅토르'Christus Victor, 승리자 그리스도라고 하는 학설이다. 예수님의 십자가 공로가 악의 세력을 제압하셔서, 그분의 통치권 아래로 사망을 귀속시키셨다는 설이다. 그 예로 존 녹스(John Knox, 16세기 스코틀랜드의 유명한 종교개혁가가 아니라 20세기 신학대학 교수임)는 이렇게 주장했다. "승리를 쟁취했고 희생제사가 드려졌다는 것이…신약의 근저를 이룬다."[07]

'크리스투스 빅토르'는 하나의 학설이 아니다. 대속과 마찬가지로 실제로 이루어진 사실이다. 그러나 쌍둥이의 맏이는 대속이다. 죄의 대속이 이루어져야 악과 사망도 이길 수 있다. 그리고 그 승리는 정죄를 당할 자격이 있는 분, 범죄를 뒤집어쓸 수 있는 결백한 분에 의해서만 가능했다. 그렇게 범죄자가 된 주님은 하나님의 영광에 이르지 못하게 된 인간들의 죄를 지고 대속의 제사를 통해 그 죄들을 사면해 주셨다. 이제 옛 언약에서의 제사 의식들은 새 언약에서의 그리스도의 영단번의 제사로 막을 내렸다. 교부들 중에 크리스투스 빅토르 견해를 가장 설득력 있게 주장했던 구스타프 아울렌Gustaf Aulen 조차도 "가장 핵심적인 것은 형벌의 대속이다"라고 말했다.[08]

개중에는 교부들의 견해에서 대속의 개념이 분명하지 않다고 주장하는 학자들이 있는 반면 대속의 개념이 뚜렷하다고 반박하는 학자들도 있다.[09] 대속의 역사적 신빙성을 논하는 것은 이 책의 범위를 벗어나는 것이고 이미 다른 학자들이 했던 일이므로, 여기서는 복음의 깊이를 측정하는 시도로써 이 견해의 핵심적이고 성경적인 논리만을 잠시 짚고 넘어가고자 한다.

우선 요한복음을 보면 예수님의 영광에 대한 다양한 측면이 기록되어 있다. 대속 사건은 그 측면들을 한데 집약한 것이라고 볼 수 있다. 그럼 요한복음을 차근히 살펴보면서 그 핵심 주제를 들여다보자.

먼저 이 복음서는 예수님을 생명의 떡, 세상의 빛, 문, 선한 목자, 부활, 생명, 포도나무 등에 비유한다. 요한복음을 관통하는 주제는 예수님이 희생양이시라는 사실이다. 복음서 첫머리부터 세례 요한은 이사야서 예언의 성취를 암시하며, 자신은 "주의 길을 곧게 하라고 광야에서 외치는 자의 소리"(요 1:23; 사 40:3)라고 소개했다. 용서의 예언에서 곧바로 복음을 전파한 것이다.

> 너희의 하나님이 이르시되 너희는 위로하라 내 백성을 위로하라 너희는 예루살렘의 마음에 닿도록 말하며 그것에게 외치라 그 노역의 때가 끝났고 그 죄악이 사함을 받았느니라 그의 모든 죄로 말미암아 여호와의 손에서 벌을 배나 받았느니라 할지니라 하시니라 사 40:1-2

바로 그때, 세례 요한의 사촌인 예수님이 다가오셨다. 이에 요한이 다시 이렇게 부르짖었다.

> 보라 세상 죄를 지고 가는 하나님의 어린양이로다 요 1:29

그는 나중에 이 말을 되풀이했고(요 1:35), 그의 두 제자가 예수님을 따라갔다. 즉, 요한복음은 대속을 전면에 배치한 책이라고 볼 수 있다.

요한복음 2장 13-22절에서 예수님은 자기 육신의 멸망이 성전 부패 척결의 대체물임을 시사하셨다. 요한복음 3장 14-15절에서는 십자가 위에서 자기 몸이 들리는 것은 모세 시대 놋뱀이 들린 것과 같아서, 사망이 임박한 사람 중 누구나 쳐다보기만 해도 구원을 받게 된다고 말씀하셨다. 요한복음 3장 16-21절에서는 죽어 마땅한 인간을 구해 주려는 하나님의 사랑 때문에 자신이 이 세상에 오셨다고 이야기하셨다. 요한복음 3장 36절에서는 "아들을 믿는 자에게는 영생이 있고 아들에게 순종하지 아니하는 자는 영생을 보지 못하고 도리어 하나님의 진노가 그 위에 머물러 있느니라"고 말씀하셨다. 요한복음 5장 24절에서는 그분을 믿는 자마다 심판에 이르지 않고 구원을 받게 된다는 걸 알려 주셨다. 요한복음 5장 45절에서는 모세를 통한 하나님의 사법언어가 등장한다. 바야흐로 대속의 필요성이 본격적으로 대두되는 부분이다. 간음하다가 붙잡힌 여인(7:53-8:11)의 이야기는 예수님 자신의 십자가 처형을 불길하게 암시하고 있다. 돌에 맞아 죽게 된 여인의 편에 서서 형벌을 면제해 주는 모습이 그것이다. 요한복음 9장 35-41절에서 예수님은 보지 못하는 자들을 보게 하기 위해 세상에 왔다고 말씀하셨다. 요한복음 12장 12-15절에서 사람들은 예수님의 예루살렘 입성을 스가랴서 예언(슥 9:9-13)에 대입시켜 크게 환영했다. 그 예언에는 언약의 피에 의해 구원을 베풀겠다는 하나님의 약속이 담겨 있었다(슥 9:11). 요한복음 12장 44-50절에서 예수님은 심판받아야 할 세상을 구원하기 위해 세상에 왔다고 말씀하셨다.

요한복음의 전개는 유월절(어린양의 피로 하나님의 진노에서 구원을 받는 날)이 다가오면서 절정에 달했다. 요한복음 15장 18-25절에서 예수님은 자신이 율법에서 요구한 것을 만족시키는 장본인임을 다시 한 번 강조하셨다. 그리고 이어진 대제사장식 중보기도에서 "또 그들을 위하여 내가 나를 거룩하게 하오니 이는 그들도 진리로 거룩함을 얻게 하려 함이니이다"(요 17:19)라고 말씀하셨다. 그분의 죽음이 거룩해짐의 방편임을 암시하신 것이다. 요한복음 18장 39-40절에서는 예수님 대신 바라바가 풀려났다. 바라바는 처벌받아 마땅한 강도였다. 예수님의 십자가 처형은 유월절과 같은 시기에 행해졌다.

자, 지금까지 살펴본 것처럼 요한복음의 주제와 전개는 하나님의 심판을 대신 받아서 예수님이 희생물이 되셨다는 사실을 중심축으로 한다. (요한복음은 성경에서 하나님의 사랑을 가장 단적으로 드러내는 책 중 하나이자 예수님의 역할을 가장 정연하고도 다양한 차원에서 보여 주는 책이다.) 그러나 이것도 하나의 예일 뿐이다.

신약은 예수님의 구속 사역을 다각적인 측면에서 조명한다. 죗값을 치름, 노예를 풀어 줌, 사탄을 정복함, 죄를 파멸함, 성도들을 하나 되게 함, 선의 본을 보임, 병을 치료함 등의 놀라운 성과가 그로 인해 거두어졌다. 하지만 이 모두 하나님의 거룩한 진로를 가라앉혔다는, 그래서 그분의 영광에 대한 '우주적 배반'을 저지른 자들의 죄를 법적으로 해결했다는 사실에 엮어져 있다.[10]

앞서 언급했던 존 녹스 교수는 "구제불능의 죄인들(우리가 바로 그런 자들임)에게는 구원이 필요하고, 책임을 져야 할 죄인들(우리 또한 그런 자들임)에게는 용서가 필요하다"라고 말했다.[11] 예수님은 우리를 많은 것에서 구해 주셨다. 우리는 죄의 희생자인 동시에 죄를 범한 죄인이다. 그렇기에 악에 의해 고통당할 뿐만 아니라 악을 저지르기도 한다. 결국 문제아는 우리다. 따라서 구원은 근본적으로 하나님의 진노로부터의 구원이다.

갈라디아서 3장 13절은 "그리스도께서 우리를 위하여 저주를 받은 바 되사 율법의 저주에서 우리를 속량하셨으니"라고 말한다. 로마서 5장 9절은 "그러면 이제 우리가 그의 피로 말미암아 의롭다 하심을 받았으니 더욱 그로 말미암아 진노하심에서 구원을 받을 것이니"라고 단언한다. 예수님이 다가올 진노에서 우리를 구원하셨다. 우리는 본디 모든 사람과 함께 "죽은 자들"(살전 1:10)이었으나, 죄 가운데 죽어 가는 우리를 예수님이 다시 살리셨다(엡 2:3-5).

고린도전서 15장은 '크리스투스 빅토르'(승리자 그리스도)의 모습을 두드러지게 부각시켰다. 예수님은 승리자이고 통치자이자 만물을 자신의 발아래 복종시키는 분이며 자신의 영광을 함께 나누려고 우리의 미래를 값 주고 사신 분이지만, 이 모든 은혜와 영광의 요체는 "성경대로 그리스도께서 우리 죄를 위하여 죽으"(고전 15:3)셨다는 사실이다. 그로 말미암아 율법에서 요구하고, 인류 역사에 암시되고, 선지자들이 예언한 피에 의한 속죄가 이루어졌다. 사망의 고통을 걸머짐으로써 예수님은 율법의 요구를 충족시키신 것이다(고전 15:56).

대속은 신약 어디서나 찾을 수 있지만, 로마에 보낸 바울의 서신에 특히 아주 명백히 언급되어 있다. 여기에 로마서의 핵심이라고 할 수 있는 대목을 소개하겠다.

모든 사람이 죄를 범하였으매 하나님의 영광에 이르지 못하더니 그리스도 예수 안에 있는 속량으로 말미암아 하나님의 은혜로 값없이 의롭다 하심을 얻은 자

되었느니라 이 예수를 하나님이 그의 피로써 믿음으로 말미암는 화목제물로 세우셨으니 이는 하나님께서 길이 참으시는 중에 전에 지은 죄를 간과하심으로 자기의 의로우심을 나타내려 하심이니 곧 이때에 자기의 의로우심을 나타내사 자기도 의로우시며 또한 예수 믿는 자를 의롭다 하려 하심이라 롬 3:23-26

이 말씀에서 '화목제물'로 번역한 헬라어 원어에 대해서는 논란이 있으나 그 문제는 나보다 유식한 분들에게 맡기기로 하고, 속죄든 화목제물이든 (예수님이 희생양이 되었든 속죄용 염소가 되었든) 간에 예수님의 화목제사는 하나님의 예견된 심판과 죄를 '넘어감'의 도구가 된 게 분명한 사실이다.

찰스 크랜필드Charles E. B. Cranfield는 이 말씀을 다음과 같이 설명했다.

하나님이 예수님을 화목제물로 삼으셨다는 바울의 말은 하나님이 죄지은 인간들을 그분의 자비로써 용서하기로 하셨다는 뜻이다. 즉, 진정한 자비로써 인류를 의롭게 용서하기로 결단하셨으나 다른 방법으로는 속죄할 길이 없었으므로, 하나님이 자신의 아들 안에서 그분 스스로 죄를 덮어쓰고 인간이 받아야 할 정당한 진노를 자신이 전부 받으셨다는 말이다.[12]

죄는 인간을 노예, 궁핍한 자, 죽은 자 등의 비참한 상태로 전락시켰다. 예수님의 십자가는 그 상태를 고쳐 주었으나, 이 만병통치약은 대속이라는 비싼 가격을 치러야만 살 수 있었다.

언약과 대속

에드거 앨런 포Edgar Allan Poe의 고전《도둑맞은 편지》를 보면, 도둑맞은 비밀편지를 찾으려고 온 집 안을 샅샅이 뒤지지만, 결국 그 편지가 탐정의 코앞에 여봐란듯이 놓여 있었다는 게 밝혀진다. 그 편지는 누구나 볼 수 있는 허술한 편지꽂이에 꽂혀 있었다. 이처럼 신학자들은 성경을 샅샅이 뒤져가면서 대속을 찾다가 허탕을 치고 만다. 포의 소설에 나오는 비밀편지처럼, 어쩌면 대속은 누구나 볼 수 있는 뻔한 곳에 숨겨져 있는지도 모른다.

브루스 데마레스트Bruce Demarest는 존 녹스와 맥락을 같이하여 "대속이라는 개념은 성경의 근간에 새겨져 있다"라고 말했다.[13] 앞에서도 언급했듯이 예수님이 흘리신 보혈의 강물은 성경 전체에 면면히 흐르고 있다. 예수님의 피 흘림은 창세기 3장 21절의 도살 장면까지 거슬러 올라간다. "여호와 하나님이 아담과 그의 아내를 위하여 가죽옷을 지어 입히시니라."

무화과 잎으로 치부를 가리겠다는 그들의 노력은 애처로울 정도였다. 훗날 가인의 땀 흘린 제물도 그런 노력의 일환이라고 추측할 수 있다. 하지만 인간의 노력이 아무리 가상해도 그것으로 영적 사망을 무마할 수는 없었다. 사망이 오고 사망이 가기 위해 무언가는 죽어야만 했다. 그래서 하나님은 동물의 가죽으로 인간의 치부를 가려 주셨다.

제사는 창세기 4장에서부터 시작된다. 아벨은 자기가 치던 양 떼의 첫 태생을 잡아 믿음으로 바쳤고, 하나님은 그 제사를 받아

주셨다. 하나님은 아브라함과 피의 언약을 맺으셨다. 엄숙한 맹세였다. 그런 뒤에 아브라함에게 아들 이삭을 주겠다고 약속하셨고, 그 뒤에 이삭을 바친 사건이 예수님의 구속 역사를 암시한다는 걸 이미 앞에서도 살펴보았다.

피 흘림은 계속되었다. 그 단적인 예가 유월절이다. 하나님의 진노가 임했으나 어린 양을 잡아서 믿음으로 그 피를 문설주에 바른 사람은 살아남았다. 유월절은 역사적인 출애굽으로 이어지고, 그 신화적인 (그러면서도 역사적인) 연관성은 예수 그리스도의 십자가 처형, 부활, 승천, 그리고 언젠가 이루어질 성도들의 승천으로 막을 내린다. 홍해를 건너고, 애굽인들이 바다에 빠져 죽고, 이스라엘 백성이 광야로 도망치는 사건들 속에서 우리는 승리자이신 그리스도를 보게 된다. 그러나 그보다 앞선 유월절에서는 대속을 보게 된다.

레위기는 제사 의식의 요람서다. 다양한 제사 의식이 다양한 의미(정결, 화합, 경배, 속죄 등)와 연결되어 있다. 하지만 모든 걸 종합해 보면 결국은 죄인이 거룩하신 하나님 앞에서 의롭게 된다는 이야기다. 벤자민 워필드Benjamin B. Warfield는 그 사실을 예리하게 꿰뚫었다.

> 레위기의 제사 의식에 경배라든가 성찬의 친교와 같은 요소들이 들어 있음은 의심의 여지가 없다. 일부 제사 규정에는 다양한 종교적 동기가 적절하게 표현되었고, 다양한 종교적 의미가 형성되었음도 자명한 일이다. 그러나 중심이라고 할 수 있는 개념이나 사물이 없었다면, 이런 동기와 의미들을 그런 의식들 속에

서 표현하기란 불가능했을 것이다. 그렇다면 그것들은 제사가 지닌 근원적인 기능(거역한 신 앞에서 죄인인 인간을 속죄하는)의 부수적이고 보조적인 요소로 존재한다고 이야기할 수 있다. 레위기를 선입관 없이 공부한 사람이라면 누구나 제사 의식이 그 의도나 효과에 있어 철저하게 속죄용이라는 점을 인정하지 않을 수 없을 것이다.[14)]

동물을 제물로 바치는 제사는 그 점을 분명히 한다. R. K. 해리슨R. K. Harrison의 설명을 들어 보자.

구약에서 일관되게 보이는 관점은 인간의 죄가 하나님께 가장 심각한 문제이며, 그러기에 가장 철저한 응징이 불가피하다는 사실이다. 그런 면에서 볼 때 동물이 죄인을 대신해서 희생되는 제사만큼 대속을 선명하게 암시하는 것도 없다고 할 수 있다.[15)]

성경은 "육체의 생명은 피에 있음이라 내가 이 피를 너희에게 주어 제단에 뿌려 너희의 생명을 위하여 속죄하게 하였나니 생명이 피에 있으므로 피가 죄를 속하느니라"(레 17:11)고 말한다. 제임스 해길턴James M. Hamilton의 견해도 의미심장하다.

레위기에 나오는 의식들은 일종의 심판이다. 제사에 드려지는 대체 동물이 인간을 대신해 심판을 받고, 그리하여 인간이 구원을 받는 것이다.…레위기는 이스라엘에 죄악이 만연해서 대속의 제사를 통해 하나님의 진노를 누그러뜨리고 용서를 받아야 한다고 덧붙인다. 그래야만 여호와 하나님이 공정하게 자비를 베푸

실 수 있기 때문이다. 결국 대속의 제사는 하나님 자신의 영광을 위해서도 불가피한 것이었다.[16]

대대로 지켜지던 레위기의 속죄일이 골고다 언덕에 도달했다. 레위기에 규정된 제사들은 그 뒤 구약의 이야기들 속에 녹아들었다. 이스라엘 백성은 신실하지 못했지만 하나님은 신실하셨다. 그들은 거룩하지 못했지만 하나님은 거룩하셨다. 그들은 하나님의 이름을 망령되이 불렀으나 하나님은 자신의 명예를 소중히 여기셨고 거룩하게 지키셨다. 피 흘림은 계속되었고 이스라엘 백성이 언약에 불성실할 때마다 재앙과 멸망의 위협이 잠시 효과를 발휘했다. 그러나 어쨌든 하나님은 자비, 즉 구원의 날을 약속하셨다. 그늘 아래서 이스라엘의 대속자가 잠복하고 있던 것이다.

사시기 19장 22-30절에는 레위인의 첩이 강간당해 죽은 이야기가 나온다. 사실 성경 전체를 통틀어 이처럼 끔찍하고 엽기적인 이야기도 드물다. 실제로 구글로 검색해 보면, 기독교에 적대적인 사람들이 성경의 잔혹함과 불확실성을 주장할 때 이 이야기를 가장 많이 인용했다고 한다. 말이야 바른 말이지 우리가 보기에도 잔혹하다. 그렇다면 우리는 이런 말씀들을 어떻게 받아들여야 할까?

먼저 생각할 수 있는 것은 성경이 사건을 있는 그대로 묘사한다는 점이다. 사건을 묘사한 것이 마치 그런 행동을 옹호하는 것처럼 오해되어서는 안 된다. 인터넷에서 성경의 권위를 부인하는 반기독교 네티즌들의 주장과 달리, 성경에는 기브아인들의 변태적인 요구나 첩을 강간하고 살해한 행위, 첩의 시체를 토막 낸 일 등을 하나님이 찬성 또는 묵인하셨다는 언급이 어디에도 나와 있지 않다. 레위인은 자기가 강간당하기 싫어서 첩을 내준 것이었고, 첩의 시체를 토막 내어 이스라엘 방방곡곡에 보낸 기행도 당연한 공분을 불러일으켰다. 사람들이 얼마나 충격을 받았는가는 성경말씀이 증명하고 있다. "그것을 보는 자가 다 이르되 이스라엘 자손이 애굽 땅에서 올라온 날부터 오늘까지 이런 일은 일어나지도 아니하였고 보지도 못하였도다"(삿 19:30).

하루는 우리 교회 여 집사님이 내게 와서, 이 말씀을 비그리스도인들이 보면 어떻게 생각하겠느냐고 물었다. 기독교가 마치 그런 행위를 해도 괜찮은 종교처럼 비칠까 봐 걱정하는 것이었다. 하지만 우리는 그렇지 않다는 점을 분명하게 역설할 필요가 있다. 레위인이 그런 끔찍한 일을 저지를 수 있었던 건 그 당시 이스라엘에 왕이 없었으므로(삿 19:1) 사람들이 자기 소견에 옳은 대로 행했기 때문이다(삿 17:6, 21:25). 사사기 19장 22-30절에 기록된 이야기는 성경이 인간의 타락상을 얼마나 솔직하게 있는 그대로 기록한 책인지를 보여 주는 증거다. 더 나아가 이방의 미개인들이나 할 법한 일들을 하나님의 백성이, 그것도 이스라엘 한복판에서 자행하고 있었다는 사실도 알려 준다. 사사기 19장은 뼛속까지 타락한 인간의 추한 자화상이다. 인간이 얼마만큼 사악해질 수 있는지를 요즘의 저녁 뉴스처럼 가감 없이 보여 주는 적나라한 말씀인 것이다. 우리는 그 사건을 상상하며 역겨워하는 동시에 잔인할 정도로 솔직한 성경에 자부심을 가져야 한다.

그러나 이 말씀에도 밑바탕에 복음이 깔렸음을 놓치면 안 된다. 사사기가 기록될 당시 이스라엘에는 왕이 없었고 남자들은 여자들을 헌신짝 버리듯 저버렸다. 일신의 안녕을 위해 자기 여인이 죽든 말든 불량배에게 내어 주는가 하면 열두 부족에게 부당함을 호소한다며 살해당한 여인을 이용하기도 했다. 그러나 예수님이 이스라엘의 왕이 되시면 그분은 자신의 신부를 보호하고 원수들에게 내어 주지 않으실 것이며, 그 누구도 함부로 신부를 건드리지 못하게 하실 것이다. 심지어 자기 자신의 몸을 대신 내주어 신부 대신에 자기가 죽임을 당하고 이스라엘의 열두 부족을 위해 몸이 찢어지는 걸 감수하신다. 원수들의 악랄한 요구에 우리를 내어 주시는 게 아니라 자기 자신을 내어 주신다. 그분의 피범벅이 된 몸은 우리를 절대 포기하지 않겠다는 결연한 의지의 증거물이다.

예수님은 극악무도한 죄를 용서받게 해주려고 그런 극악무도한 죄를 스스로 짊어지고 그런 극악무도한 죄에 대한 진노를 누그러뜨리셨다.

시편 22편에서 다윗은 버림받은 하나님 아들의 자리에 서서 절규했지만, 그 아들은 결국 하나님의 공의를 성취하셨다.

이사야서 53장 역시 예수 그리스도의 대속의 은혜를 가장 실감 나게 그린 구약의 백미다.

그는 실로 우리의 질고를 지고 우리의 슬픔을 당하였거늘

우리는 생각하기를 그는 징벌을 받아

하나님께 맞으며 고난을 당한다 하였노라

그가 찔림은 우리의 허물 때문이요 그가 상함은 우리의 죄악 때문이라

그가 징계를 받으므로 우리는 평화를 누리고

그가 채찍에 맞으므로 우리는 나음을 받았도다

우리는 다 양 같아서 그릇 행하여 각기 제 길로 갔거늘

여호와께서는 우리 모두의 죄악을 그에게 담당시키셨도다

그가 곤욕을 당하여 괴로울 때에도 그의 입을 열지 아니하였음이여

마치 도수장으로 끌려가는 어린 양과 털 깎는 자 앞에서 잠잠한 양같이

그의 입을 열지 아니하였도다 그는 곤욕과 심문을 당하고 끌려갔으나

그 세대 중에 누가 생각하기를 그가 살아 있는 자들의 땅에서 끊어짐은

마땅히 형벌 받을 내 백성의 허물 때문이라 하였으리요

그는 강포를 행하지 아니하였고 그의 입에 거짓이 없었으나

그의 쿠덤이 악인들과 함께 있었으며 그가 죽은 후에 부자와 함께 있었도다

여호와께서 그에게 상함을 받게 하시기를 원하사 질고를 당하게 하셨은즉

그의 영혼을 속건제물로 드리기에 이르면 그가 씨를 보게 되며

그의 날은 길 것이요 또 그의 손으로 여호와께서 기뻐하시는 뜻을 성취하리로다

그가 자기 영혼의 수고한 것을 보고 만족하게 여길 것이라

나의 의로운 종이 자기 지식으로 많은 사람을 의롭게 하며

또 그들의 죄악을 친히 담당하리로다

그러므로 내가 그에게 존귀한 자와 함께 몫을 받게 하며

강한 자와 함께 탈취한 것을 나누게 하리니

이는 그가 자기 영혼을 버려 사망에 이르게 하며

범죄자 중 하나로 헤아림을 받았음이니라

그러나 그가 많은 사람의 죄를 담당하며

범죄자를 위하여 기도하였느니라 사 53:4-12

다른 선지자들은 다가올 하나님의 심판을 계속해서 경고했다. 그리고 다가올 구원도…. 그들의 예언에는 그 두 가지가 어김없이 교차하고 있었다.

베드로는 사도행전 2장의 설교에서 그 점을 강조하며, 불신자에게는 지옥의 황천길만 기다리고 있으니 회개하고 주 예수를 믿어 구원을 받으라고 설득했다.

초대교회가 부흥할수록 사도들은 구약의 언약이 십자가로 귀결됨을 거듭해서 강조했다. 십자가를 떠올리는 유대인들에게는 신명기 21장 22-23절의 저주가 망령처럼 어른거렸을 것이다.

사람이 만일 죽을 죄를 범하므로 네가 그를 죽여 나무 위에 달거든 그 시체를 나무 위에 밤새도록 두지 말고 그날에 장사하여 네 하나님 여호와께서 네게 기업으로 주시는 땅을 더럽히지 말라 나무에 달린 자는 하나님께 저주를 받았음이니라

베드로와 바울은 복음을 전파할 때 바로 그 망령을 상기시켰다(행 5:30, 10:39; 갈 3:13; 벧전 2:24 참고).

언약의 이야기가 요한계시록에서 절정을 향해 치닫는 순간에 예수님은 진노 중에 세상에 재림하신다. 그러나 십자가 위에서 이미 그 진노가 처리된 사람들은 심판에서 제외될 것이다.

진노의 잔과 포도주

하나님의 진노와 하나님의 사랑은 맞수가 아니다. 진노를 미신으로 치부해도 안 되고, 진노에 마냥 가슴 졸일 필요도 없다. 에밀 브루너Emil Brunner 박사는 "하나님의 진노를 무시하면 복음의 중심 개념 역시 이해하지 못하게 된다"라고 경고했다.[17)]

복음의 중심에는 십자가가 있으므로, 십자가의 중심은 대속이다. 혹여 예수님이 하나님의 진노를 감당하셨다고 해서 그것을 성자 학대라고 풍자한다면, 그것은 주님의 희생을 제대로 이해하지 못한 것이다. 나아가 성삼위의 이코노미, 즉 본질과 권위를 비롯해 영광을 반영함과 서로를 존경함마저 똑같은 그분들의 이코노미를 깨닫지 못한 소치다. 또한 하나님의 깊고 깊은 사랑도 모르고 하는 소리다. 앞서 1장에서도 말했듯이, 하나님의 진노와 하나님의 사랑을 상쇄시키는 짓은 그분의 위대하심과 전혀 맞아떨어지지 않는다. 오히려 하나님을 피자 반죽보다 더 납작하고 시시하게 만들어 버린다.

그런 심오함의 실체를 단적으로 보여 주는 것은 겟세마네 동산에서 예수님이 드리셨던 고뇌에 찬 기도다. 주님은 무릎을 꿇고 땅바닥에 머리를 조아린 채로 애간장이 끊어질 듯 아버지께 기도하셨다. "내 아버지여 만일 할 만하시거든 이 잔을 내게서 지나가게 하옵소서 그러나 나의 원대로 마시옵고 아버지의 원대로 하옵소서"(마 26:39). 누가는 예수님의 땀이 피처럼 흘러내렸다고 기록했다(눅 22:44).

그 사실에서 우리는 무엇을 깨달을 수 있는가?

우선은 예수님이 마셔야 했던 '잔'이 무엇인가를 짐작할 수 있다. 그것은 두말할 나위 없이 하나님의 진노의 잔을 의미했다. 구약에서 거듭거듭 경고했던 진노의 잔이 실제로 부어진 것이다(시 11:4; 사 51:17; 렘 25장; 겔 23:31-34; 합 2:16; 계 14:10, 16:19 참고).

예수님은 알고 계셨다. 십자가가 의미하는 모든 것에 완전히 삼켜질 준비를 해야 한다는 것을…. 그것은 참으로 잔인한 세례였다(막 10:38-39; 눅 12:50). 예수님이 흘리신 피에는 속죄의 축복들이 담겨 있었다. 하지만 그것은 하나님의 육중한 진노에 짓눌리고 으깨지면서 생겨난 축복이었다. 마침내 하나님의 진노가 누그러졌을 때 죄의 빚은 청산되었고 승리는 보장되었으며 하나님의 사랑은 성취되었다.

예수님은 말씀하셨다. "나의 원대로 마시옵고." 아버지를 사랑하신 주님은 아버지가 주신 사람들도 사랑하셨다. 예수님은 또 이렇게 말씀하셨다. "아버지의 원대로 하옵소서." 하나님의 진노를 잠재우는 것이 결국 하나님의 사랑을 드러내는 길임을 아셨던 것이다.

레베카 피펏Rebecca Pippert은 이렇게 풀이했다. "십자가가 주는 교훈은 우리가 절대 완벽에 도달하지 못한다는 것, 성숙할수록 우리는 더 깊어질 뿐이라는 사실이다."[18] 그 깊이를 감지한 사람은 그 안에서 기뻐하며 즐거워한다. 그러나 예수님 안에서 하나님이 이루신 대속의 단맛을 맛보았다면, 그 이면의 통렬한 쓴맛도 느낄 줄 알아야 한다. 성전에서 하나님의 대속을 체험한 이사야 선지자처럼 우리 입술의 화끈거림이 곧 해방의 축복인 것이다. "고뇌"The Agonie 라는 시에서 조지 허버트George Herbert 는 그와 같은 환희를 처절하게 그려냈다.

현인들은 산의 높이를 가늠하고
바다와 땅과 왕들의 깊이를 헤아리며
지팡이를 짚고 하늘에 오르며 샘들을 추적했네.
그러나 이보다 더 방대하고 광활하며
훨씬 더 고매한 두 가지가 있으니
그럼에도 별로 입에 올리지 않는 것,
그건 바로 죄와 사랑이라네.

죄를 아는 자, 바로 할지니
감람산에 올라 보게 되리라.
고통에 찌들고 머리칼과 살갗과 옷이
피에 흠뻑 젖어 있는 그를.
죄는 압착기요 악덕이라, 고통을 짜내고
핏줄마다 잔인한 음식을 사냥하노라.

사랑을 모르는 자, 시음할지니
창끝에 찔려 콸콸 쏟아지는 피를 맛보고
말하라, 감히 그 같은 맛을 본 적이 있는지.
사랑은 달콤하고 가장 신성한 음료라.

나의 하나님께는 피로되 내게는 포도주로다.[19]

십자가 위에서 하나님의 진노는 마침내 누그러졌고 속죄가 이루어졌다. "그러므로 이제 그리스도 예수 안에 있는 자에게는 결코 정죄함이 없나니"(롬 8:1).

십자가의 대속적인 면을 중시하는 이유는 우리의 지속적인 죄를 하나님의 거룩함 아래 비춰 보면서 우리가 당하는 일시적 고난을 하나님의 진노로 착각하는 일이 없게 하기 위함이다. 다음 장에서는 고난이 무엇이고 왜 당해야 하는지, 그리고 어떻게 복음을 그 고난에 적용해야 할지를 자세히 파헤쳐 보겠다.

만왕의 왕은 고난이라는 지하실에
최고급 포도주를 보관해 두신다.
'사무엘 러더퍼드'의 명언으로 알려져 있음

The King keeps his best wine
in the cellar of affliction.
attributed to Samuel Rutherford

06

고난의 영광

GOSPEL DEEPS

어디를 가든 사람들은 똑같은 질문을 한다. 목사인 나도 예외가 아니라서 그런 질문을 하기도 하고 받기도 한다. "하나님이 선하신 분이라면 왜 이런 고난을 허락하시는 겁니까?"

지금 이 장을 쓰고 있는 중에 이메일 한 통을 받았다. 보낸 사람은 내 블로그의 애독자인데, 그녀의 표현에 따르면 그리스도인은 아니나 장차 그리스도인이 되고 싶은 '지망생'이라고 한다. 그녀가 궁금해하는 문제는, 이를테면 하나님은 그분을 절대 영접하지 않고 지옥에 떨어질 인간들을 다 아시면서도 그들을 왜 창조하셨느냐는 것이었다. 성경말씀을 믿으려면 지옥행 죄인들을 영원한 형벌에 처한다는 말씀도 믿어야 하고, 그렇다면 자기는 그 문제에 목숨 걸고 매달려야 마땅하다는 것이었다. 그녀는 어설픈 신앙 놀이를 원하지 않았다. 자기 입맛에 맞게 신앙을 자르고 다

듣고 꾸민다는 건 있을 수 없는 일이었다. 사실 가장 마음에 걸리는 문제도 그것이었다. 성경말씀이 모두 진리라면, 어떻게 자기 입맛대로 신앙을 꿰맞출 수 있느냐고 그녀는 물었다.

이런 질문들을 마주할 때마다 나는 초심으로 돌아가는 기분을 느낀다. 그리고 나 자신에게 같은 질문을 반복하면서, 고난을 허용하신 하나님의 목적을 다시 한 번 되짚어 본다. 혹여라도 욥의 친구들처럼 허튼소리를 해서는 안 되기 때문이다. 그래서 그녀의 이메일에 대한 답장은 잠시 보류하고, 잘난 척 '전문가' 노릇을 하기보다는 현명한 학자와 친구들에게 먼저 그에 대한 조언을 듣기로 했다.

한 가지 우리 마음에 위안이 되는 사실은 성경이 고통의 존재와 쓰라림을 외면하지 않는다는 점이다. 어떤 종교는 인생의 괴로움이 한낱 꿈이나 신기루에 불과하다고 말하고, 어떤 종교는 정신력을 단련해서 극복하면 된다고 말한다. 그러나 하나님의 말씀인 성경은 고통의 문제를 매우 실제적으로 다룬다. 그중에서도 대표적인 예가 시편이다. 육신적인 고통은 물론이고 정신적, 감정적, 영적인 고통까지 인간이 겪는 모든 고통의 종류가 시편에 망라되어 있다. 칼뱅이 말하듯 시편은 "영혼을 낱낱이 해부한" 책이다.[01] 죄와 그로 말미암은 저주가 암처럼 온 세상을 좀 먹고 있기에, 인간의 영혼도 갖가지 괴로움에 시달릴 수밖에 없다. 성경은 그 사실을 모른 체하지 않는다.

얼마 전에 나는 오랫동안 실직 상태로 지내 온 우리 교인 한 사람과 차를 마시며 오랜 이야기를 나누었다. 그는 아직 주택담

보대출금도 다 못 갚은 상황에서 가족의 생계를 꾸려 가느라 고생이 이만저만이 아니었다. 원래 그가 일했던 분야에서는 어느 곳도 그를 채용해 주지 않았다. 그렇다고 다른 분야에서 일할 수도 없었다. 그런 곳들 역시 그를 채용해 주지 않거나 그의 이력이 너무 화려하여 채용할 수가 없었다. 정부에서 실업자에게 주는 혜택은 그다지 큰 혜택이 되지 못했다. 국고를 축내는 것도 기분 좋은 일이 아니었다. 어쨌든 간에 그는 일을 하고 싶었다. 설상가상으로 건강 문제까지 겹쳐서, 그와 그의 아내, 그리고 자녀 한 명은 지난 한 해 동안 병마와 씨름해야 했다. 가족이 소유하고 있는 자동차는 고장이 나서 사용할 수 없었다. 한꺼번에 찾아든 불행과 우환의 폭풍에 온 집안이 흔들리고 있었다. 게다가 그가 나를 만난 후 몇 시간이 지나서 그의 집에 도둑이 들어 세간을 도난당했다고 한다.

대체 왜 이런 일이 벌어지는 걸까? 그는 이미 두 손 두 발을 다 들고 인생에 항복한 사람이었다. 그는 갖가지 스트레스에 시달리고 있었다. 정직하게 벌어서 평범하게 살겠다는데, 성경말씀을 따르고 하나님 영광을 위해 살겠다는데, 삶은 왜 이토록 팍팍하고 고통스럽단 말인가!

그는 내게 단도직입적으로 물었다. "왜 이리 힘들게 살아야 합니까? 하나님은 대체 어디에 계신 거죠? 정직하고 올바로 살겠다는 제 마음을 하나님은 왜 허락해 주지 않으시는 겁니까? 저는 떼돈을 벌겠다는 게 아닙니다. 성경에 보면 일하지 않는 자는 먹지도 말라고 적혀 있지 않습니까? 또 가족을 성실히 부양하지 않는 사람은 불신자보다 못하다고 하잖아요. 최소한 그 말씀을 지킬 수 있게는 해주셔야지요."

지금 이 순간에도 중동이나 아시아에서는 우리와 똑같은 성정을 가진 그리스도인들이 믿음 때문에 순교와 핍박을 당하고 있다. 그들은 기독교 신앙을 부인하라는, 혹은 가족들의 신앙으로 돌아오라는 강요를 거절했다는 이유로 매를 맞고 불구가 되기도 한다. 서양 신문의 머리기사를 장식하는 그들의 가슴 아픈 이야기들은 '십자가를 진다'는 의미가 어떤 나라에서는 여전히 예수님 시대와 동일한 의미라는 걸 상기시켜 준다.

우리 주변에는 폭력과 학대를 당하는 사람들, 질병에 시달리는 사람들, 사랑하는 가족이나 친구를 잃은 사람들이 있다. 아니, 우리가 그 장본인일 수도 있다.

바로 앞 문장을 써 내려가는 동안에도 전 세계 생후 1개월 미만의 유아들 중 150명이 예방 가능한 질병이나 사고로 죽어 갔을 것이다. 누구에게나 인생의 기회가 열려 있듯이 인생의 고난도 열려 있다.

그렇다면 하나님은 왜 이런 일을 허용하시는 것인가?

한 마디로 그 대답은 "모른다"이다.

그렇다. 정말로 우리는 모른다. 욥이 자신의 고난에 대해 의문을 제기했을 때에도 하나님은 '영혼의 닭고기수프' 같은 힐링healing을 제공해 주시는 대신 자신의 권능과 통치권에 대한 알쏭달쏭한 말씀만 해주셨다. 전혀 다른 차원에 초점을 둔 그 대답은 이사야서 55장 8절 말씀의 서사시적 부연설명이라고 할 수 있다.

이는 내 생각이 너희의 생각과 다르며

내 길은 너희의 길과 다름이니라 여호와의 말씀이니라

이 구절은 우리 귀에 익숙하다는 이유로 상투적인 명언, 혹은 불편한 신학적 문제의 임기응변 취급을 받는다. 하지만 이보다 더 고난을 잘 설명해 주는 대답은 드물다.

성경은 고난에 대해 많은 이야기를 한다. 그럼으로써 하나님이 고난을 허락하시는 이유들을 짐작하게 해준다. 하지만 그것으로 우리가 하나님의 머릿속에 들어갔다 나왔다고 말할 수는 없다. 더욱 큰 문제는 고난에 대한 우리 질문의 동기가 사실상 그다지 순수하지 못하다는 점이다. "하나님이 왜 이런 고난을 허락하시는가?"라는 질문 뒤에는 "왜 하나님이 내 생각과 판단대로 이 세상을 제대로(?) 움직이지 않으시는가?"라는 의문이 숨어 있다.

그래도 어쨌든 '왜?'라는 질문 자체는 정직하고 좋은 것이며, 지극히 자연스럽고 공감되는 물음이다. 아울러 우리 마음 깊은 곳에서 의식하고 있는 한 가지 사실, 즉 이 세상은 올바르게 돌아가지 않는다는 사실을 표면적으로 드러내 준다.

고통을 덜어 주는 건 바람직한 일이다. 교회는 하나님의 영광을 위해, 그리고 그분의 사랑을 증거하기 위해 사명감을 갖고 세상의 고통을 감하는 일에 앞장서야 한다. 그러나 결국에 가서는 두 가지 상충되는 진실과 직면하게 된다. 그중 하나는 고통이 존재한다는 것이고, 또 하나는 하나님이 선하시다는 것이다. 하나님이 우리를 아시는 것처럼 우리도 모든 걸 알게 될 때까지 그 문제는 절대 풀리지 않는 의문으로 남게 될 것이다.

나에게 송곳 같은 이메일을 보낸 그 여성을 포함해 많은 사람이 고통과 하나님의 선하심이 평행선을 달린다고 생각한다. 그러나 성경은 고통과 하나님의 선하심이 어디에서, 그리고 어떻게 교차하는지에 대해 풍부한 증거들을 제시한다. 하나님의 의도에 대해서는 응당 "모른다"라고 해야 하지만, 적어도 이미 알려 주신 사실에 관해서는 '왜?'라는 질문에 대한 대답이 속 시원하게 밝혀져 있다.

하나님은 왜 고통을 허락하시는가?

하나님의 선하심과 세상에 만연한 악이 어떻게 그분의 높은 뜻에 조화롭게 부응하는지 성경은 시시콜콜 털어놓지 않는다. 그럼에도 하나님이 고난을 허용하시는 이유와 목적에 대해 상당한 정보를 알려 준다. 우리는 그 정보의 양이 성에 차지 않는다고 말할 수는 있을지언정 하나님이 아무런 이유와 목적도 알려 주지 않으셨다고 푸념하지는 못한다. 우리가 원하는 정확한 대답은 아닐지라도 그 분야에 관한 막대한 정보만큼은 부인하지 못할 것이다.

그렇다면 성경은 대체 왜, 하나님이 고통과 고난을 허용하신다고 말하는 것인가?

첫째, 세상이 타락했고 만물이 구원을 바라며 탄식한다는 사실을 되새겨 주기 위함이다. 로마서 8장 20-23절에서 바울은 다음과 같이 말했다.

피조물이 허무한 데 굴복하는 것은 자기 뜻이 아니요 오직 굴복하게 하시는 이로 말미암음이라 그 바라는 것은 피조물도 썩어짐의 종노릇 한 데서 해방되어 하나님의 자녀들의 영광의 자유에 이르는 것이니라 피조물이 다 이제까지 함께 탄식하며 함께 고통을 겪고 있는 것을 우리가 아느니라 그뿐 아니라 또한 우리 곧 성령의 처음 익은 열매를 받은 우리까지도 속으로 탄식하여 양자 될 것 곧 우리 몸의 속량을 기다리느니라

이 세상에 고통이 존재하고, 그로 인해 각종 문제(질병, 자연재해, 사회 병폐, 인간들의 범죄)가 야기되는 것은 세상이 엉망진창이 되었다는 지속적인 신호인 셈이다. 모든 피조물이 탄식하며 타락의 저주에서 풀려나길 소망하고 있다. 하나님은 고통을 허락하심으로써 우리가 이 타락한 세상에서 구원받아야 한다는 점을 깨닫게 하신다.

둘째, 아담(과 우리)의 죄에 대한 응분의 대가를 치르게 하기 위해서다. 하나님은 아담과 하와가 그분의 뜻에 불순종한 것의 당연한 결과로써 고난을 받도록 허락하셨다. 불순종의 대가는 생각보다 혹독했다. 그것의 저주에서 벗어나고 싶어도 피할 방도가 없었다. 이 세상에 고통이 존재하는 것은 태초의 인간이 하나님의 뜻을 거역한 원죄에서 파생한 결과다.

그러나 이러한 응분의 대가를 '벌'이라는 차원에서 보면 곤란하다. 다시 말해, 하나님이 당신이 지은 죄를 벌하기 위해서 당신을 암에 걸리게 하신 게 아니라는 뜻이다. 요한복음 9장 1-3절에 나오는 선천적 맹인의 이야기가 그 사실을 증명한다. 예수님은

그가 맹인으로 태어난 것은 그나 부모의 죄 때문이 아니라고 단언하셨다. 누가복음 13장 1-5절에서도 예수님은 고통과 죄의 연관성을 부인하셨다. 욥의 경우에 있어서도 우리가 가장 먼저 알게 되는 사실은 그가 "온전하고 정직하여 하나님을 경외하며 악에서 떠난 자"였다는 것이다(욥 1:1). 하나님은 그가 의로운 사람임에도 고난을 당하게 하셨다.

우리가 비록 죄에 대한 처벌 차원에서 고난과 고통을 당하는 것은 아니더라도, 죄에 따른 직접적인 결과로 고통을 당할 수 있다는 사실은 알아 두어야 한다. 가령 남의 목숨을 빼앗은 살인자는 사형을 선고받고, 마약을 복용하는 사람은 중독이나 병에 걸린다. 그럼에도 인생의 고통 문제를 다룰 때 보통 이런 문제는 고려하지 않는다. 고통은 인간의 원죄에 대한 결과이자 타락으로 말미암아 세상에 가해진 저주이며, 인류의 지속적인 죄악상을 보여 주는 증거다. 해산의 고통이나 노동의 힘겨움은 우리가 일상에서 짓는 죄와 아무런 연관이 없지만, 창세기 3장을 보면 그것도 아담과 하와의 불순종이 가져온 결과임을 알 수 있다.

셋째, 아담(과 우리)의 죄에 의한 엄청난 파급력을 되새겨 주기 위해서다. 고통과 고난이 존재한다는 사실은 아담과 하와의 범죄에 대한 응분의 대가다. 그뿐 아니라 고통과 고난의 혹독함은 하나님을 거역한 죄가 얼마나 엄청난 죄인지를 깨닫게 해준다. 하나님의 거룩함은 소중한 것이고, 그에 대한 거역은 끔찍한 것이다. 인간사의 모든 고통은 죄에 대한 직접적인 처벌이 아닐지라도 원죄로 말미암은 하나님과 인간 사이의 불화의 골이 얼마나 깊은지를 대변해 준다.

넷째, 하나님을 의지하게 하기 위해서다. 언젠가 모진 시련을 당하고 있던 남자에게 이렇게 물은 적이 있다. "만일 당신에게 이런 일이 일어나지 않았다면 지금처럼 하나님과 가까워졌을까요?" 그는 아마도 그렇지 못했을 거라고 대꾸했다. 나 역시 좌절과 우울증과 열등감의 긴 터널을 지나서야 복음에 눈을 떴고, 하나님만이 '나의' 유일한 소망이 되실 때에만 그분이 유일한 소망이 되어 주심을 깨달았다(독자들은 이 말을 부디 잘 이해하시길).

불확실성과 상황에 대한 무력감은 하나님이 원하시는 대로 그분을 신뢰하게 한다. 마찬가지로 고난과 고통도 하나님이 원하시는 대로 그분을 의지하게 한다. 인생을 성경적으로 바라본다면, 사실은 고통보다 평안한 게 우리에게 더 해롭다. 모든 게 다 잘 풀려나갈 때 하나님과 멀어질 가능성이 훨씬 더 높기 때문이다. 그분의 필요성을 느끼지 못하면 결코 가까이 다가서려 하지 않기 때문이다.

히브리 기자는 이렇게 이야기했다.

> **주께서 그 사랑하시는 자를 징계하시고 그가 받아들이시는 아들마다 채찍질하심이라 하였으니 너희가 참음은 징계를 받기 위함이라 하나님이 아들과 같이 너희를 대우하시나니 어찌 아버지가 징계하지 않는 아들이 있으리요** 히 12:6-7

다시 한 번 말하지만 이 말씀에서의 징계도 죄에 대한 응징이 아니다. '훈육'이라고 보는 게 더 적절하다. 하나님은 우리가 그분 가까이 있게 하려고 세상의 고통을 허용해서 하나님을 의지하게 하신다. 선한 목자가 그러하듯 그분도 고난의 막대기로 우리를 멀리 가지 못하게 하시는 것이다.

다섯째, 세상보다 천국을 더욱 소망하게 만들기 위해서다. 고난의 세파에 시달리다 보면 자연히 천국을 흠모하게 되고, 육신과 세상의 구원을 갈망하게 된다. 또한 이 세상은 우리의 본향이 아니라는 사실, 우리는 이곳에 잠시 머무는 나그네이자 이방인이라는 사실을 기억하게(기뻐하게) 해준다.

물론 어떤 면에서 이 세상은 우리의 본향이기도 하다. 그러나 이대로는 아니다. 하나님이 세상을 새롭게 하시는 날 우리는 성자의 영광으로 빛나는 피조물을 만끽하며 고통과 고난이 발붙이지 못하는 세상에서 살아가게 될 것이다. 그렇기 때문에 우리의 고통과 고난은 "주여, 어서 오시옵소서!"라며 예수님의 재림을 간절히 고대하게 하고, 천국 향수병에 걸리게 한다.

여섯째, 고난의 종이었던 예수님을 더욱 닮게 하기 위해서다. 성도들에게 고난이 허락되는 주된 이유는 분명 이것일 것이다. 하나님은 예수님에게도 십자가를 지우셨다. 고난은 죄의 처벌이 아니라 훈육이다. 고난을 통해 하나님은 그리스도의 십자가를 우리에게 지워 주신다.

바울은 고난에 대해 다음과 같이 이야기했다.

하나님이 미리 아신 자들을 또한 그 아들의 형상을 본받게 하기 위하여 미리 정하셨으니 롬 8:29

바로 이런 이유 때문에 바울은 모든 일이 합력해서 선을 이루게 된다고 말했다. 우리는 이 말씀을 읽을 때 하나님이 불행을 행복으로 바꿔 주신다는 뜻으로 해석하지만(물론 실제로 그런 일이 일어나기도 한다), 사실 이 말씀은 모든 불행이 우리 안에 쌓여서 결국은 점차 예수님을 닮게 된다는 의미다. 신약의 논리에서 보면, 우리가 당하는 고난에는 그리스도의 고난을 풍성히 경험하게 하려는 하나님의 깊은 뜻이 담겨 있다(고후 1:5).

바울과 다른 사도들이 고난 중에 기뻐했던 이유도 여기에 있었다. 그들에게 최고의 기쁨은 예수님을 닮는 것이었다. 바울은 "우리 살아 있는 자가 항상 예수를 위하여 죽음에 넘겨짐은 예수의 생명이 또한 우리 죽을 육체에 나타나게 하려 함이라"(고후 4:11)고 말했다. 이 부분에 대해서는 이 장의 뒷부분에서 더 자세히 살펴볼 것이므로, 여기에서는 일단 '왜 고통을 당하는가?'라는 질문과 더불어 또 하나의 질문을 하고 싶다. "우리는 왜 자신을 예수님보다 낫게 여기는가?"

고난이 예수님께 좋은 일이었다면 당연히 우리에게도 좋은 일이 아니겠는가?

신약의 저자들이 고난을 보는 시각은 어떤 경우든 그리스도의 형상을 닮게 하는 하나님의 주요 수단이었다. 예수님의 고난으로 우리가 그분같이 될 때에만 그분의 영광 안에서 우리가 그분같이 될 수 있다. 토마스 왓슨Thomas Watson은 이렇게 말했다.

> 역경은 우리가 그리스도를 닮게 하므로 큰 도움이 된다. 하나님의 막대기는 우

리를 더 뚜렷하게 그리스도의 형상으로 그려 주는 연필이다.[02)]

일곱째, 불신자에게 하나님의 필요성을 일깨워 주기 위해서다. 하나님이 고난을 허락하시는 이유는 이 세상의 타락상과 그것을 극복할 수 없는 스스로의 무력함에 눈을 뜨고 하나님의 구원을 갈망하게 하기 위함이다. C. S. 루이스는 그 사실을 다음과 같이 이야기했다.

우리는 죄와 어리석은 행동에도 안심하며 살아갑니다. 대식가들이 자기가 뭘 먹는지조차 모르고 최상의 요리들을 꿀꺽꿀꺽 삼켜대는 걸 보면, 인간은 쾌락마저도 얼마든지 무시하며 살 수 있다는 걸 인정하게 됩니다. 그러나 고통은 그렇지 않습니다. 인간은 고통을 무시하지 못합니다. 하나님은 우리가 즐거워할 때 속삭이시고 양심의 가책을 받을 때 이야기하시지만, 고통을 받을 때는 소리를 지르십니다. 고통은 귀먹은 세상을 향한 그분의 확성기인 것입니다.[03)]

시편 119편에서 우리는 그 사실을 확인하게 된다.

고난당하기 전에는 내가 그릇 행하였더니 이제는 주의 말씀을 지키나이다…고난당한 것이 내게 유익이라 이로 말미암아 내가 주의 율례들을 배우게 되었나이다 67, 71절

여덟째, 천국의 축복을 더욱 만끽하게 하기 위해서다. 아주 재미있는 사실이 있다. "생각하건대 현재의 고난은 장차 우리에게

나타날 영광과 비교할 수 없도다"(롬 8:18).

우리에게 천국이 최상의 낙원으로 여겨지는 이유도 어쩌면 이 땅의 삶이 그만큼 고단하고 괴롭기 때문은 아닐까? 이 땅에서 '룰루랄라' 하며 살았던 사람이 과연 천국의 복락과 비교해 이 땅을 돼지우리처럼 여기겠는가? 이 세상에서 고통을 맛본 사람일수록 저 세상에서의 영광이 더 찬란해 보일 것이다.

> **오히려 너희가 그리스도의 고난에 참여하는 것으로 즐거워하라 이는 그의 영광을 나타내실 때에 너희로 즐거워하고 기뻐하게 하려 함이라** 벧전 4:13

성경은 하늘의 상급과 왕관에 관해 이야기한다. 요한계시록에 보면 순교자들이 고난의 상급을 받는 장면이 나온다. 자, 그렇다면 결론은 보나 마나다. 그리스도 안에서 더 많은 고난을 받을수록 천국에서는 분명히 더 행복하고 즐거울 것이다. 찬송가 작사자로 유명한 파니 크로스비Fanny Crosby의 일화도 그 사실을 말해 주는 듯하다.

> 한 목사가 진심 어린 동정심으로 그녀에게 말했다. "하나님은 당신에게 많은 재능을 주시면서, 왜 시력만은 주지 않으셨는지 참 안타깝습니다."
>
> 이런 말을 종종 들었던 파니 크로스비는 즉각 이렇게 대답했다. "그거 아세요? 제가 만일 태어날 때 한 가지 소원을 말할 수 있었다면 맹인으로 태어나길 바랐을 거예요." 그녀는 이 세상에 태어나 단 6주밖에 세상을 보지 못했던 사람이었다. "왜냐하면 나중에 천국에 갔을 때 주님의 모습을 그 누구보다 기쁘고

감격스럽게 보게 될 테니까요."[04)]

C. S. 루이스도 이런 말을 했다.

(어떤 사람들은) 일시적 고난이 "장차 누릴 복락으로 상쇄된다"라고 말한다. 그러나 그들은 모른다. 일단 천국에 발을 들여놓으면 모든 게 거꾸로 돌아가서 이승에서의 고통마저 영광이 된다는 것을.[05)]

시편 기자는 "눈물을 흘리며 씨를 뿌리는 자는 기쁨으로 거두리로다"(시 126:5)라고 읊었다. 하나님은 우리의 슬픔을 기쁨의 기름으로 교환해 주실 것이다(사 61:3). 그렇다면 '더 큰 슬픔 = 더 큰 기쁨'이라는 간단한 공식이 성립된다.

아홉째, 우리의 힘이 되신 예수님이 더 큰 영광을 얻게 하기 위해서다. 우리의 연약함은 예수님의 강함을 더욱 돋보이게 한다. 선천적 맹인에 대해 예수님이 "그에게서 하나님이 하시는 일을 나타내고자 하심이라"(요 9:3)고 말씀하신 것도 같은 맥락이며, 고린도후서 4장 7절에서 사도 바울이 했던 이야기 역시 동일 선상에 놓여 있다. "우리가 이 보배를 질그릇에 가졌으니 이는 심히 큰 능력은 하나님께 있고 우리에게 있지 아니함을 알게 하려 함이라."

우리는 참으로 나약하고 부서지기 쉬운 존재다. 하지만 그런 우리 안에 무엇이 들어 있는가? 난공불락의 하나님 왕국, 절대 도난당하지 않을 그리스도의 보배, 비교할 수 없는 은혜의 영광이 들어 있다. 고난을 당하는 중에 우리는 깨지고 부서진다. 그러면서 우리 안에 무엇이 있는지가 훤하게 드러난다.

열째, 우리 자신이 아니라 오직 그리스도만이 우리의 보배임을 불신자들이 알게 하기 위해서다. 사기로 만들어진 싸구려 돼지저금통처럼 고통이 우리를 깨뜨리고 산산이 조각낼 때 구경꾼들은 우리 안에 무엇이 들어 있는지를 보게 된다. 그래서 고통은 우리의 재질을 시험하는 망치다. 그리스도를 신뢰하는 사람은 그분이 자신의 힘이며 보배임을 만천하에 드러낸다. 참으로 그분을 믿었다면, 그리고 참으로 고통을 당했다면, 그는 또한 참으로 그분을 신뢰할 것이다. 우리는 소망 있는 사람처럼 슬퍼해야 한다(살전 4:13). 그렇게 할 때 우리의 깨어짐은 우리 마음이 붙들고 있던 것들을 드러내게 될 것이다.

"우리가 사방으로 욱여쌈을 당하여도 싸이지 아니하며 답답한 일을 당하여도 낙심하지 아니하며 박해를 받아도 버린바 되지 아니하며 거꾸러뜨림을 당하여도 망하지 아니하고"(고후 4:8-9)라는 말씀이 그리스도라는 보배를 가진 자들의 참모습이다.

고난과 하나님의 영광

성경말씀은 고통과 영광이 불가분의 관계에 있음을 보여 준다. 그중 몇 구절만 여기에 추려 보겠다.

그리스도가 이런 고난을 받고 자기의 영광에 들어가야 할 것이 아니냐 눅 24:26

그러므로 너희에게 구하노니 너희를 위한 나의 여러 환난에 대하여 낙심하지 말라 이는 너희의 영광이니라 엡 3:13

오직 우리가 천사들보다 잠시 동안 못하게 하심을 입은 자 곧 죽음의 고난 받으심으로 말미암아 영광과 존귀로 관을 쓰신 예수를 보니 이를 행하심은 하나님의 은혜로 말미암아 모든 사람을 위하여 죽음을 맛보려 하심이라 그러므로 만물이 그를 위하고 또한 그로 말미암은 이가 많은 아들들을 이끌어 영광에 들어가게 하시는 일에 그들의 구원의 창시자를 고난을 통하여 온전하게 하심이 합당하도다 히 2:9–10

너희 중 장로들에게 권하노니 나는 함께 장로 된 자요 그리스도의 고난의 증인이요 나타날 영광에 참여할 자니라 벧전 5:1

모든 은혜의 하나님 곧 그리스도 안에서 너희를 부르사 자기의 영원한 영광에 들어가게 하신 이가 잠깐 고난을 당한 너희를 친히 온전하게 하시며 굳건하게 하시며 강하게 하시며 터를 견고하게 하시리라 벧전 5:10

앞에서도 말했지만 하나님은 고통에 대한 '왜?'라는 질문에 대답해 주신다. 그러나 성경말씀은 고통이 하나님과 우리의 영광을 위한 것임을 증거하는 데 주력한다. 그것 역시 복음이다. 그 이유는 그리스도의 고난에 참여함이 또한 그분의 영광에 참여하는 길이기 때문이다(고후 1:5; 빌 3:10; 벧전 4:13 참고). 만일 고난의 훈육이 우리를 자녀처럼 대하신다는 하나님 사랑의 증거라면, 고난

(주님을 신뢰하게 만드는)은 좋은 것이다. 바울과 사도들이 초대교회들을 향해 고난 중에 즐거워하라고 권면한 것도 그런 이유에서다. 그들은 고난을 우리와 전혀 다른 시각으로 바라보았다. 물론 세상 사람들의 관점과도 당연히 달랐다. 십자가를 진 후에 부활해서 영화롭게 되신 예수님을 생각한다면, 고난은 우리의 삶을 정화시키는 하나님의 역사이고 썩지 않을 유업을 소망하게 하는 연단인 동시에 그리스도의 형상으로 빚어 가시는 하나님의 손길인 것이다.

따라서 우리는 복음의 깊이를 통해 고난의 깊이를 봐야 한다. 초점이 우리 자신을 향하면 '왜?'라는 질문의 대답만을 요구하지만, 성경말씀은 우리의 초점을 바꾸어서 위로자가 되시는 하나님의 영광을 보게 해준다. 저드 윌하이트Jud Wilhite 목사는 그 사실을 감동적으로 풀어냈다.

> 고통과 고난, 죄의 대가에 대한 성경말씀들은 논리적이고 합리적인 수학 방정식이 아니다. 세상을 통치하고 사랑하시는 하나님을 향한 지속적 선포이자 우리의 염려를 그분께 맡기라는 지속적인 일깨움이다. 하나님은 우리가 그분께 소망을 두길 원하신다.
>
> 바꿔 말하면 고난에 관해 인간이 물어야 할 근원적 질문은 '왜?'가 아니다. 설령 우리의 '왜'에 모든 대답을 듣는다고 해도, 우리는 여전히 만족하지 못할 것이고 현재 겪고 있는 고통에 궁극적인 도움도 되지 못할 것이다.
>
> 그렇다면 우리가 물어야 할 가장 근원적인 질문은 무엇인가? 성경말씀에 따르면 '누구?'이다. 인생의 역경과 어려움이 닥칠 때 우리는 누구를 신뢰할 것인

가? 고통을 느낄 때 누구에게 달려갈 것인가? 우리의 신뢰를 받기에 합당한 존재는 누구인가?[06]

맞는 말이다. '왜?'라는 의문을 속 시원히 해결해 주는 성경의 열 가지 대답을 알고 있다고 해도, 우리가 설령 전능하신 하나님의 머릿속에 들어갔다 나온다고 해도, 우리는 여전히 의문의 근원이었던 고통에서 헤어나지 못할 것이다. 단명했던 리치 뮬린스Rich Mullins가 죽기 전에 낸 마지막 앨범에서 노래했듯 "내 고통의 이유를 설명해 주어도 나는 여전히 고통스러울 것이다."[07]

하나님은 우리가 바라는 대로 고통의 이유를 논리적으로 설명하기보다 고난이 가치 있기를 바라는 우리의 바람을 들어주신다. "모든 은혜의 하나님 곧 그리스도 안에서 너희를 부르사 자기의 영원한 영광에 들어가게 하신 이가 잠깐 고난을 당한 너희를 친히 온전하게 하시며 굳건하게 하시며 강하게 하시며 터를 견고하게 하시리라"(벧전 5:10).

신약의 저자들은 고난을 은혜의 선물로 보았다. "내 형제들아 너희가 여러 가지 시험을 당하거든 온전히 기쁘게 여기라 이는 너희 믿음의 시련이 인내를 만들어 내는 줄 너희가 앎이라"(약 1:2-3).

바울은 고난이 하나님이 우리에게 허락하시는, 그러니까 그걸 받을 자격이 있는 것으로 간주된 일종의 특권이라고 해석했다. "그리스도를 위하여 너희에게 은혜를 주신 것은 다만 그를 믿을 뿐 아니라 또한 그를 위하여 고난도 받게 하려 하심이라"(빌

1:29). 고린도후서 11장에서 바울은 자신이 당한 온갖 능욕과 질병과 역경들을 차례로 이야기했다. 그리고 다음 장에서는 하나님이 자신에게 '육체의 가시'를 허락하셨다고 말했다(고후 12:7). 결국 그는 하나님이 자기 의사와 반대로 그런 고통을 허락한 이유가 가능한 한 그분의 은혜를 충만히 깨닫게 하기 위함임을 알아차렸다.

> 나에게 이르시기를 내 은혜가 네게 족하도다 이는 내 능력이 약한 데서 온전하여짐이라 하신지라 그러므로 도리어 크게 기뻐함으로 나의 여러 약한 것들에 대하여 자랑하리니 이는 그리스도의 능력이 내게 머물게 하려 함이라 그러므로 내가 그리스도를 위하여 약한 것들과 능욕과 궁핍과 박해와 곤고를 기뻐하노니 이는 내가 약한 그때에 강함이라 고후 12:9-10

우리가 강해서 고통을 느끼지 않는다면 모든 영광은 우리에게 돌아올 것이며, 영원히 칭송받아야 할 대상도 우리의 인격이 될 것이다. 슈퍼맨이 자기 자신 외에 누구를 영화롭게 하겠는가? 그래서 하나님은 모든 슈퍼맨에게 크립토나이트(kryptonite, 슈퍼맨의 초능력을 빼앗아 가는 광물 – 역주)를 몰래 넣어 주시고, 누구나 구원에 이를 때까지 괴로워하지 않을 수 없게 하신다. 그래야 하나님이 영광을 받으시고 우리가 약함 중에 강해지기 때문이다.

물론 고통은 결코 만만한 것이 아니다. 최악의 경우, 순교의 길로 가야 할지도 모른다. 그러나 순교자 콤플렉스의 길은 절대 아니다. 고난을 통해 영광의 은혜를 받겠다고 고통을 탐해서는 안

된다. 고난이 끝난 후에 기뻐하는 것뿐만 아니라 고난 중에도 기뻐하는 능력을 키워야 한다. 그래야 하나님이 영광을 받으시고 주님이 우리 안에, 그리고 우리를 통해서 드러나시게 된다.

예수님이 우리의 죄를 위해 고난을 받으신 것처럼 우리도 멸망의 자취에서 벗어나기 위해 고난을 받는다. 그럼으로써 깨끗하게 되고 거룩하게 된다. 고난 중에 예수님을 신뢰하는 사람은 고난을 통해 거룩해진다.

> **그러므로 우리가 낙심하지 아니하노니 우리의 겉사람은 낡아지나 우리의 속사람은 날로 새로워지도다 우리가 잠시 받는 환난의 경한 것이 지극히 크고 영원한 영광의 중한 것을 우리에게 이루게 함이니 우리가 주목하는 것은 보이는 것이 아니요 보이지 않는 것이니 보이는 것은 잠깐이요 보이지 않는 것은 영원함이라** 고후 4:16-18

예수 그리스도 안에서 고난당하는 사람에게는 영광이 기다리고 있다. 우리의 연약함을 통해 하나님의 영광이 드러나고 "지극히 크고 영원한 영광의 중한 것"이 고통의 대가로 주어지게 된다. 우리는 사실 영광을 위해 창조된 자들이며, 지금 이 순간 그리스도와 함께 그분의 영광 안에 감추어진 자들이다(골 3:3). 우리의 육신은 시들어도 우리의 영광은 피어날 것이다. 모든 눈물을 마르게 하고, 모든 시름을 잊게 하고, 모든 불행과 아픔마저 "잠시 받는 환난의 경한 것"이 되게 할 세상 끝 날을 위해 하나님은 우리 영혼을 차근차근 준비시키실 것이다. 오로지 하나님의 영광만

이 그런 일을 가능하게 한다. 우리에게 주신 예수 그리스도의 복음은 얼마나 위대하고 굉장한 것인가!

우리 몸에 그리스도의 죽음을 짊어지고 그리스도의 생명을 나타냄

예수님은 하나님 영광의 광채시다(히 1:3). 그 말은 모든 경이로운 것이 그분 안에 집약되어 있고 그분에게서 나온다는 뜻이다. 주님은 무한한 미덕들이 만나는 교차로다.

복음을 알지 못하는 사람에게는 고난과 미덕이 평행선을 달리는 것처럼 보인다. 그러나 성육신 사건은 그런 제한된 시각에 일대 파란을 일으켰다. 자, 예수 그리스도가 이 세상에 내려오셨다. 그분은 완전한 하나님인 동시에 완전한 인간이셨고, 우리처럼 시험을 받았지만 죄는 없는 분이셨다(히 4:15). 평행선이 조금씩 구부러지기 시작한 것이다.

예수님은 우리의 연약함을 공감하실 수 있는 분이다. 그분은 나이가 들면서 키와 지혜가 자라셨다. 하나님 아버지와 동격인 분이셨지만 자신의 신성을 이용하지 않으셨고, 성부께 순종하며 심지어 죽음마저 순순히 받아들이셨다. 평행선이 구부러지더니 자석의 양극처럼 각 선이 점차 가까워졌다.

죄를 모르는 분이 우리를 위해 죄인이 됨으로써 우리가 의인이 되게 해주셨다(고후 5:21). 평행선은 서로 충돌했다.

고난과 하나님의 선하심이 십자가 위에서 교차되었다.

하나님의 공의(불순종한 자들에게 진노의 심판을 행할 권리)와 하나님의 긍휼(하나님이 사랑하는 인간들[거역자들]을 위해 성자를 대속물로 취하심)이 충돌하면서 구원의 아이러니라는 핵폭발이 일어났다. 죽음으로 죄가 죽었고, 패배로 승리했으며, 낮아짐으로 높아졌고, 마지막이 됨으로 시작이 되었다.

방사능은 멀리까지 영향을 미쳤다. "예수님은 자신의 축복이 저주가 있는 곳까지 흘러가게 하기 위해 이 땅에 오셨다."[08] 십자가의 위력은 우리의 마음속에 불가사의한 구원의 아이러니를 심어 주었다.

내가 그리스도와 함께 십자가에 못 박혔나니 그런즉 이제는 내가 사는 것이 아니요 오직 내 안에 그리스도께서 사시는 것이라 이제 내가 육체 가운데 사는 것은 나를 사랑하사 나를 위하여 자기 자신을 버리신 하나님의 아들을 믿는 믿음 안에서 사는 것이라 갈 2:20

나는 죽었다. 그러나 그리스도 안에서 죽었으므로, 실제로 나는 살아 있다. 그리스도가 살아나셨기 때문이다.

만일 우리가 그리스도와 함께 죽었으면 또한 그와 함께 살 줄을 믿노니 롬 6:8

십자가의 능력을 통해 우리는 생명을 잃음으로 생명을 얻는다(마 16:25). 십자가의 능력을 통해 우리는 주님의 고난에 참여하여 그분의 형상으로 빚어진다. 바울은 고린도후서 4장 6-12절에서 그 사실을 실감 나게 묘사했다.

어두운 데에 빛이 비치라 말씀하셨던 그 하나님께서 예수 그리스도의 얼굴에 있는 하나님의 영광을 아는 빛을 우리 마음에 비추셨느니라 우리가 이 보배를 질그릇에 가졌으니 이는 심히 큰 능력은 하나님께 있고 우리에게 있지 아니함을 알게 하려 함이라 우리가 사방으로 욱여쌈을 당하여도 싸이지 아니하며 답답한 일을 당하여도 낙심하지 아니하며 박해를 받아도 버린바 되지 아니하며 거꾸러뜨림을 당하여도 망하지 아니하고 우리가 항상 예수의 죽음을 몸에 짊어짐은 예수의 생명이 또한 우리 몸에 나타나게 하려 함이라 우리 살아 있는 자가 항상 예수를 위하여 죽음에 넘겨짐은 예수의 생명이 또한 우리 죽을 육체에 나타나게 하려 함이라 그런즉 사망은 우리 안에서 역사하고 생명은 너희 안에서 역사하느니라

얼마나 아름답고 심오한 말씀인가? 이 말씀을 읽으면 연약한 토기 안에 값진 보배("예수 그리스도의 얼굴에 있는 하나님의 영광을 아는 빛")가 감추어져 있는 모습이 어른거린다. 그리스도인들이 고난을 당하는 목적은 결국 그리스도의 빛을 드러내고 그분의 형상을 드러내기 위함이다. 그러기 위해 먼저는 그분이 겪으신 것처럼 고난을 겪으며 십자가에 못 박힌 구세주의 형상을 닮아야 한다. 그렇다면 구체적으로 무엇을 어떻게 하라는 말인가? 고통과 상처에 찌들어 헉헉대면서 우리 몸에 그리스도의 죽음을 짊어지고 그분의 생명이 나타나게 하는 방법은 무엇이란 말인가?

그 해답은 예수님의 실제 죽음에서 찾아볼 수 있다. 십자가 위에서 예수님이 하셨던 네 마디 말씀 속에는 올바로 죽는 법과 자기 자신에게 죽는 법이 들어 있다.

십자가 위에서 예수님은 "나의 하나님, 나의 하나님, 어찌하여 나를 버리셨나이까"라고 부르짖으셨다(마 27:46). 이 말씀은 시편 22편을 인용하신 것이지만, 궁극적으로는 하나님께 버림받지 않는다는 내용이다. 그러나 어쨌든 시편 말씀과 예수님의 부르짖음은 성부와 성자의 관계에 균열이 갔음을 분명하게 보여 준다. 칼뱅은 이에 대해 다음과 같은 주석을 달았다.

> **그리스도가 인류의 죄를 대속하기 위해 육신과 영혼의 고통을 받으며 중개자로서의 역할을 담당하셨음을 아는 사람 중에 예수님이 죽음의 비애로 고민하셨던 사실을 이상히 여기는 사람들이 별로 없다. 예수님은 하나님 아버지가 자신을 마치 고통의 소용돌이 속에 던져 놓으신 것처럼 죽음 앞에서 비통해하셨다.**[09]

우리는 하나님 앞에서 솔직해져도 된다. 가뜩이나 괴로운데 마음이 더 상할까 봐, 혹은 하나님에 대한 잘못된 인식 때문에 우리는 하나님 앞에 진심을 털어놓지 못한다. 언제나 행복한 얼굴을 하고 있어야 하나님께 사랑받을 수 있는 줄로 안다. 그래서 감정을 꾹꾹 누르고 아무 일도 없는 듯 하나님께 나아가야 그분의 위로와 인정과 치유를 받는 줄로 착각한다. 그러나 시편 기자들은 그렇게 하지 않았다. 선지자들도 그러지 않았다. 그리고 예수님도 그러지 않으셨다. 더욱이 하나님 앞에서 무엇을 숨기고 감춘다는 게 말이 되는 이야기인가? 그분은 우리의 상처와 아픔을 다 알고 계신다. 그러니 정직하라. 그분이 받아 주신다. 하나님 앞에 정직하다는 것은 마음속에 있는 걸 숨김없이 토로한다는 것이고, 모든 걸 제단 위에 올려놓고 그분의 처분에 맡긴다는 뜻이다. 예수님이 그렇게 하셨다. 고통과 괴로움 속에서도…. 하나님께 모든 걸 털어놓을 때 예수님의 영광에 가까워지고 그분의 생명이 드러난다.

용서

예수님은 자신을 조롱하고, 때리고, 죽이는 사람들을 향해 "아버지 저들을 사하여 주옵소서 자기들이 하는 것을 알지 못함이니이다"(눅 23:34)라고 기도하셨다.

고통당하는 중에 하나님의 능력을 발휘할 수 있는 한 가지 방법은, 아이러니하게도 고통을 준 사람들을 용서하는 것이다. 용서하지 않는 마음은 원한이 된다. 원한은 고통을 경감시키는 게 아니라 오히려 증폭시킨다. 상처 준 사람들을 용서하고 박해하는 자들을 축복하는 일은 하나님이 모든 것의 주관자이심을 인정하는 행위다. 동시에 그분이 앙갚음해 주시리라 신뢰함으로써 그분을 영화롭게 하는 일이다. 아울러 자신을 미워한 모든 사람을 죽음의 자리에서까지 용서한 우리 주님의 본을 따르는 길이기도 하다.

용서에는 죽음이 필요하다. 자아를 죽이고 교만을 죽여야 한다. 그래야만 고난 중에 (억울한 고난이라 하더라도) 예수님의 희생을 몸소 실천함으로써 예수님의 생명이 주는 은혜를 증거하게 된다. 용서할 줄 아는 사람은 예수님을 위대한 분으로 보이게 한다.

하나님의 뜻에 순종함

마지막 숨을 거두시기 직전에 예수님은 "아버지 내 영혼을 아버지 손에 부탁하나이다"(눅 23:46)라고 말씀하셨다. 이는 "내 원대로 마시옵고 아버지의 원대로 되기를 원하나이다"(눅 22:42)라는 말의 다른 표현인 셈이다. 그리스도인이라면 고난을 하나님이 주시는 선물로 봐야 한다. 물론 그렇다고 해서 위로가 필요하지 않다는 이야기가 아니다. 고통당하는 사람은 누구나 위로받기를 원한다. 그럴 때일수록 하나님의 응답은 마냥 더딘 것 같고 고통의 끝도 보이지 않는다. 그리스도인인 우리가 한 가지 장담할 수 있는 건 우리의 고통에 목적이 있다는 것이다. 하나님은 이 세상과 우리의 주변 사람들이 죄 때문에 얼마나 타락했고 틀어져 있는지를 되새겨 주고 싶어 하신다. 성경말씀을 통해 하나님의 뜻이 알려진 덕분에 우리는 성도들이 고난을 당하는 이유가 그리스도의 형상을 닮아 가게 하기 위함임을 알 수 있다. 우리의 영을 하나님 아버지의 손에 맡기고, 우리 몸의 썩어짐을 통해 우리 몸 안에서 그리스도의 보배를 드러내시리라 신뢰해야 한다.

자, 우리 모두 부활의 그날을 고대하자. 그날에 우리는 성령의 능력과 부활한 성자의 영광을 힘입은, 멸망하지 않을 새 몸을 갖게 될 것이다(고전 15:42-49). "그가 나를 죽이시리니 내가 희망이 없노라 그러나 그의 앞에서 내 행위를 아뢰리라"(욥 13:15)고 했던 욥의 맹세에 아멘으로 화답하자. 하나님의 주권에 믿음으로 순종하는 사람은 자신의 고난 속에 그리스도의 생명을 나타내는 사람이다. 예수님도 십자가를 지심으로 성부의 뜻에 완전히 순복하셨기 때문이다.

복음이 중심이다

예수님은 죽음 직전에 시편 22편 첫 구절을 인용하셨다. 그리고 승리가 임박한 시점에서는 시편 22편의 마지막 절인 31절("주께서 이를 행하셨다")를 연상시키는 "다 이루었다"(요 19:30)라는 말씀을 남기셨다.

다 이루어졌다! 바로 이것이 복음의 좋은 소식이다. 그분이 다 이루어 주셨다! 그래서 우리는 고난 중에도 희망이 있다. 그리스도가 이루신 과업을 전심으로 믿으면 고난을 통해 우리 안에 정화 작업이 일어나리라 희망할 수 있다. 복음은 우리에게 뭐라고 말하는가? 우리가 죄의 용서를 받아 은혜 아래 있다고, 그리스도의 재림을 고대할 수 있다고, 주님처럼 우리도 부활할 것이라고, 새 하늘과 새 땅에서 그리스도의 유업을 받게 될 것이라고 말하지 않는가?

또한 복음은 하나님이 시작하신 선한 일을 신실하게 끝내실 것이라고 이야기한다. 그렇기에 한낱 토기와도 같은 우리의 연약함은 무덤을 예비하는 게 아니라 영원을 예비한다. 고난 중에도 복음만 굳게 붙들고 있으면, 믿는 자에게 진정한 소망이 있다고 못 박힌 자들이 못 박힌 자들에게 말해 줄 수 있다. 그럼으로써 세상에 드러나는 분은 예수 그리스도다. 자, 이제 우리도 욥처럼 외쳐 보자.

> 내 가죽이 벗김을 당한 뒤에도 내가 육체 밖에서 하나님을 보리라 내가 그를 보리니 내 눈으로 그를 보기를 낯선 사람처럼 하지 않을 것이라… 내가 알기에는 나의 대속자가 살아 계시니 마침내 그가 땅 위에 서실 것이라 욥 19:26-27, 25

십자가 위에서 하신 예수님의 말씀을 고난 받는 시기에 적용한다면 우리는 예수님의 죽음을 우리 몸에 짊어지게 되고, 그럼으로써 영원한 생명이신 그분이 우리의 진정한 보배가 된다.

영광으로 가는 고난의 길

십자가의 영광을 아는 사람은 고난도 영광임을 안다.

천근만근 무거운 짐, 조롱과 비웃음, 한계에 도달한 절박함으로 휘청거리는 사람에게 빌립보서는 계단마냥 상실의 나락으로 더 깊이 내려가게 해서 엄청난 보물을 발견하게 해준다. 그래서 빌립보서는 복음 보물섬의 지도다.

첫 장에서 바울은 자신의 권리를 어떻게 포기했는지를 대충 이야기했다. 수감 생활로 자유를 포기했고, 사역상의 경쟁과 원한 때문에 주님의 명예가 실추됨 속에서 자아를 포기했고, 불안정하고 위험한 상황에서 일신의 안전을 포기했고, 죽든 살든 신경 쓰지 않음으로써 생명을 포기했다고 그는 말했다. "내게 사는 것이 그리스도니 죽는 것도 유익함이라"(빌 1:21). 사도 바울은 육신의 고난을 당하며 더 높은 곳으로 도약했다.

빌립보서 2장에서는 한 걸음 더 내려가 육신의 속박과 생명의 위협을 이야기한다. 그러나 중요한 건 그의 마음가짐이었다. 예수님은 자신을 비움으로써 왕의 자리에 오르셨다. "두렵고 떨림으로 너희 구원을 이루라"(빌 2:12). 고난을 당하는 동안 예수님은 우리 안에서 일하신다. 우리 안에서 영광의 작업을 하시는 것이다. 바울은 이기적 야망을 단념한 사람이었다. 쉬운 일은 아니었지만 육신을 치는 고난이 그 일에 도움이 되었다. 그는 예수님의 고난 속으로 더 깊숙이 내려가서 자신의 생애는 오직 교회를 위해 부어질 전제임을 깨달았다(빌 2:17).

한 단계를 더 내려간 빌립보서 3장에는 바울이 육신적 자랑거리를 모두 단념했다는 내용이 나온다. 많은 업적을 이루었음에도, 육신의 죽음을 감지한 그는 육신이 부질없다는 사실을 통감했다. 더불어 자신의 속사람도 죽었음을 느꼈다. 그러면서 좀 먹고 썩어질 명예에 연연하지 않고, 비움이나 명예나 별로 차이가 없다는 사실을 깨달았다.

> **사람의 모양으로 나타나사 자기를 낮추시고 죽기까지 복종하셨으니 곧 십자가에 죽으심이라 이러므로 하나님이 그를 지극히 높여 모든 이름 위에 뛰어난 이름을 주사 하늘에 있는 자들과 땅에 있는 자들과 땅 아래에 있는 자들로 모든 무릎을 예수의 이름에 꿇게 하시고 모든 입으로 예수 그리스도를 주라 시인하여**

하나님 아버지께 영광을 돌리게 하셨느니라 빌 3:8–11

밑바닥까지 내려간 바울은 주님 곁에 바짝 다가서 있었다. 몸을 낮춤으로써(빌 3:21) 영광에 근접했던 것이다. 그러나 이 시점에 이를 때 불만의 유혹이 가장 커진다. "하나님, 왜 저를 버리십니까? 저는 완전 밑바닥까지 내려왔습니다. 이런 상황에서 어찌 살아간단 말입니까?"

빌립보서 4장은 바울이 더는 내려갈 수 없는 곳까지 내려갔다는 (그라서 더 높은 곳까지 올라갔다는) 이야기다. 그는 고난에 대한 불만을 몰수당했다.

너희 관용을 모든 사람에게 알게 하라 주께서 가까우시니라 아무것도 염려하지 말고 다만 모든 일에 기도와 간구로, 너희 구할 것을 감사함으로 하나님께 아뢰라 그리하면 모든 지각에 뛰어난 하나님의 평강이 그리스도 예수 안에서 너희 마음과 생각을 지키시리라…나는 비천에 처할 줄도 알고…일체의 비결을 배웠노라 빌 4:5–7, 12

그렇다. 한 걸음 한 걸음 밑바닥까지 내려갔던 그는 점점 더 깊이 복음을 받아들이며 고난의 영광에 점점 더 가까이 다가갔다. 그곳에는 못 박히신 주님이 상처 난 두 손을 벌리신 채 그를 기다리고 계셨다. 그리스도의 죽음은 생명이다. 따라서 우리의 연약함은 힘이다. 우리는 그분을 통해서만 모든 일을 할 수 있다(빌 4:13).

감옥에 갇힌 바울은 생애의 끝자락에서 비아 돌로로사(Via Dolorosa, 예수님이 십자가를 지고 갈보리까지 걸어가신 길 – 역주)까지 내려갔고, 고난의 지하실에서 하나님이 저장해 두신 최고급 포도주를 발견했다.

"안에서 보는 마구간과 밖에서 보는 마구간은
아주 딴판입니다"라고 말하며 티리언 왕이 웃음을 지었다.
그러자 디고리 경이 말했다.
"그렇지, 바깥보다 안이 훨씬 크지."01)

C. S. 루이스

"It seems, then," said Tirian, smiling himself,
"that the Stable seen from within and the stable
seen from without are two different places."
"Yes," said the Lord Digory. "Its inside is bigger
than its outside."

C. S. Lewis

07

동이 서에서 먼 것같이

GOSPEL DEEPS

영국 현대시의 걸작으로 불리는 T. S. 엘리엇의 '황무지'라는 시를 보면, '따분'하면서도 동시에 '달콤한' 템스 강을 건너는 뱃사공들이 등장한다. 그들은 지난날의 정겨운 닮은꼴을 찾아 문명의 폐허를 찾아 헤매는 사람들로 그려져 있다.

> **바다 밑의 조류가**
>
> **소곤대며 그의 뼈를 추렸다. 솟구쳤다 가라앉을 때**
>
> **그는 노년과 청년의 고비들을 다시 겪었다.**
>
> **소용돌이로 들어가면서.**[02)]

그는 무너진 세상을 항해하며 C. S. 루이스가 "천상의 힘과 더럽고 추악한 정글에 떨어진 아름다움의 섬광"[03)]이라고 부른 것을 찾아 나선다. 기름과 타르, 런던의 황색 안개를 지나서 앞으로 나아가는 동안에 그들은 기독교인들(조류 속에서 그의 뼈를 추리라며 소곤대는 사람들)의 메아리에 시달리면서 어둠의 심장이라는 묘지의 도시를 모험하며 콘래드의 뱃사공들이 "큰일 났다! 큰일 났다!"[04] 하고 공포에 잠기던 옛일을 추억한다.

사도 바울은 그 뱃사공들을 "택하심을 받은 자(나그네)들"이라 불렀고 그들은 또한 우리를 가리키는 말이기도 하다(벧전 1:1-2). 세상은 아름다운 곳이지만, 타락으로 무너져 있다. 우리는 이 세상을 누리면서도 과거 에덴의 추억에 끊임없이 괴로워하고, 다가올 새로운 예루살렘 시를 끊임없이 갈망한다. 복음의 깊은 곳을 탐험할수록 우리는 위로 솟구치는 하나님의 영광스럽고도 미지한 조류에 자신을 내던지는 법을 알게 된다. 엘리엇의 뱃사공과 콘래드의 뱃사공들은 결국 복음에 계시되어 있는 회복과 회귀를 찾아 헤매는 사람들이다.

십자가를 지고 예수님을 따라가는 순간부터 우리는 얕음에서 벗어난다. 앞으로 나아갈수록 하나님의 깊은 것들을 탐험하게 된다. 우리는 이시멜(소설 《모비딕》에서, 흰 고래 모비딕을 쫓는 포경선 피쿼드호에서 유일하게 살아서 돌아온 청년)이다. 왜냐하면 "우리는 이미 담대하게 깊은 곳으로 뛰어들었으니 곧바로 해안도, 항구도 없는 광활함 속에서 길을 잃어버리기" 때문이다.[05]

복음 안에 있는 하나님의 영광을 두루 항해하기란 불가능하다. 우리가 하는 탐험이란 그런 차원의 탐험이 아니다. 완주할 만한 도로도 없고, 오직 "더 높이, 더 깊이"만 갈 수 있을 뿐이다. 하나님을 더 깊이 안다는 것은 영원이라는 시간에도 불구하고 결코 졸업하지 못할 지식 탐구를 가리킨다.

그럼에도 하나님은 우리가 그분을 더욱더 알아 가길 원하신다. "주께서 내 마음을 넓히시면 내가 주의 계명들의 길로 달려가리이다"(시 119:32). 리처드 십스Richard Sibbes는 그 말씀에 다음과 같이 맞장구를 쳤다.

> 이 점을 기억하자. 은혜를 입음으로 은혜가 증가하지만, 그 사실 자체로서가 아니라 예수 그리스도가 성령에 의해 우리 영혼에 흘러들어 오셔서 샘이신 그분 가까이 인도하시면 그로 인해 위로가 넘쳐나서 우리의 마음이 더 크게 넓어지는 것이다.[06]

우리에게는 그런 넓은 마음이 필요하다. 이유는 "능히 모든 성도와 함께 지식에 넘치는 그리스도의 사랑을"(엡 3:18) 알기 위해서다. 하나님은 우리 안에 영적인 에너지를 충전시켜 그분의 무한한 영광, 항구 없는 광활함을 항해하게 하신다.

항해 중에 우리 눈에는 무엇이 보이는가? 영혼 없는 자들이 소곤거리면서 뼈와 안개와 그림자와 다른 세상의 소문들과 미확인 요괴들의 희미한 자취들을 줍고 있는 심연의 것들이 보인다. 모두가 전설, 혹은 동화 속의 마법처럼 상상으로만 그리던 것이 생명의 숨결을 얻어 형상화되지만, 그것을 보기 위해서는 눈이 필요하고 하나님의 성령만이 그것을 주실 수 있다.

기록된 바 하나님이 자기를 사랑하는 자들을 위하여 예비하신 모든 것은 눈으로 보지 못하고 귀로 듣지 못하고 사람의 마음으로 생각하지도 못하였다 함과 같으니라 오직 하나님이 성령으로 이것을 우리에게 보이셨으니 성령은 모든 것 곧 하나님의 깊은 것까지도 통달하시느니라 고전 2:9-10

언젠가는 역사의 정점에 도달하게 되고, 하늘에서는 구세주와 천군 천사들이 모습을 드러낼 것이다. 그분은 새 창조의 태양이시다(계 21:23).

그렇다면 영광의 성자가 함께하시는 회복된 세계의 모습은 어떠할까? "그리스도 안에는 독수리 같은 눈을 지닌 성도들도 아직 보지 못한 굉장한 것들이 많이 있다."[07]

복음의 물결에 행복하게 떠다니는 동안 우리는 상상도 못 했던 것들을 보게 될 것이다. 하나님은 이미 영원 전부터, 세상이 시작되기도 전에 그것들을 요리하고 계셨다.

복음의 길이

하나님은 만물이 생겨나기 전부터 계셨다. 그분은 스스로 충분하신self-sufficient 분이며 항상 존재하시는 분이다. 성부, 성자, 성령은 완벽하셨고, 영원 전부터 늘 함께하셨으며, 아무것도 필요하지 않으셨다. 그러나 초시간대의 영원이라는 과거부터 복음 계획은 싹을 트고 있었다. 진공 상태에서 세상이 만들어지고 아담과 하와가 창조되기 전, 아담의 죄로 모든 인류가 타락하기 전, 영원한

'전'before에 성부는 이미 자신의 것이 될 모든 사람을 알고 계셨고 그들을 향한 구원 계획을 구상하고 계셨다. 영원부터 예견된 하나님의 예견의 샘에서 자녀들의 영생 계획이 흘러나온 것이다.

로마서 8장 29절은 그래서 우리를 더 감격하게 한다.

하나님이 미리 아신 자들을 또한 그 아들의 형상을 본받게 하기 위하여 미리 정하셨으니 이는 그로 많은 형제 중에서 맏아들이 되게 하려 하심이니라.

몇 세기 전도 아니고 몇 시대 전도 아닌 세기나 시대가 있기 전, 그래서 초나 나노초라는 단위가 생겨나기 전, 하나님은 거룩한 영겁의 시간 속에서 우리를 아셨고 우리가 주님을 영접하도록 예정하셨다.

복음은 태초 이전부터 시작된다. 성경은 하나님의 동기나 의도라는 면에서뿐만 아니라 실행이라는 면에서도 그 사실을 이야기하고 있다. 우리를 위한 하나님의 구원 계획은 그분의 생각에만 제한되어 있었던 게 아니라 세상이 창조되기도 전에 이미 실행의 단계까지 확장되어 있었다. 그 사실을 엿보게 하는 구절이 요한계시록 13장 8절과 17장 8절이다. 구원 받는 자들의 명단은 이미 창세전부터 어린양의 생명책에 기록되어 있었다. 마태복음 25장 34절에서는 하나님의 왕국이 창세전에 우리를 위해 예비되었다고 말한다. 에베소서 1장 4절도 하나님이 창세전에 예수님 안에서 우리를 택하셨다고 한다. 창세전에 복음이 이미 전개되고 있었던 것이다.

오직 은밀한 가운데 있는 하나님의 지혜를 말하는 것으로서 곧 감추어졌던 것인데 하나님이 우리의 영광을 위하여 만세 전에 미리 정하신 것이라 고전 2:7

이런 심오한 사실은 '복음의 우발적 계획'이라는 진보 유신론자의 가설을 무색하게 만든다. 그들은 하나님이 미래를 알지 못하신다고 우긴다. 그러나 성경은 하나님이 미래가 존재하기 전에 이미 미래를 아실뿐 아니라 어떤 일이 일어나기 전에 이미 그 일을 하신다고 말한다. 마티 맥플라이Marty McFly가 입버릇처럼 말하듯 이것이야말로 정말 '굵직한' 사건이다.

영원의 과거에서부터 하나님의 아들은 구원 사역을 시작하셨다. 용서할 죄가 있기도 전부터! "그의 근본은 상고에, 영원에 있느니라"(미 5:2). "영생의 소망을 위함이라 이 영생은 거짓이 없으신 하나님이 영원 전부터 약속하신 것인데"(딛 1:2). 모든 것은 세상이 시작되기 전부터 시작되었다! 하나님은 만세 전부터 그리스도 예수 안에서 은혜를 주셨다(딤후 1:9). 하나님의 사랑은 언제나 우리에게 주어져 있다(시 103:17). 이사야 54장 5절에 근거해 영원 전에 발효된 은혜의 언약을 존 길John Gill은 다음과 같이 이야기했다. "예수 그리스도는 이방교회가 그분의 신부가 되기 이전부터 이방교회들을 자신의 신부라고 말씀하셨다."08)

우리는 복음의 길이와 폭을 측정할 수 없다. 측정이 불가능하다. 영원 전부터 존재한 하나님의 지혜와 역사는 영원의 미래까지 뻗어 있다. 그래서 그리스도 안에서의 삶을 '영생'이라고 하는 것이다.

복음과 하나님의 속성

디모데전서 1장 3-11절에서 바울은 거짓 교사를 경계하라고 말했다. 그는 율법의 역할이 죄의 무게를 드러내는 데 있다고 말하면서, 거짓교사에 대응할 올바른 교리를 강조했다. "이 교훈은 내게 맡기신바 복되신 하나님의 영광의 복음을 따름이니라"(딤전 1:11). 참으로 아름답고 심오한 표현이다. 복되신 하나님의 영광의 복음! 예수님의 죽음과 장사와 부활의 복음에 대한 모든 것은 결국 하나님 영광의 소식으로 갈무리된다.

그렇다면 영광이란 무엇인가? 영광이란 본질적으로 영광스런 무언가의 겉으로 드러난 형태를 말한다. 영광은 여호와 하나님의 본질에 속하기 때문에 그 무게와 심오함은 이루 헤아릴 수가 없다. 하나님의 영광은 하나님이 어떤 분인가를 단적으로 보여 주는 함축적 표현이자 그분 속성의 집합체라고 말할 수 있다. 성경에 기록된 모든 죄보다 그분 영광의 무게감은 비교가 안 될 정도로 육중하다.

바울은 복음이 어떤 면에서 "하나님의 영광"이라고 디모데에게 말했다. 대체 어떻게 그럴 수 있다는 말인가? 몇 가지 이유를 들 수 있지만, 그중 하나는 복음이 하나님 영광의 광채이신(히 1:3) 예수님의 구원 역사를 선포하고 있다는 점이다. 복음은 애당초 하나님의 구상이었고, 복음의 목적이 하나님 영광에 대한 지식을 세상에 채운다는(물이 바다를 덮음 같이) 점도 그 이유 중의 하나다(합 2:14).

복음이 하나님의 영광인 또 다른 이유는 우리의 구원을 위해 하나님의 속성이 동원되었다는 사실이다. 그것을 엿보게 하는 흥미로운 말씀이 갈라디아서 3장 19-20절이다. 아더 핑크Arthur Pink가 '하나님의 단독성'09)이라고 불렀던 것이 우리가 그분과 화해하는 데 작용했음을 갈라디아서 3장은 보여 주고 있다. 사도 바울도 모세의 율법이 가진 기능을 설명하면서 하나님의 단독적 충만함이 우리를 위해 어떻게 역사했는지를 일러 준다.

> **그런즉 율법은 무엇이냐 범법하므로 더하여진 것이라 천사들을 통하여 한 중보자의 손으로 베푸신 것인데 약속하신 자손이 오시기까지 있을 것이라 그 중보자는 한 편만 위한 자가 아니나 하나님은 한 분이시니라** 갈 3:19-20

언젠가 갈라디아서 3장 15-22절 말씀을 본문으로 설교를 준비하던 중에 그 두 개의 구절이 영 이해되지 않아서 골머리를 앓은 적이 있다. 일단 19절은 무슨 뜻인지 알겠는데 20절은 도통 갈피를 잡을 수가 없었다. 매니 파퀴아오Manny Pacquiao가 말하듯 언뜻 보기에는 별것 아닌 것이 결국은 우리를 산산이 조각내고 만다. 적어도 나는 그랬다.

당시에 나는 그 말씀을 씹고, 씹고, 또 씹었다. 전혀 다른 각도에서 말씀을 바라보기도 했다. 마치 백화점에 걸린 착시 그림을 보듯 말씀을 뚫어져라 노려보기도 했다. 하지만 아무 소득이 없었다. 참고한 주석들도 별 도움이 되지 않았다. 갈라디아서를 공부할 대는 루터의 주석이 내 단짝이었고 그의 주석이 명저임은 틀림없었지만, 이 구절만큼은 앞선 19절을 추론한 어설픈 해석이라는 생각이 들었다. 나는 하나님이 '한 분'이라는 사실이 율법을 주신 중보자와 무슨 연관이 있는지를 알고 싶었다. 그러나 너무도 아리송했다. 마치 루빅큐브Rubik's cube를 쳐다보는 강아지가 된 기분이었다.

칼뱅의 주석에 달린 편집자 주를 보니, 어느 주석가는 갈라디아서 3장 20절 말씀을 250가지로 해석할 수 있다고 말했다고 한다. 한편으로는 위안이 되고, 한편으로는 맥이 풀리는 소리였다. 책장에서 꺼낸 어떤 주석서는 20절이 존재하지 않는 것처럼 아예 주석조차 달아 놓지 않았다. 3장 19절을 해석한 뒤에 곧바로 21절로 건너뛰었다(독자들이 눈치채지 못하게).

그러나 결국 이 한 구절에 담겨 있는 복음의 깊이를 헤아린 후 나는 (물론 밖보다 안이 훨씬 더 깊었다) 정말 놀랐을 뿐만 아니라, 좋은 의미에서의 절망감을 느꼈다.

혹시 저가 상품을 판매하는 가게에서 알약 모양의 스펀지 장난감을 본 적이 있는가? 그것을 물이 담긴 유리잔에 집어넣으면 잠시 후에 플라스틱 캡슐이 녹아 팽창하면서 오리나 공룡 등의 모양으로 변한다. 내가 갈라디아서 3장 20절을 공부할 때 경험한 것이 바로 그것이었다. 나는 그저 말씀 속에 푹 잠겼다. 그래서 말씀 자체가 내 생각 속에서 점차 팽창하도록 했다.

자, 그럼 내가 깨달은 말씀의 뜻을 이제부터 독자들에게 털어놓겠다(적어도 250가지 옳은 해석 중의 하나는 되리라고 생각한다). 율법은 모세를 통해 천사들이 우리에게 전해 주었다. 사도행전 7장

38절과 53절, 히브리서 2장 2절, 신명기 33장 2절에 보면 '일만 성도'에 의해 율법이 시내산에 도착했다고 말한다. 아마도 대단한 장관이었을 것이다. "그 중보자는 한 편만 위한 자가 아니나" (영어 성경에는 '그 중보자가 한 명 이상이나'라고 되어 있음-역주)라고 바울은 말했다. 나는 여기에 몇 개의 명령수행 체계가 작동했다고 본다. 하나님이 일만 천사들에게, 일만 천사가 모세에게, 모세가 이스라엘 백성에게 율법을 전했을 것이다. 또한 제사장과 제사 의식과 규정들이 율법에 따라왔다는 사실도 잊지 말라. 말하자면, 율법을 전하고 실천하기 위해서 일련의 공동 작업이 이루어진 것이다.

"하나님은 한 분이시라."

왜 복음이 율법보다 훌륭한가? 왜 예수님이 다른 중보자들보다 위대하신가? 그 이유는 하나님 자신이 인간들을 위해 홀로 그 일들을 하시기 때문이다. 자, 율법의 포괄성과 엄밀함을 한 번 생각해 보라. 그리고 일만 천사들이 시내산에서 율법을 모세에게 전해 줄 때 영광으로 말미암아 모세의 얼굴이 해처럼 빛났던 일을 생각해 보라. 그리고 명확하고도 반복적인 제사 규정과 그 깨알처럼 구체적인 지시 사항들을 생각해 보라. 그리고 예수 그리스도는 그보다 더욱 위대하고, 정확하고, 엄밀하고, 포괄적이신 분임을 생각해 보라. 예수님은 의의 언약의 한쪽만을 들고 계신 것이 아니라 우리 것까지 들고 계신 것이다. 중보자는 한 명 이상이지만 하나님은 한 분이시다. 그분은 자신의 일을 하시고 우리 일도 해주신다.

나는 그것이 갈라디아서 3장 20절이 의미하는 것이라고 생각한다. 또한 그것이 갈라디아서의 문장이나 문맥과도 상통한다고 본다. 즉, 율법은 좋은 것이지만(원래 의도에 비쳐 볼 때) 예수님은 그보다 훨씬 더 좋은 분이시라는 뜻이고, 율법은 위대하지만 예수님은 그보다 훨씬 더 위대하시다는 말이다. 다른 서신에서 바울은 이렇게 말했다.

> 돌에 써서 새긴 죽게 하는 율법 조문의 직분도 영광이 있어 이스라엘 자손들은 모세의 얼굴의 없어질 영광 때문에도 그 얼굴을 주목하지 못하였거든 하물며 영의 직분은 더욱 영광이 있지 아니하겠느냐 정죄의 직분도 영광이 있은즉 의의 직분은 영광이 더욱 넘치리라 영광되었던 것이 더 큰 영광으로 말미암아 이에 영광될 것이 없으나 고후 3:7-10

복음이 하나님의 영광인 이유는 우리에게 그분의 충만함의 덕을 보게 하기 때문이다. 아무것도 필요하지 않은 하나님이 우리처럼 구원이 필요한 자들을 구원하셨다. 설령 율법의 도움을 받는다 하더라도 우리 힘으로는 절대 이룰 수 없는 일을 하나님이 스스로 알아서 이루어 주셨다. 우리의 완전하신 하나님이 그분의 불완전한 피조물들을 위해 자신의 완전함을 사용하셨으니, 어찌 기쁜 일이 아니겠는가?

성경을 보면 복음에는 하나님의 다른 속성들까지 동원되었음을 알 수 있다.

복음은 영원 전부터 하나님의 구상에서 비롯되고, 미래 역사의 모든 우연처럼 보이는 사건들을 포함하고, 인생의 발걸음을 전능하게 이끌어 주고(잠 16:9), 선견지명으로 역사하고(고전 15:3-4), 하나님의 예지의 샘에서 흘러나오는 것이다(벧전 1:2). 그러니 어찌 복음이 하나님의 영광이라고 하지 않을 수 있겠는가?

복음은 하나님의 전지(全知)하심을 보여 준다. 우리의 죄를 알지 못한다면 어떻게 하나님이 우리의 죄를 용서하실 수 있겠는가? 하나님이 예수님의 죽음으로 우리의 죄를 영단번에 용서하기 위해서는 과거에 지은 죄와 은밀한 죄뿐만 아니라 내일과 내년, 미래의 죄까지 죄다 알고 계셔야만 가능하다.

또한 복음이 하나님의 전능하심을 보여 준다는 것도 자명한 사실이다. 모든 저주를 풀기 위해, 죄와 사탄의 권세를 물리치기 위해, 죄를 용서하기 위해, 갇힌 자를 구속하기 위해, 병자를 치료하기 위해, 가난한 자를 구제하고 헐벗은 자를 입히기 위해, 죽은 자를 살리기 위해, 피조물을 새롭게 회복하기 위해, 만물을 유지하고 관리하기 위해, 그 모든 걸 행할 능력이 필요하다는 건 불을 보듯 당연한 일이다. 성경은 예수님이 "능력의 말씀으로" 만물을 붙드신다고 했다(히 1:3). 보이는 것과 보이지 않는(하나님을 제외하고) 것들을 통틀어 무(無)에서 유(有)를 창조하는 능력은 '전능할' 때에만 가능하다. 아울러 창조된 것들을 개조할 수 있는 능력도 '전능함'에서 나온다. 삼위일체 하나님은 전능하시다. 복음의 세상 븐쇄, 세상 재생의 능력도 그 무한한 능력에서 비롯된다.

그러나 무엇보다 우리를 놀라게 하는 것은 복음 안에 들어 있는 하나님의 무소부재의 축복이다.

그리스도의 성육신과 무소부재

어느 주일에 나는 이런 설교를 했다. 예수님의 영광스런 몸은 하늘로 승천하여 하나님 우편에 앉으셨고, 천국의 경이로움은 우리 눈에 보이지 않는 영적인 것이지만 분명 그곳도 물질의 세계이며 언젠가 그곳이 우리가 밟게 될 땅이라는 내용이었다. 설교가 끝난 뒤에 한 교인이 내게 다가오더니 이런 말을 했다. "예수님이 무소부재의 특권을 영원히 포기하면서까지 성육신을 해서 우리를 구원하셨다는 사실이 진짜 감격스럽지 않나요?"

'설교 후 스트레스 장애'('외상 후 스트레스 장애'를 빗댄 농담 – 역주)에서 미처 벗어나지 못했던 나는 무심코 "예, 그렇지요"라고 대꾸하고 말았다. 그러나 이내 후회했다. 그것은 감격적이지도 않고 사실도 아니기 때문이다. 예수님은 무소부재를 포기하신 게 아니다. 그분의 부활하신 육신은 영원히 존재하고 있지만, 우리의 머리로는 이해할 수 없는 그분의 무소부재함을 여전히 누리고 계시다.

예수님은 2천 년 전에 분명히 '그곳'에 계셨다. 그러나 지금 '여기'에도 계신다.

그분은 언제나 어느 곳이든 계셨고, 이 땅에 성육신을 해서 내려오신 뒤에도 마찬가지였다. 자, 그럼 우리 함께 그 믿기지 않는 사실을 탐구해 보자.

빌립보서 2장은 하나님의 아들이 자신을 비운 놀라운 사건을 이야기한다.

각각 자기 일을 돌볼뿐더러 또한 각각 다른 사람들의 일을 돌보아 나의 기쁨을 충만하게 하라 너희 안에 이 마음을 품으라 곧 그리스도 예수의 마음이니 그는 근본 하나님의 본체시나 하나님과 동등됨을 취할 것으로 여기지 아니하시고 오히려 자기를 비워 종의 형체를 가지사 사람들과 같이 되셨고 빌 2:4-7

자기 비움이 이토록 깊을 수가 있을까? 학자들은 이 구절이 초기의 찬송가 가사를 인용했을 것이라고 추정한다. 그게 사실이라면 가사의 형태를 통해 우리는 예수 그리스도의 자발적이고 희생적인 자기 비움이 얼마나 초기 성도들에게서 경배를 이끌어 냈는지를 알 수 있다. 또한 가사의 내용을 통해서는 예수님의 겸손이 경배를 우러나게 했다는 것도 알게 된다. 주님은 하나님과의 동등됨을 과감히 놓아 버리셨다. 자신을 비워(NIV 성경에는 "스스로를 아무것도 아닌 존재로 만들어", Weymouth 성경에는 "스스로의 영광을 버리고'라고 번역되어 있음) 종의 형체를 가지셨다는 사실이 우리의 심금을 울린다. 신약의 예배자들도 그 사실에 감동해서 이 찬송가를 부르지 않을 수 없었을 것이다. 예수님의 자기 비움은 만사를 올바르게 하시는 그분의 역설적 방식이다.

그러나 우리는 빌립보서 2장의 '케노시스'Kenosis, 신성 포기설를 더 깊이 이해할 필요가 있다. 예수님은 자신의 신성을 이용할 권한을 포기하셨다. 스스로 자신의 속성들을 동원하지 못하게 제한하신 것이다. 그렇다고 그것이 속성의 상실을 의미하는 것은 아니다. 그분은 하나님이기를 그만두신 것도, 자신의 백 퍼센트 '하나님스러움'을 단념하신 것도 아니었다. 필 존슨Phil Johnson이 말하듯

"성육신은 더하기의 기적이지 빼기의 기적이 아니다."[10]

성육신한 하나님의 말씀, 유혹과 시험을 받았지만 여전히 무소부재하신 하나님! 자, 잠시 숨을 고르고 머리를 한 번 돌리자.

그럼 준비되었는가? 다시 시작하겠다.

"예수께서 이르시되 진실로 진실로 너희에게 이르노니 아브라함이 나기 전부터 내가 있느니라"(요 8:58). 이 말씀은 여호와(스스로 있는 자)의 이름을 자신의 것으로 사유화한 것일 뿐만 아니라 그 사실을 공언한 것이기도 하다. 이 말씀의 뒤에는 "지금 현재 너희에게 말을 하고 있는 나는 영원한 하나님, 너희 조상이 섬겼던 하나님과 동일한 하나님이다"라는 뜻이 숨어 있다. 그리고 그 말씀의 위에는 "너희의 조상 아브라함이 살았던 곳에 지금 내가 있다"라는 뜻도 얹혀 있다. 메시아 예수로 성육신하신 하나님은(우리의 한정된 사고력으로 이해할 수 없고, 성경이 그것을 보충하기 위해 무진 애를 쓰고 있기는 하지만) 시간 속에 존재하는 동시에 시간을 초월해서 존재하시는 분이다. 예수님은 유대인 지도자들에게 말을 하고 계셨지만, 사실은 그들이 태어나기 전부터 그곳에 계셨다. 단지 아브라함이 태어나기 전에 그분이 존재하셨다는 의미가 아니다(물론 그 말도 사실이지만). 또한 그분이 아브라함보다 위대하다는 의미만도 아니다(물론 그 말도 사실이지만). 정확히 풀이하자면 주님은 온전한 하나님이시기에 현재도 존재하시고 현재가 아닌 시간대에도 존재하신다는 뜻이다.

그 외에도 더 놀라운 사실이 있다.

하늘에서 내려온 자(혹은, 하늘에 있는 인자) 곧 인자 외에는 하늘에 올라간 자가 없느니라 요 3:13

다른 성경은 이 말씀을 약간 다르게 번역해 놓았다. "하늘에서 내려온 나(인자) 외에는 아무도 하늘에 올라간 사람이 없다"(현대인의 성경). 여기에서 '하늘에서 내려온 자'who is in heaven라는 구에는 다양한 주가 달린다. 헤르만 리델보스Herman Ridderbos와 D. A. 카슨은 이 구절이 번역하기도, 해석하기도, 상당히 난해한 구절이라고 말한다.[11] 대체 예수님은 뭐라고 말씀하고 계시는 것인가? 자신이 '하늘에서 내려온from 인자'라고 말씀하시는 건가, 아니면 '하늘에 있는in 인자'라고 말씀하시는 건가? 데이비드 앨런 블랙David Alan Black은 이 말씀의 경우 다양한 원문을 포함해야 한다며 상당히 설득력 있는 주장을 펼치고 있다.[12] 이 구절이 이 장의 핵심 내용인 것은 아니지만, 여기에서 반드시 짚고 넘어가야 할 이유가 있다. 블랙이 말하듯 이 구절이 신학적 허영처럼 나중에 추가될 이유가 어디에 있었는지 의문이 생긴다. 요한복음의 다른 구절에는 이미 그 내용이 버젓이 있지 않은가. 이후에 추가된 이유는 아마도 그것이 진짜 원문일 가능성이 높다는 것, 즉 요한의 그리스도론과 맞아떨어진다는 사실 때문이 아니었을까? 블랙은 요한복음 1장 14절과 51절을 참고하여 그 구절들과의 연관성 속에서 다음과 같은 부연설명을 하고 있다.

요한복음에 나오는 예수님은 단순히 앞서 존재했던 하나님의 말씀(1:1)이자 부활

후에 높이 들린 그리스도(20:28)일 뿐만 아니라 '육신'(1:1, 14)으로 현존하시는 중에도 '하나님과 함께'한 구세주셨다. 하나님이 하나님을 설명하는(1:18) 이례적 상황을 요한은 성육신한 로고스(말씀)라는 논리로 조화시킨다. 예수 그리스도라는 사람 안에서 하늘이 땅으로 내려오고 땅은 하늘과 연결된다. 육신이 된 말씀은 이전의 상태와 달라진 것이 아니다. 성육신한 말씀에게 육신은 '성막'(1장 14절의 요한 식 표현을 빌린다면) 구실을 한 것이고 하나님은 인간과 함께 거하기를 기뻐하셨다. 따라서 육신 안에, 그리고 육신임에도 불구하고 그분이 영원한 말씀이었음을 이해한 저자는 이렇게 증거할 수밖에 없었다. "우리가 그의 영광을 보니 아버지의 독생자의 영광이요 은혜와 진리가 충만하더라"(1:14). 또한 이 말씀은 '인자'라는 표현이 처음 등장하는 1장 51절과도 연결된다는 걸 알 수 있다. "하늘이 열리고 하나님의 사자들이 인자 위에 오르락내리락하는 것을 보리라"…3장 13절에서 요한은 유사하게 극적인 방식으로, 실제로 '오르락내리락'하셨던 예수님을 의식하며 그런 표현을 사용하고 있다.[13]

요한복음 3장 13절을 늘리든 줄이든 상관없이 예수님이 성육신한 말씀이라는 사실은 그분의 무소부재성을 천하가 입증하는 셈이 된다. 블랙이 짚어내듯 성육신과 무소부재성이 공존할 수 있는가의 문제는 필 존슨이 말한 것처럼 성육신이 더하기의 기적임을 기억함으로써 해결될 수 있다. 아울러 천국에 대한 우리의 개념도 재조정되어야 한다. 엄밀히 말하자면 시간에 구애받는 물리적 공간이 시간을 초월하고 시간을 넘어서는 초차원적, 초공간적인 것이 된 것이며, 그로써 천국은 기본적으로 하나님이 계시는 곳이라고 말할 수 있게 되는 것이다. 정말로 천국이 하나님이 계시는 장소라고 한다면 우리가 알고 있는 천국, 즉 하늘 위 어딘가에 있는 공간이라는 개념을 버리고 그보다 광활하면서 그보다 내면적인 공간이라는 새로운 개념을 도입해야 한다. "천국이 가까이 왔느니라"고 주님은 제자들에게 선포하셨다(마 3:2, 4:17, 10:7). 천국은 하나님의 이름을 에둘러 말한 마태식의 표현이 아니다. 어디든지 하나님의 임재와 거부할 수 없는 통치가 이뤄지면 그곳이 바로 천국이라는 뜻이다. 복음서를 보면 구세주 예수님이 하신 일을 통해, 그리고 그 일 속에서 천국이 이 땅에 임했음을 알 수 있다. 천국은 하나님이 계신 곳, 오직 그분의 뜻만이 이루어지는 곳이다. 성경에 기록된 예수 그리스도의 대속을 통해 언젠가 그곳이 이곳이 될 것이라는 걸 우리는 잘 알고 있다.

존 칼뱅도 요한복음 3장 13절의 역설과 씨름을 하다가 다음과 같은 결론에 이르렀다.

> 예수님이 이 땅에 계신 동안에도 여전히 '하늘에' 계셨다는 얘기는 상당히 모호하게 들릴 것이다. 하지만 그것이 그분의 신성과 일치하는 얘기라고 한다면 결국 그 얘기에 다른 뜻이 있다고 짐작할 수 있다. 즉, 그분은 인간인 동안에도 '하늘에' 계셨다는 것이다. 다만 내가 한 가지 지적할 점은 여기에서 특정한 장소가 언급되지 않았고, 오로지 신분에 관해 예수님이 다른 모든 사람들과 구분되셨다는 사실이다. 그분은 하나님 왕국의 상속자이고 인간들은 그 왕국에서 추방당했다. 그러나 그리스도라는 인격체의 일관성으로 말미암아 그분 본성 중 하나에 적용되는 것은 다른 본성에도 적용되므로, 우리는 다른 해결책을 모색할 필요가 없다. 따라서 '하늘에 있는' 그리스도가 육신을 입은 것은 그분이 형제로서 손을

우리에게 뻗어 우리와 함께 하늘로 오르시기 위함이었던 것이다.[14]

칼뱅이 말하듯 예수님이 하늘에서 내려와 인간의 몸으로 성육신하셨다고 해서 그분이 하늘을 떠났다고 말할 수 없다. 주님은 인간으로서의 모든 고뇌와 아픔을 겪으셨지만, 그 와중에도 아버지가 그분 안에, 그분이 아버지 안에 있다고 말씀하셨다(요 17:21). 그 말씀은 두 분이 한마음 한뜻일 뿐만 아니라 한 '실재'(물론 성삼위의 각 위는 분명히 구별되지만)임을 의미한다고 해석할 수 있다. 우리가 갖고 있는 천국의 공간적 개념으로 하나님의 무소부재를 정의하기보다 하나님의 무소부재라는 차원에서 천국을 정의한다면 그 말이 더 쉽게 이해될 것이다.

밀라드 에릭슨Millard Erickson은 예수님에 대해 다음과 같은 이야기를 했다.

그분은 실제적인 무소부재의 권능을 소유하고 계셨다. 즉, 완전한 영(spirit)이면서도 특정한 장소나 시간에 구애받지 않으셨다. 그러나 성육신의 결심 뒤에는 그 권능을 발휘하지 않겠다거나 일정 기간 잠재적으로 발휘하지 않겠다는 결심도 들어 있었다.[15]

나는 그의 말이 무소부재를 속성이 아닌 행위로 축소시킬까 걱정이다. 물론 예수님은 성육신의 몸으로 동에 번쩍 서에 번쩍, 지구 아무 데나 순간 이동을 하지 않으셨다. 그러나 무소부재의 능력을 사용하지 않았다고 해도 그것은 언제나 그분 안에 있었을 것이다. 다시 말해, 성자의 무소부재함은 단순히 연장통 안의 연장이 아니라는 뜻이다. 에릭슨은 예수님이 성육신을 하시면서 무소부재의 능력을 임의로 버리셨다고 말했다. 앞서 그는 "예수님은 그것을 사용할 수 없는 척하신 게 아니라 진짜로 그것을 사용할 수 없으셨다"라고 했다.[16] 나는 이 말에 동의하지 않는다. 예수님이 그분의 무소부재함을 사용하지 않기로 하신 것이 그것을 버리는 것을 뜻하는 것은 아니라고 생각한다(빌 2:6). 단지 이용을 하지 않았다는 뜻일 것이다. 만일 예수님이 그분의 무소부재함을 정말로 사용할 수 없으셨다면, 그분의 인성은 백 퍼센트 인정하되 신성은 백 퍼센트 부정하는 꼴이 되고 만다.

성육신한 예수님의 무소부재함을 부정하는 것은 그분의 신성을 부정하는 것이다. 왜냐하면 하나님이 무소부재하지 않으실 수 없기 때문이다. 루이스 벌코프Louis Berkhof의 주장을 참고해 보라.

> 창조론과 성육신론은 하나님의 불변성과 연계해서 언제나 문제를 안고 있다.… 그러나 성육신의 과정에서 신성이 어떤 본질적 변화도 일으키지 않았다는 입장을 확고히 유지함으로써 이 문제는 해결될 수 있다. 아울러 그 사실은 예수님이 고통이나 죽음을 느끼지 않고, 무지함과 동떨어지며 연약함이나 유혹을 받지 않으셨음도 의미한다.…성육신의 결과는 신이신 구세주가 무지할 수도 있고, 연약할 수도 있고, 유혹을 받을 수도 있고, 고통을 느낄 수도 있고, 죽을 수도 있게 된 것이다. 그러나 그것은 그분의 신성에서가 아니라 인성을 소유하기로 한 그분의 장한 결의에서 파생한 것이다.[17]

칼뱅도 이렇게 말한다.

> 하나님 말씀의 측량할 수 없는 본질이 인성과 연합되어 한 사람이 되었다고 해도 우리는 그분이 인성에 제한을 받으신다고는 생각할 수 없다. 놀라운 점은 하나님의 아들이 하늘을 떠남 없이 하늘에서 내려와 처녀의 몸에서 태어나셨고, 이 땅에 사셨고, 십자가에 달리셨으나 그분은 태초부터 그랬듯이 지속적으로 이 세상을 채우고 계셨다는 사실이다.[18]

실제로 히브리서 13장 8절이 그 사실을 되새겨 준다. "예수 그리스도는 어제나 오늘이나 영원토록 동일하시니라." 예수님은 마리아의 몸에 성령으로 잉태되는 순간 무소부재함을 상실하셨다가 부활이나 승천 시에 그것을 회복하신 것이 아니었다. 그분은 지속적으로 무소부재하셨다.

현재 그분은 하나님 아버지의 오른편에 앉아 계시나(눅 22:69; 엡 1:20; 골 3:1; 히 8:1) 그와 동시에 여전히 여기에도 계신다. 예수님 자신이 뭐라고 말씀하셨는가? "볼지어다 내가 세상 끝날까지 너희와 항상 함께 있으리라"(마 28:20). "두세 사람이 내 이름으로 모인 곳에는 나도 그들 중에 있느니라"(마 18:20). 사도 바울은 예수님이 우리 안에 계신다고 말했다(골 1:27). 예수님도 우리 안에, 그리고 우리와 함께하신다고 말씀하셨다.

> 그날에는 내가 아버지 안에, 너희가 내 안에, 내가 너희 안에 있는 것을 너희가 알리라 나의 계명을 지키는 자라야 나를 사랑하는 자니 나를 사랑하는 자는 내

아버지께 사랑을 받을 것이요 나도 그를 사랑하여 그에게 나를 나타내리라…사람이 나를 사랑하면 내 말을 지키리니 내 아버지께서 그를 사랑하실 것이요 우리가 그에게 가서 거처를 그와 함께하리라 요 14:20-21, 23

예수님은 전에 이곳에 계셨고 또한 그곳에 계셨다. 지금은 그곳에 계시고 또한 이곳에 계시다. 그럼 그 사실이 복음과 어떤 연관이 있다는 말인가? 예수님의 무소부재가 왜 복된 소식이 된다는 것일까?

그리스도의 무소부재라는 복음

예수님의 구원 사역이라는 위대한 업적 속에는 무소부재의 흔적이 역력히 드러나고 있다. 하나님이자 인간이었던 분이 자신의 육체를 십자가 처형에 내주고 성부 앞에 자신의 영을 의탁하실 때 시간이라는 직물은 찢기고 말았다.

이에 성소 휘장이 위로부터 아래까지 찢어져 둘이 되고 땅이 진동하며 바위가 터지고 무덤들이 열리며 자던 성도의 몸이 많이 일어나되 마 27:51-52

대체 무슨 일이 벌어진 건가? 맙소사! 이것은 전 우주적 일대 사건이었다!

휘장이 찢어져 지성소가 열렸다는 것은 예수님의 희생제사로 인해 임시적이었던 것이 끝나고 영원한 것이 열렸다는 의미다.

그분의 33년 된 몸이 그 일을 해냈다! 피와 땀과 눈물로 그분은 이 땅에 영원한 생명을 가져다주셨다. 땅이 진동했고 무덤이 갈라지며 성도들이 일어났다. 제사로 바쳐진 주님의 죽은 몸이 후진 기어를 넣어 죽음의 취소를 불러온 것이다. 예수님은 짧은 생애를 살다 돌아가셨고, 그럼으로써 우리가 영원히 살게 하셨다.

> 예수 그리스도는 십자가에 달린 세 시간 동안 과거와 미래를 통틀어 영원토록 모든 피조물이 한 모든 일보다도 더 많은 일을 해치우셨다. 이 세상이 창조되는 6일 동안 주님은 주요한 역할을 하셨지만, 그 이후로도 그분은 나태한 적이 없으셨다. 그러나 십자가 위에서의 그 세 시간은 그 어느 때보다 의미가 깊었다. 영원토록 일을 한다고 해도 그 세 시간 동안의 일보다 더 많은 것을 이룰 수는 없었을 것이다.
>
> 어떤 이들은 영원이 일순간에 축약되었다고 말한다. 따라서 과거와 미래는 그 세 시간과 그로 인한 업적에 축약된 것이다. 왜냐하면 주님은 성령을 위해 일하신 것이고 그것은 사실상 영원히 모든 성삼위를 위한 일이기 때문이다. 성령은 주님이 하신 일을 영원히 은혜와 영광 안에서 써 내려가시고, 성도를 위해 과거와 미래에 이뤄졌고 이뤄질 모든 일은 완전하게 되었다. "그가 거룩하게 된 자들을 한 번의 제사로 영원히 온전하게 하셨느니라"(히 10:12, 14).[19]

무소부재를 비롯해 예수님이 신적 속성들을 모두 갖고 계셨다는 사실은 우리에게 복음이다. 요한복음 17장 20절에서 예수님이 나중에 그분을 믿을 자들을 위해 기도하신 부분을 보라. 그 짧은 순간에 주님은 모든 시대의 모든 그리스도인을 그분 기도의 영원한 의식 속에 집어넣고 우리 각자를 보며 기도하고 계신다. 아마 그 기도에는 미래가 축약되어 있었을 것이다.

예수님은 기도하시며 우리와 함께 계셨고, 우리를 위한 중보 기도 중에 우리를 구원하고 계셨다. 광야의 시험에서 우리를 위해 순종하셨고, 십자가 위에서 우리를 위해 죽으셨고, 무덤에서 우리를 위해 부활하신 것처럼 말이다. 그분은 우리를 위해 기도하셨고, 우리를 위해 믿으셨고, 우리를 위해 순종하셨고, 우리를 위해 죽으셨고, 우리를 위해 부활하셨다. 그럼으로써 우리가 그분 안에서 기도하고, 그분 안에서 믿고, 그분 안에서 순종하고, 그분 안에서 죽고, 그분 안에서 부활하게 만들어 주셨다. 이 얼마나 기쁜 복음인가!

예수님의 무소부재는 그분과 제자들의 동거를 촉구하는 성경 말씀에 의해 새로운 복음의 전기를 마련한다. 대표적인 사례들은 다음과 같다.

> 내 살을 먹고 내 피를 마시는 자는 내 안에 거하고 나도 그의 안에 거하나니 요 6:56

> 내 안에 거하라 나도 너희 안에 거하리라 가지가 포도나무에 붙어 있지 아니하면 스스로 열매를 맺을 수 없음 같이 너희도 내 안에 있지 아니하면 그러하리라 나는 포도나무요 너희는 가지라 그가 내 안에, 내가 그 안에 거하면 사람이 열매를 많이 맺나니 나를 떠나서는 너희가 아무것도 할 수 없음이라 요 15:4-5

> 내가 그리스도와 함께 십자가에 못 박혔나니 그런즉 이제는 내가 사는 것이 아니요 오직 내 안에 그리스도께서 사시는 것이라 이제 내가 육체 가운데 사는 것은 나를 사랑하사 나를 위하여 자기 자신을 버리신 하나님의 아들을 믿는 믿음 안에서 사는 것이라 갈 2:20

영생이란 예수님의 존재가 우리 안에 계시고 우리의 존재가 그분 안에 있는 것을 의미한다. 그분은 거기와 여기에 동시에 계신 분이므로, 우리가 그분 안에 있다면 우리 역시 여기와 거기에 동시에 있는 것이다. 그러한 사실은 사도 바울이 했던 "우리의 시민권은 하늘에 있는지라"(빌 3:20)는 말에 암시되어 있지만, 더 자세히 설명한 것은 에베소서 2장 4-6절 말씀이다.

> 긍휼이 풍성하신 하나님이 우리를 사랑하신 그 큰 사랑을 인하여 허물로 죽은 우리를 그리스도와 함께 살리셨고 (너희는 은혜로 구원을 받은 것이라) 또 함께 일으키사 그리스도 예수 안에서 함께 하늘에 앉히시니

알겠는가? 우리는 그리스도와 함께 하늘에 앉아 있는 것이다. 예수님이 무소부재하시기 때문에 그분 안에서 구원을 받은 우리도 이제 그분과 영원히 안전한 곳에 함께 있으면서 "나 있는 곳에 너희도 있게 하리라"(요 14:3)는 말씀의 이른바 첫 열매가 되었다.

마르커스 레인스포드 Marcus Rainsford는 이렇게 고백했다. "그 같은 진리를 묵상하다 보면 생각의 타래가 얽히고 우리의 미약한 정신은 현기증을 느끼지만, 그 동시에 그 진리가 믿음의 휴식처

가 되어 준다."[20)]

이것은 단순히 예수님의 무소부재에 대한 복음이 아니다. 더 구체적으로는 예수님으로 옷 입는다는 복음이다. 우리는 탕자처럼, 엘리엇의 시에 나오는 뱃사공처럼 타락한 세상의 광야를 항해해 나간다. 저주받은 이 땅의 어딘가에 회복의 낌새가 있는지, 천국이 이루어진 곳이 있는지를 살피면서…. 우리는 우리의 돈을 쓰고, 우리의 음식을 먹고, 우리의 음료를 마시면서 이 엉망진창의 세상 어딘가에서 영생과 비슷한 삶을 경험할 것이라고 생각한다. 우리가 있는 곳은 돼지우리다. 그러나 절망의 끝에서 우리는 예수님의 무한한 은혜의 시작을 발견한다.

고향으로 가는 참회의 길…. 우리는 자기 죄의 합법적인 보상으로 종의 신분이 될 것을 예상하며 걸었다. 그러나 아버지는 한심한 아들인 우리를 버선발로 맞이하며 잔치를 베풀어 주고 최상급 옷을 입혀 주셨다. 그분 옷장의 자랑거리, 바로 그리스도의 의로움이라는 옷을 말이다.

우리는 집에 왔다. 그리고 은혜로운 우리 하나님의 측량할 수 없는 경이로움의 높이, 깊이, 길이, 넓이를 계속 탐험해 나간다. 그것은 예수님이 그러신 것처럼 동에서 서까지 뻗어 있다. 그분은 세상의 기초가 내려지기 이전부터 우리를 위해 거기에 계셨고, 지금은 우리 마음속 여기에 계시며 만물을 다스리신다. 그리고 하나님 아버지의 옆에 앉으셨다가 잠시 후에 다시 오실 것이다. 주님은 그분의 충만함으로 우리를 회복하시고, 그분의 전지함으로 우리를 아시고, 그분의 전능함으로 우리를 구원하시고,

그분의 무소부재함으로 우리를 언제 어디서나 붙잡아 주신다. 데릭 토마스Derek Thomasn는 이렇게 말한다.

> 그렇다면 하나님의 사랑은 전능자의 능력과 전능자의 의지가 결합한 것이라고 할 수 있다. 우리는 "뜻이 있는 곳에 길이 있다"라고 말한다. 그 뜻이 하나님의 뜻이라면 길은 분명하다. 하나님은 우리를 구원하기 원하시고 집에 데려오길 원하신다. 그리고 아무것도 그 뜻을 막지 못한다.[21]

예수 그리스도의 무소부재라는 복음은 단순히 그리스도와의 연합에 대한 서문이 아니다. 다음 8장에서 더 놀라운 사실을 발견하게 될 것이다.

나는 속으로 이런 생각이 들었다.
내가 하나님을 진실로 사랑한 나머지
천국에서 그분께 전적으로 몰두하여 영원히 삼킴을 당한다면
그분은 얼마나 위대할 것이며 나는 얼마나 행복할 것인가![01]

조나단 에드워즈

**I thought with myself, how excellent a Being that was,
and how happy I should be, if I might enjoy that God,
and be rapt up to him in heaven,
and be as it were swallowed up in him forever!**

Jonathan Edwards

08

본향을 향하여

GOSPEL DEEPS

어느 유행가 가사처럼 우리는 신비의 별이고 황금이다. 우리는 동산으로 돌아가야 한다. 하지만 그럴 수가 없다. 내면 깊은 곳에서는 그래야 한다는 걸 알지만, 찾아갈 때마다 마치 야생 멧돼지를 쫓는 것 같고, "바람을 잡으려는 것"(전 1:14)만 같다. 전도서 기자는 하나님이 "사람들에게는 영원을 사모하는 마음을 주셨느니라 그러나 하나님이 하시는 일의 시종을 사람으로 측량할 수 없게 하셨도다"(전 3:11)라고 말했다. 영원을 사모하는 마음을 '하나님표 구멍'이든 뭐든 좋을 대로 이름 붙여도 상관없지만, 어쨌든 우리 각자에게 영적 갈구가 있는 것만은 틀림없는 사실이다. 인간은 누구나 영적 결핍증에 걸려 있기 때문에 자꾸만 무언가를 숭배하려고 든다.

우리는 순례자 유전자를 갖고 태어났다. 그러나 복음의 깊이를 가진 그리스도 안에서 확실한 순례를 하지 않으면 한낱 떠돌이로 전락하고 말 것이다. 사실 우리도 자신이 어디로 가야 하는지를 정확하게 알지 못한다. 그러나 왠지 마음이 끌리고 고향처럼 푸근한 곳, 《나니아 연대기》의 루시 페벤시가 처음인데도 이상하게 친숙한 정원을 발견하듯 그렇게 신비로운 장소에 가야 할 것을 어렴풋이 알고 있다.[02)]

진소호트, 본향을 향한 갈망

독일 철학자들과 시인들은 인간 내면의 영적인 갈망을 '진소호트'Sehnsucht라고 불렀다. 그것은 우리 내면의 불가사의한 그리움, 동경, 갈망을 뜻한다. C. S. 루이스 식으로 설명하자면 이렇다. "우리가 그것을 명확히 말하지 못하는 이유는 우리가 실제로 경험하지 못할 무언가를 갈구하는 것이기 때문이다. 하지만 우리의 경험이 지속적으로 그것을 암시하고 있기에 숨길 수도 없다."[03)]

우리가 죄를 지으면 우리 안에 있는 하나님의 형상이 파열되고, 그 파열음은 우리 내면 깊은 곳에 수신호를 보낸다. '진소호트'에 관한 한 나는 루이스의 글이 최고라고 생각한다. 물론 그에 못지않게 진소호트를 묘사해 낸 예술가도 많다. 시인으로는 휘트먼, 엘리엇, 오든이 있고, 소설가로는 오스틴, 오스터, 제임스가 있으며, 화가로는 반 고흐, 가츠시카 호쿠사이, 또 음악가로는 라흐마니노프, 라디오헤드, 그리고 성경 인물로는 솔로몬 왕(만약 그가 전도서의 기자라면)을 꼽을 수 있다. 이 예술가들은 우리 안의 절절하고도 아련한 갈망, 피조물의 집단적 탄식(롬 8:23)을 다양한 기법과 방식으로 표현해 냈다.

우리는 모두 탄식하며 갈망하고 있다. 하지만 탄식과 갈망을 다루는 방법은 저마다 다르다. 여기에 '진소호트'를 해결하는 몇 가지 예를 소개해 보겠다.

1. 약물을 주입한다. 내면의 영적 갈망을 잠재우는 가장 흔한 방법은 뭐니 뭐니 해도 거짓 우상들을 섬기는 것이다. "인간은 누구나, 심지어 엄마 배 속에서부터 우상 만들기의 달인들이다"라고 칼뱅은 말했다.[04] 각성제부터 시작해 포르노, 쇼핑, 게임, 인터넷까지 이 세상에는 온갖 마취제가 풍부하게 겸비되어 있다. 사람들은 '진소호트'를 만족시키는 임시변통의 수단들에 만족한다. 물론 그런다고 진짜로 만족스러울 리는 없다. 약물에는 약효라는 게 있는 법이니까.

2. 부인한다. 이 방법은 보통 우상숭배와 어깨를 나란히 하며 그 중심에 자기우상화라는 계략을 놓고 있다. 말하자면 자기는 죄가 없다고, 아무것도 잃어버린 게 없다고, 무엇으로도 채울 수 없는 간절한 동경이 없다고 부인하는 것이다. 차고가 두 개 딸린 근사한 집에, 단란한 가정에, 좋은 직장에, 없는 것이 없고 특별히 불행한 일도 없는데 그 이상 무엇을 바라느냐고 사람들은 묻는다. 물론 그들은 존 크램프John Kramp가 예리하게 지적하듯 "잃고도 알지 못하는"[05] 사람들이다. 자, 이제 더 이상은 예수님 없이도 '잃어버린 영혼'이 아니라고 억지 쓰지 말라. 어쩌면 그런 상태가 가장 위험한 것인지도 모른다. 사탄은 우리가 예수님 없이

행복하기를 바라니까.

3. 신성시한다. 이 방법은 그리스도인들 사이에서 인기가 높다. 특히 젊은 신자들이 애용한다. 한마디로 말하자면, 갈망하는 대상이 아니라 갈망 그 자체에 관심을 갖는 것이다. 진소호트 우상숭배자들은 하나님을 이용해 미스터리를 밝히기를 주저하지 않는다. 왜냐하면 미스터리가 계시보다 훨씬 더 흥미롭기 때문이다. 갈망 자체에 안주해 버린 자들은 자신의 의구심과 주관적 견해, 불확실성을 중시한다.

4. 좋아한다. "네가 만일 하나님의 선물과 또 네게 물 좀 달라 하는 이가 누구인 줄 알았더라면 네가 그에게 구하였을 것이요 그가 생수를 네게 주었으리라"(요 4:10).

어떻게 하면 영적 갈망을 좋아할 수 있을까? 주파수를 맞추면 된다. 하나님을 좋아하는 사람만이 진소호트를 진정으로 아름답게 만든다. 결국 우리의 갈망을 만족시키는 분은 구세주밖에 없다. 그분만이 우리 마음의 절규를 해독할 수 있는 유일한 공식 해독자다. 한때 이해불가의 외래어이자 비가였던 그 야만스런 뇌까림은 이제 본향에서 기쁨의 수다가 될 것이다.

"당신이 당신 자신을 위해 우리를 만드셨사오니 우리의 마음은 당신 안에서 안식할 때까지 쉼이 없나이다."[06)]

진소호트는 신비로운 불치의 향수병이다. 그것은 하나님 아버지의 품 안에서 안전하게 동산으로 돌아가 우리의 형제인 예수님과 드란도란 이야기를 나누고 싶은 갈망이다. 누구나 이 갈망을 만족시키지는 못할 것이다. 어떤 이들은 죽는 순간까지도 그 갈망을 약물로 달래고, 부인하고, 신성시하면서 낯익은 낯섦에서 출발했다가 공포의 땅에 이르고 말 것이다.

예전에 나는 부부 모두가 죽음을 앞둔 자리에서 복음을 전한 적이 있다. 아내는 본향을 사모하며 얼른 예수님의 품에서 안식하기를 원하고 있었지만, 평생 하나님께 주먹을 휘두르며 살아온 남편은 마지막 순간에도 계속 자기의 고집을 버리지 못했다. 그는 복음을 받아들이려 하지 않았다. 하지만 같은 자리에서 복음을 들은 아내는 자신의 오랜 갈망이 채워지는 것을 느꼈다. 암세포에 잠식당한 가녀린 육체, 껍질에 불과했던 이전의 자아가 마침내 허물어지면서, 그녀의 영은 곧장 하나님 아버지의 품에 안겼다. 난생처음으로 딸이 집에 돌아온 것이다.

성경이 말하듯 "복음의 임무를 한마디로 정의한다면 우리를 하나님 아버지와 화해시키는 것이다."[07]

입양에 대한 복음

성경의 구원 이야기(현재 우리가 '깊이'라고 부르고 있는)에는 예수님 없이 살아가는 인간들의 모순적인 상태가 드러나 있다. 앞에서도 말했듯이 죄의 자녀로 태어나기 전인 영원 전부터 하나님은 우리를 아셨고 사랑하셨으며, 구원을 예정해서 그분 품으로 돌아오게 하신다. 그러나 다른 한편으로 우리는 하나님의 품을 떠난 완전한 이방인, 낯선 자, 심지어 배반자와 원수로 그려진다. 성경이 묘사하는 인간의 상실성은 예수 그리스도의 은혜와 철저히 대비된다. 에베소서 2장 1-3절은 말하길, 우리가 예수님을 떠나면 죽은 자로서 세상과 마귀와 자기 욕정을 좇아 살게 된다고 한다(죽은 자로서는 대단한 활동이 아닐 수 없다).

그러한 긴장감(하나님의 잃어버린 자녀인 동시에 하나님과 남남이 된 거역자)의 해결책은 결국 우리를 미워하면서도 사랑하시는 하나님 자신에게서 나온다. 우리는 무엇을 그토록 그리워하며 갈망하는가? 로마서 8장 23절에 따르면, 그것은 자녀로서의 입양이다. 로마서 8장 14-15절 말씀처럼 우리를 그분의 영으로 인도하는 하나님께 한때 원수였던 우리가 자녀로 입양되는 길은 우리 내면의 "아빠, 아버지!"라는 부르짖음을 해석해 줄 양자의 영을 받는 것이다.

하나님이 우리를 미리 아신 예지(豫知) 속에는 그분께 휘두르는 주먹과 잡아 주길 바라며 벌린 양팔 사이의 일치가 있다. 성부로부터 오신 성령은 목자 예수님의 음성을 알아들을 귀를 주신다(요 10:27). 성삼위의 심오한 깊이 속에서만 진노의 원수들이 사랑받는 자녀가 될 수 있다. 입양이란 얼마나 멋지고 대단한 일인가!

내가 나를 위하여 그를 이 땅에 심고
긍휼히 여김을 받지 못하였던 자를 긍휼히 여기며
내 백성 아니었던 자에게 향하여 이르기를
너는 내 백성이라 하리니 그들은 이르기를
주는 내 하나님이시라 하리라 하시니라 호 2:23

하나님은 자신의 것이 아닌 자를 취하여 자신의 것으로 만드신다. 남남이자 원수였던 자를 친구로 만드신다(요 15:15). 존 머레이John Murray는 이렇게 설명했다. "입양이란 말 그대로 낯선 가족을 하나님 자신의 가족으로 전환시키는 행위다. 이것이 그분의 은혜와 특혜의 극치가 아니면 무엇이란 말인가!"[08]

하나님은 배신자들을 가족으로 바꾸신다. 영원 전부터 시작된 그분의 깊은 사랑 안에서(엡 1:5), 옛 언약의 세심한 약속을 통해(롬 9:4), 그리스도의 새 언약의 풍성한 은혜에 의해(갈 4:4-5), 성령의 지속적인 사랑 어린 사역과 함께(갈 4:6), 그분은 그렇게 하신다. 하나님은 지금도 그 깊이의 표면에서 우리 마음의 진공상태를 향해 외치고 계시다. 그리고 이 경이로움은 또 다른 이해불가의 경이로움, 즉 입양과 거듭남으로 이어진다(우리가 성령 안에서 회심할 때).

하나님이 우리를 그분의 가족으로 입양하는 순간 우리는 단순히 그분의 자녀로 신분이 바뀌는 것뿐만 아니라 실제로도 그분의 자녀로 변해 간다. 성령의 갱생작업은 점진적인 성화의 과정으로 나타나, 예수 그리스도의 의로움을 힘입는 동시에 그분의 의로움을 전달받는다. 그렇다면 우리는 "보라 아버지께서 어떠한 사랑을 우리에게 베푸사 하나님의 자녀라 일컬음을 받게 하셨는가"라는 요한1서 3장 1절의 말씀을 곧이곧대로 받아들여 황송한 찬미를 올려야 마땅하다! 루이스 스미디즈Lewis Smedes는 바울의 예를 들어 그런 찬미를 올리고 있다.

바울은 그리스도로부터 도망쳤으나 그리스도는 그를 좇아가 붙드셨다. 바울은 그리스도를 거부했으나 그리스도는 그의 무장을 해제시키셨다. 바울은 그리스도를 핍박했으나 그리스도는 그를 회심시키셨다. 바울은 그리스도와 남남이었지만 그리스도는 그를 가족으로 만들어 주셨다. 바울은 그리스도의 적이었으나 그리스도는 그를 친구로 삼으셨다. 바울은 '육신 가운데' 있었으나 그리스도는 그를 '성령 가운데' 있게 하셨다. 바울은 율법 아래서 살았지만 그리스도는 은혜 아래 살게 하셨다. 바울은 죽었으나 그리스도는 그를 하나님 안에서 살게 하셨다. 대체 왜 그렇게 하신 걸까? 주님은 그 이유를 대지 않으시고 바울은 이렇게 찬미할 뿐이다. "우리를 축복하시는 하나님을 송축할지라…심지어 우리를 그분 안에서 선택하셨네."[09]

그 이유? 더 이상 특별한 이유는 없다. 하나님의 목적은 자신을 영화롭게 하고 자신의 이름을 명예롭게 하는 것이다. 거기에 그 이유가 있다. 그분은 사랑이고(요일 4:8) 사랑을 원하신다. 누구나 마음이 원하는 걸 원한다. 하나님의 마음은 자신을 미워하는 인간들을 원하신다. 인간들이 깨닫고, 뉘우치고, 돌이키고, 용서받고, 온전하기를 원하신다.

대학 시절 나의 은사인 고(故) M. B. 잭슨M.B. Jackson 교수는 종종 이런 질문을 던지셨다. "왜? 도대체 왜 하나님은 유대인을 선택하신 걸까요?" 그런 뒤에 교수님은 신명기 7장 6-9절을 우리에게 읽어 주셨다.

너는 여호와 네 하나님의 성민이라 네 하나님 여호와께서 지상 만민 중에서 너를 자기 기업의 백성으로 택하셨나니 여호와께서 너희를 기뻐하시고 너희를 택하심은 너희가 다른 민족보다 수효가 많기 때문이 아니니라 너희는 오히려 모든 민족 중에 가장 적으니라 여호와께서 다만 너희를 사랑하심으로 말미암아, 또는 너희의 조상들에게 하신 맹세를 지키려 하심으로 말미암아 자기의 권능의 손으로 너희를 인도하여 내시되 너희를 그 종 되었던 집에서 애굽 왕 바로의 손에서 속량하셨나니 그런즉 너는 알라 오직 네 하나님 여호와는 하나님이시요 신실하신 하나님이시라 그를 사랑하고 그의 계명을 지키는 자에게는 천 대까지 그의 언약을 이행하시며 인애를 베푸시되

바로 이것이 율법의 숲에서도 오직 은혜로 말미암아 구원을 받는다는 증거다. 하나님은 인구가 많거나, 국력이 강하거나, 심지어 국민성이 좋아서 이스라엘을 성민으로 택하신 게 아니다. 그냥 그렇게 하고 싶어서 하신 것뿐이다. 단지 그들에게 거룩한 특혜와 사랑을 베풀고 싶어서 그렇게 하신 것이다.

마찬가지로 우리가 특출한 존재라서 하나님이 우리를 구원하신 게 아니다. 그렇게 생각하는 자는 천벌을 받을진저! 하나님이 우리를 선택한 것은 우리를 사랑하셨기 때문이다. 우리를 사랑하신 건 그렇게 하기로 작심하셨기 때문이다. 하나님의 사랑은 우리가 어떠해서가 아니라 순전히 그분의 의도와 결심에서 비롯된 것이다. 그런데도 입양이 놀랍고 신기하지 않단 말인가?

입양의 은혜로운 패턴은 구약 전체에 드러날 뿐만 아니라 신약으로도 이어진다. 구원의 목적을 성취하고 전폭적인 은혜를 보여 주기 위해서 하나님은 형제들 중의 막내, 목동, 꾀돌이, 몽상

가, 빈민, 느새, 수감자, 노약자, 외국인, 협잡꾼, 투사, 성마른 자, 참을성 없는 자, 과민한 자, 감상주의자, 촌뜨기, 멍청이, 마른 뼈들을 선택하셨다. 그리하여 모든 상황을 통해 자신의 백성이 아니었던 자들에게 "너희는 내 백성이다. 그래, 너희 같은 자들도 내 백성이다"라고 하시며 스스로를 영화롭게 하셨다. 이래도 입양이 놀랍고 굉장하지 않단 말인가?

매트 챈들러Matt Chandler는 믿지 않는 사람을 전도 집회에 데려갔다가 당황했던 이야기를 다음과 같이 들려주었다.

> 목사가 강단에 올라 설교를 시작하면서 망했다는 생각이 들었다. 뭐라고 그 설교를 평가해야 할까? 아무튼 성경에 대한 내용은 거의 없었다. 온통 STD(성병) 통계에 대한 이야기뿐이었다. "여러분은 매독에 걸리고 싶지 않지요, 그렇지요?"라는 말을 되풀이하다가 "입술에 물집이 생겨야만 그게 재미있는 놀이가 아님을 깨달을 겁니다"라고 겁을 주었다. 그렇게 한참이나 도덕 강의에 심취해 있던 그가 느닷없이 빨간 장미 한 송이를 꺼내 들었다. 그는 짐짓 과장된 몸짓으로 그 장미꽃의 향기를 맡고 꽃잎을 어루만지더니 그날 아침 꺾은 신선한 꽃이라서 정말로 아름답다고 하면서, 매우 아름다워 모든 사람에게 보여 주고 향기를 맡게 하고 싶다고 했다. 그러고는 그 꽃을 청중에게 던져 주더니, 한 명씩 돌려 가면서 보라고 했다. 나와 내 친구는 천 명이 모인 집회의 뒷좌석에 앉아 있었는데, 얼마 후에는 우리에게도 차례가 왔다. 그는 그동안 계속해서 설교했다. 그리고 설교가 거의 끝날 무렵, 그 장미를 다시 자기에게 돌려 달라고 했다. 물론 그 장미가 그의 손에 다시 들어갔을 때는 가지도 부러지고 꽃잎도 절반은 떨어져 나간 뒤였다. 그는 형편없이 초라해진 장미꽃을 청중 앞에 높이 들더니 다

음과 같은 말로 설교를 맺었다. "자, 이제 세상 어느 누가 이런 꽃을 원하겠습니까? 누가 이런 장미를 갖고 싶을까요? 여러분은 이 장미가 자랑스럽습니까? 예쁩니까?" 그의 말과 목소리에서는 일말의 동정이나 연민도 느껴지지 않았다.

그 뒤 일이 주 동안은 학교에서 킴을 볼 수 없었다. 수업에도 나오지 않았다. 나는 그녀에게 전화를 걸고 메시지도 남겼지만, 연락이 오지 않았다. 그렇게 3주의 시간이 흐르자 슬슬 걱정되기 시작했다. 혹시 학교마저 그만두려는 건 아닐까? 어두운 과거를 지닌 그녀가 혹시 예전의 생활로 돌아간 건 아닐까? 그때 킴의 어머니라고 하는 부인에게서 전화가 걸려왔다. 킴이 교통사고를 당해 대학 맞은편에 있는 병원에 입원해 있다는 것이었다. 나는 전화를 끊자마자 그녀가 입원해 있는 병실로 달려갔다. 머리는 붕대로 칭칭 감겨 있었고 얼굴은 몹시 퉁퉁 부어 있었다. 시속 110km로 달리는 차에 치여 콘크리트 바닥에 머리를 부딪쳤다고 한다. 두개골이 골절되었지만 다행히 영구 장애를 일으키는 심각한 부상은 아니라고, 그래도 몇 주 동안은 입원 치료를 해야 한다고 말했다.

이런저런 이야기를 하던 중에 그녀가 다짜고짜 내게 이런 질문을 던졌다. "너는 내가 더러운 장미꽃이라고 생각하니?" 나는 가슴이 철렁 내려앉았지만 예수 그리스도의 복음이 얼마나 위대한지를 차근차근 설명하면서 예수님은 바로 그 장미를 원하신다고 말해 주었다. 예수님이 구하고 회복하기 원하시는 것은 바로 그 더러운 장미다![10]

하나님 아버지가 인류 역사의 기나긴 복도를 돌아보신다면 우리는 아마도 최고의 걸작만을 손으로 가리킬 것이다. 여기 영웅들이 있습니다! 귀재들이 있습니다! 그러나 하나님은 갑부와 유명인, 귀족과 대가들을 그냥 지나치시고 노예와 천민과 탕자들을 골라잡으신다. "하나님께서 세상의 미련한 것들을 택하사 지혜 있는 자들을 부끄럽게 하려 하시고 세상의 약한 것들을 택하사 강한 것들을 부끄럽게 하려 하시며"(고전 1:27). 하나님은 가난한 거지들만 선택하신다. 남루하고 지친 자들, 분노하며 더러운 자들을 택해 그분의 아들과 딸이 되게 하신다. 그리스도인이여, 하나님은 당신 생애 최악의 상태를 보시고도 예수님 때문에 "나는 너를 택하겠다. 이는 내 사랑하는 아들(딸)이요, 내가 기뻐하는 자다"라고 말씀하신다.

우리를 입양하는 순간에 하나님은 성령을 우리 안에 넣어 주신다. 그래서 그 힘으로 우리는 하나님 아버지께 부르짖을 수 있고, 수치를 깨닫는 순간에 독생자의 완벽한 의로움으로 우리의 수치를 가릴 수 있다. 하나님 아버지가 우리를 자신의 자녀로 새롭게 태어나게 하셨으므로 우리는 그분의 독생자와 공동상속인이 되었다.

성령이 친히 우리의 영과 더불어 우리가 하나님의 자녀인 것을 증언하시나니 자녀이면 또한 상속자 곧 하나님의 상속자요 그리스도와 함께한 상속자니 우리가 그와 함께 영광을 받기 위하여 고난도 함께 받아야 할 것이니라 롬 8:16-17

독생자의 부요함은 이제 우리 것이다. 주님의 구원 사역으로 얻은 영광의 약속은 우리의 계좌로 입금되었다. 하나님의 아들은 자신이 가진 모든 것을 형제자매인 우리와 나누신다. 따라서 그리스도 안에만 있으면 우리는 그리스도처럼 안전하다. "거룩하게 하시는 이와 거룩하게 함을 입은 자들이 다 한 근원에서 난지라 그러므로 형제라 부르시기를 부끄러워하지 아니하시고"(히 2:11). 성자는 우리가 그분의 가족이 된 것을 자랑스러워하시고, 성부는 우리를 그분 눈의 '눈동자'라고 부르신다(슥 2:8).

그리스도와의 연합에 대한 복음

입양이 우리를 향한 하나님 아버지의 마음을 보여 준다면, 성자와의 연합은 그 마음의 구체적인 모양을 알게 해준다. 학자들은 성도와 그리스도의 연합을 구원 사역의 골자로 여긴다. 가령 존 머레이 같은 사람은 "그리스도와의 연합은 구원론 전체의 중심 진리다"라고 말했고[11] "그것이 성취와 적용이라는 구속사의 모든 면에서 근저가 된다"라고 했다.[12] 칼뱅은 그리스도와의 연합이 "최고로 중요한 것"이라고 강조했고[13] 루이스 스미디즈는 그리스도와의 연합이 "인간 존재의 중심인 동시에 둘레"라고 말했다.[14] 이런 식으로 나열하자면 끝이 없다.[15]

성도와 그리스도의 연합은 신약 어디서나 발견된다. 우리와 아담과의 연합이 구약 어디서나 발견되는 것처럼. 주로 "그 안에서"나 "그리스도 안에서"라는 표현에 그 의미가 함축되어 있다. 이 표현은 단순한 영적 감상도 아니고 편지 끝에 적는 상투적인 문구도 아니다. 예수님의 구원 사역이 그분과 하나 되기 위한 것이었음을 지속적으로 떠올리게 해주는 강력한 상기물이다.

주님과의 연합을 비유한 대표적인 말씀으로 요한복음 15장

4-5절을 들 수 있다.

> 내 안에 거하라 나도 너희 안에 거하리라 가지가 포도나무에 붙어 있지 아니하면 스스로 열매를 맺을 수 없음 같이 너희도 내 안에 있지 아니하면 그러하리라 나는 포도나무요 너희는 가지라 그가 내 안에, 내가 그 안에 거하면 사람이 열매를 많이 맺나니 나를 떠나서는 너희가 아무것도 할 수 없음이라

포도나무와 가지의 관계는 예수님과 구원받은 우리의 관계에 잇닿아 있다. 그분은 우리 안에, 우리는 그분 안에 계신다. 포도나무 가지가 포도나무에 붙어 있듯이 우리도 그분과 하나로 결속되어 있다. 포도나무에서 잘린 가지는 죽은 가지다. 포도나무에 붙어 있으면 생명이 있고, 그래서 열매를 맺는다.

로마서 6장 3-11절은 연합의 개념을 신학적으로 정립해 준 말씀이다.

> 무릇 그리스도 예수와 합하여 세례를 받은 우리는 그의 죽으심과 합하여 세례를 받은 줄을 알지 못하느냐 그러므로 우리가 그의 죽으심과 합하여 세례를 받음으로 그와 함께 장사되었나니 이는 아버지의 영광으로 말미암아 그리스도를 죽은 자 가운데서 살리심과 같이 우리로 또한 새 생명 가운데서 행하게 하려 함이라 만일 우리가 그의 죽으심과 같은 모양으로 연합한 자가 되었으면 또한 그의 부활과 같은 모양으로 연합한 자도 되리라 우리가 알거니와 우리의 옛 사람이 예수와 함께 십자가에 못 박힌 것은 죄의 몸이 죽어 다시는 우리가 죄에게 종노릇하지 아니하려 함이니 이는 죽은 자가 죄에서 벗어나 의롭다 하심을 얻었음이라

> 만일 우리가 그리스도와 함께 죽었으면 또한 그와 함께 살 줄을 믿노니 이는 그리스도께서 죽은 자 가운데서 살아나셨으매 다시 죽지 아니하시고 사망이 다시 그를 주장하지 못할 줄을 앎이로라 그가 죽으심은 죄에 대하여 단번에 죽으심이요 그가 살아 계심은 하나님께 대하여 살아 계심이니 이와 같이 너희도 너희 자신을 죄에 대하여는 죽은 자요 그리스도 예수 안에서 하나님께 대하여는 살아 있는 자로 여길지어다

그리스도와의 연합에 대한 바울의 요점은 고린도후서 5장 21절에서 찾을 수 있다. "하나님이 죄를 알지도 못하신 이를 우리를 대신하여 죄로 삼으신 것은 우리로 하여금 그 안에서 하나님의 의가 되게 하려 하심이라." 고린도전서 15장 22절도 참고하라. "아담 안에서 모든 사람이 죽은 것같이 그리스도 안에서 모든 사람이 삶을 얻으리라." 결국 그리스도를 떠난 자는 아담 안에 있어 하나님의 영원한 형벌을 받아야 하지만, 그리스도를 통해 우리는 그리스도 안에 있으므로 하나님의 영생의 축복을 받게 되었다는 뜻이다. 아담 안에는 죽음밖에 없고 그리스도 안에는 생명밖에 없다(여기에서 생명'밖에' 없다는 말은 매우 중요하다).

그럼 로마서 6장 3-11절 말씀으로 돌아가서 성도와 그리스도의 연합을 바울이 어떻게 설명했고, 그 결과를 어떻게 정리했는지 살펴보기로 하자. 하나씩 찬찬히 들여다보면 정말로 가슴이 뭉클해진다.

- 우리는 그리스도와 합하였으므로 그분의 희생적인 죽음이 우리의 희생적인

죽음이 되었다.

- 우리는 그리스도와 합하였으므로 그분의 장사(葬事)가 우리의 장사가 되었다.
- 우리는 그리스도와 합하였으므로 그분의 부활이 우리의 새 생명이 되었다.
- 우리는 그리스도와 합하였으므로 장차 부활할 때 그분과 함께하게 된다.
- 우리는 그리스도와 합하였으므로 그분의 십자가 위에서의 죽음이 우리의 죽음이 되었다.
- 우리는 그리스도와 합하였으므로 그분의 생명이 우리의 생명이 되었다.
- 우리는 그리스도와 합하였으므로 죽음이 그분을 지배하지 못하는 것처럼 우리도 지배하지 못한다.
- 우리는 그리스도와 합하였으므로 하나님께 산 자가 되었다.

그리스도와의 연합이 의미하는 것들은 생각할수록 놀랍고 신기하기만 하다. 그리스도의 온전한 순종은 우리의 온전한 순종이 되었고, 그리스도의 죄 없음은 우리의 죄 없음이 되었으며, 그분의 죽음은 우리의 죽음이 되었고, 그분의 부활은 우리의 부활이 되었다. 또 그분이 영광은 우리의 영광이 되었고, 그분의 부요함은 우리의 부요함이 되었다.

믿는 성도들이 얼마나 부요한 자인가를 생각해 보라. 하늘의 왕관을 받을 자가 되었고 그리스도의 신부가 됨으로써 그분의 부요함이 모두 성도의 것이 되었다. 연합 안에 친교가 있다. 그리스도는 그분의 은혜를 전해 주신다.…그리스도의 은혜가 있는 한 성도는 부족함이 없다. 또한 그분은 자신의 특권, 칭의, 영광을 나누어 주신다. 그분은 자신의 신부에게 왕국을 상속하신다.…이것이 고린도후서 6장 10절 "아무것도 없는 자 같으나 모든 것을 가진 자"라는 수수께끼 같은 말씀의 열쇠다. 결혼의 연합 덕분에 성도는 그리스도의 모든 부요함의 소유권을 갖게 되었다.[16]

연합에 대한 이야기들이 복음의 다양한 특혜와 연결되어 있다는 건 지극히 당연한 일이다. 복음은 그리스도의 몸이라고 불리는 교회를 낳았다. 남자와 여자가 한 몸이 되는 결혼을 복음에 적용한다면 그리스도와 그분의 신부하고 상통한다. 주님의 피와 살이라고 불리는 성만찬에서는 복음이 전파된다. 복음은 우리가 그리스도 안에서 의로워졌다고 선포하며, 그리스도 안에서 거룩해졌다고 선포하고, 그리스도 안에서 영화로워졌다고 선포한다. 그리스도 안에서 우리는 살고, 움직이고, 존재한다. 아더 핑크의 설명을 들어 보라.

그리스도와의 연합은 모든 영적 축복의 근원이다. 따라서 그분과 아무런 연관이 없다면 거듭남도, 의로워짐도, 거룩해짐도, 영화롭게 됨도 있을 수 없다. 영의 세계를 희미하게 반영하는 자연의 이치도 마찬가지다. 우리 몸에서 한 부분이 절단되면 그 부분은 죽는다. 오로지 내 육신과 하나가 되어야만 나의 생명을 공유할 수 있다.[17]

그리스도와의 연합은 아무도 뗄 수 없는 아름다운 결합이다. 하나님의 은혜와 믿음의 선물로 말미암아 우리는 그분과 합해졌다. 그분은 영원토록 우리와 함께하시고, 우리를 감싸 주시고, 우리를 덮어 주신다.

- **그리스도는 우리 안에 계신다**(요 14:20, 17:23; 롬 8:10–11; 고후 13:5; 골 1:27).
- **그리스도는 우리 위에 계신다**(롬 9:5; 고전 11:3; 골 1:18, 3:1; 히 3:6).
- **그리스도는 우리를 통하여 계신다**(롬 15:18; 고후 2:14, 5:20).
- **그리스도는 우리와 함께 계신다**(마 18:20, 28:20; 엡 2:5–6; 딤후 4:17).
- **그리스도는 우리 밑에 계신다**(눅 6:47–48, 20:17; 행 4:11; 고전 3:11).
- **그리스도는 우리 사방에 계신다**(즉, 우리는 그분 안에 있고 그분을 통해 있다 – 요 14:6; 고전 8:6; 고후 3:4, 14, 5:17; 갈 3:27; 히 7:25).

그리스도는 또한 우리 앞에 계시고 우리를 위해 계신다. 우리를 위해 중보하시며 우리를 위해 변호하신다(히 7:25; 요일 2:1). 복음이 우리를 얼마나 완전하게 삼켜 버렸는지, 적어도 영적 상태라는 면에서 우리와 주님의 구별조차 모호해져 버렸다. 골로새서 3장 3절에서 바울은 주님과의 연합을 "그리스도와 함께 하나님 안에 감추어졌음"이라고 표현했다. 우리는 주님과 하나 되었기 때문에 하나님께 '확실하게' 가까워졌고, 죄와 죽음과 사탄으로부터 '확실하게' 멀어졌다. 주님이 살아 계시는 한, 즉 영원히 그렇게 된 것이다.

밀턴의 작품에 나오는 사탄처럼 마귀들은 이렇게 말한다. "나는 벽을 넘어 들어갈 거야." 그러나 예수님은 바로 그곳에 우리의 산성이자 피난처로 대기하고 계신다. 마귀들은 또 말한다. "나는 뒷문으로 몰래 들어갈 거야." 그러나 예수님은 그곳에서도 마귀를 기다리고 계신다. 마귀는 전후좌우, 위아래로 공격을 감행하지만 예수님은 그곳들 전부에 계신다. "대체 이 예수들은 전부 어디서 온 거야?"라고 마귀는 묻겠지만, 예수님은 오직 한 분이시며 우리를 구원할 만큼 강력해서 완벽하게 우리를 방어하신다. 그분의 강한 손에서 우리를 낚아챌 자는 아무도 없다.

토마스 보스턴Thomas Boston은 "그리스도와 연합한다는 것은 모든 행복의 근원이자 가장 큰 특권이다"라고 말했다.[18] 하지만 그 말로도 모자람이 있다.

그리스도, 돌아가는 길

그리스도와의 연합이라는 놀라운 사실조차 하나님의 구원 계획이라는 더 놀라운 사실에 비하면 하나의 그림자에 불과하다. 복음은 어느 각도에서나 그 창시자인 하나님을 가리키고 있다. 우리는 우리의 공로가 아닌 그분의 은혜로 구원을 받았다. 단순히 무능으로부터 구원받은 게 아니라 그분의 진노로부터 구원받았다. 우리의 순종이 아닌 그분 아들의 순종으로 구원받았다. 더 이상 방황하지 않고 그분과 화해하여 천국에 들어가라고 구원받았다. 근본적으로 우리 자신의 영광이 아닌 그분의 영광을 위해 구원받았다. 이 모든 걸 한마디로 줄이면? 우리는 하나님을 위해, 하나님에게, 하나님을 통해, 하나님으로부터, 하나님에 의해 구원받았다! 구원 계획은 하나님의 것이었고 구원 실행은 성자의 것이었고 구원 베풂은 성령의 것이다. 그리고 이 모든 것을 통해 하나님이 영광을 받으신다.

하나님은 예수 그리스도와의 연합이라는 찬란한 다이아몬드를 깎아서 자신이 얼마나 위대하며 필요불가결한 존재인지를 드러내셨다. 그분은 길이고, 진리이고, 생명이다(요 14:6). 그분은 신비의 별이고 황금이다.

아담과 하와가 에덴동산에 쫓겨난 뒤, 하나님은 천사들과 두루 도는 불 칼을 두어 생명나무의 길을 지키게 하셨다. 왜 그랬을까? 내 생각에는 에덴동산에서 나왔던 길로는 다시 그곳에 들어갈 수 없기 때문에 그랬을 것 같다. 우리는 하나님의 명령을 거역하고 타락의 길로 나아갔다. 그러나 순종을 한다고 해도 구원의 길로 들어설 수는 없다. 물론 우리는 다시 그곳에 들어가야 한다. 그러나 나온 길로는 도로 그곳에 들어갈 수 없다. 아무도 자신의 선행으로 의롭게 되지 못한다. 순종으로도 들어갈 수 없는 이유는 그 길이 아예 원천적으로 봉쇄되어 있기 때문이다. 오로지 예수님만이 그 길로 들어가실 수 있다. 예수님이 "천사보다 훨씬 뛰어남은 그들보다 더욱 아름다운 이름을 기업으로 얻으심이니", 오직 그분만이 들어가실 수 있다(히 1:4).

그 길은 우리가 갈 수 있는 길이 아니다. 오직 '길'이신 그분만이 가실 수 있다. 우리가 그분과 하나가 되면 그분은 우리를 그곳에 데려가신다. 그분을 통해 우리는 지성소에 들어갈 자격을 얻었다(엡 2:18; 히 4:16). 그분 안에서, 그분과 함께, 그분을 통해, 그분에 의해서만 우리는 회복된 동산(낯선 동시에 낯익은)으로, 그토록 고대하던 본향으로 갈 수 있다.

또 그가 수정같이 맑은 생명수의 강을 내게 보이니 하나님과 및 어린양의 보좌로부터 나와서 길 가운데로 흐르더라 강 좌우에 생명나무가 있어 열두 가지 열매를 맺되 달마다 그 열매를 맺고 그 나무 잎사귀들은 만국을 치료하기 위하여 있더라 다시 저주가 없으며 하나님과 그 어린양의 보좌가 그 가운데에 있으리니 그의 종들이 그를 섬기며 계 22:1-3

그럼 이제 다가올 세상에서 복음이 얼마나 밝은 그림자놀이를 하게 되는지 알아보도록 하자.

진리의 검이여, 빠르고 굳세게 날아가서
악이 죽고 선이 영원하게 하소서!
디즈니 만화영화, 〈잠자는 숲속의 공주〉 중에서

Thou sword of truth, fly swi6 and sure,
that evil die and good endure!
Disney's Sleeping Beauty

09

우주적 구원

GOSPEL DEEPS

우리 사무실에서 엎드려 코 닿을 곳에 미네랄 스프링스 공원이 있다. 버몬트 주 미들타운 스프링스의 작은 마을에 있는 이 작은 공원은 예전에 오래된 휴양호텔이 자리 잡고 있었던 곳이다. 한때는 이곳에서 병을 고친다는 광천수가 나와서 지역 관광업자가 호황을 누리던 시절이 있었고, 전 세계 각국의 사람들이 몰려와 호텔에 머물며 그 물에 목욕을 했었다. 수완 좋은 장사꾼들은 그 물을 병에 담아 팔기도 했다. 물론 광천수는 아직도 나온다. 나무로 된 노대 밑의 대리석 사이에서 퐁퐁 솟아오르며 공원을 가로지르는 포트니 강으로 흘러 들어가고 있다. 호텔 교량에 놓여 있던 기초석도 그대로 있지만 호텔은 사라졌고, 몇 개의 유적을 간직한 버몬트 삼림이 일대를 덮고 있다.

나는 날씨가 심술을 부리지 않는 날, 가끔 우리 교회에서 그 공원으로 산책하러 나가 광천수 샘 위의 벤치에 앉아서 나무를 스치는 바람 소리와 강물 소리를 듣는다. 내가 그곳으로 이사를 오기 전에는 버몬트 숲의 초목이 지금과 달랐다고 한다. 나는 예전에도 숲이 우거진 곳(휴스턴 북서부, 텍사스, 내슈빌, 테네시 등지)에서 살았고 많은 산지를 돌아다녔지만, 뉴잉글랜드 삼림지대에는 그만의 독특한 면이 있다. 우선, 나무들이 다르다. 더 촉촉하고 우람하다. 톨킨 소설에 나오는 거인들처럼 개성이 강하고 오랜 전설을 간직하고 있다. 버몬트 지역의 나무들처럼 푸른빛이 성성한 나무들을 나는 본 적이 없다. 가을이 되면 황금빛부터 붉은빛까지 온 숲이 총천연색 단풍으로 물들어 하나님의 운치 있는 영광을 찬미한다. 알싸하리만치 신선한 공기에서는 땅에 떨어져 으깨진 사과 향내, 모닥불 연기, 사냥꾼이 사냥감을 요리했던 냄새들이 풍겨 나온다. 그러다가 뉴잉글랜드 특유의 긴 겨울이 시작되면 만물은 흰 눈에 덮이고 고요한 적막이 찾아온다. 그렇게 기나긴 혹한과 침묵을 견디고 나면 어느새 봄의 정기가 스멀스멀 올라와서 다시 새로운 활력이 넘치기 시작한다.

태고의 신비를 간직한 이곳은 새로움이 무르익는 곳이기도 하다. 미네랄 스프링스 공원에 가면 일 년 중 어느 때라도 신선한 설렘을 만날 수 있다. 말하는 비버가 툭 튀어나와서 아슬란의 소식을 전해 줄 것 같고, 신기한 마법이 펼쳐질 것만 같다.

물론 버몬트만 그렇다는 얘기는 아니다. 그런 곳이 다른 지역에도 값이 있을 것이다. 나는 환경적 풍요로움과 이른바 '내 멋에 산다'는 뉴에이지 문화 사이에 뭔가 연관성이 있을 거라고 생각한다. 하나님을 거부하고 범신론과 신비주의에 젖어 있는 사람들은 주로 산지에 많다. 태평양 남서부와 미국의 남서부도 그렇다. 당신은 그 이유가 무엇이라고 생각하는가?

내가 보기에는 그런 지역들의 자연이 누구도 부인할 수 없을 정도로 아름답고 멋있어서 그런 듯하다. 이런 생각을 더 굳히게 된 계기가 있었는데, 어느 주일 우리 교회 중고등부 남학생이 한 간증 때문이었다. 그는 여름방학을 이용해 뉴욕 북쪽의 산악지대를 돌며 혼자 배낭여행을 했다고 한다. 여행 다니며 찍었던 산의 풍경 사진들을 프로젝터로 보여 주면서 그는 교인들에게 이런 말을 했다. "산에 있으면 '아, 내가 정말 보잘것없는 존재구나'라는 생각이 들었습니다." 그 이야기를 들으니 언젠가 매트 챈들러가 했던 말이 떠올랐다. "과연 누가 로키 산맥의 산 어귀에 서서 '내가 왕년 고등학교 시절에 130kg을 들어 올린 사람이야'라고 생각할 수 있을까?"

아름다운 자연 속에서 살아가는 사람들은 (물론 다는 아니지만) 영적 감각이 발달되어 있다. 그렇다면 뉴에이지라든가 그 분야의 잡동사니들은 하나님의 창조물이 빚어내는 일대 장관의 위엄 앞에서 뭔가 신령한 기운을 눈치챘다는 말인가?(그렇다. 아마도 산맥의 장엄함이나 바다의 포효, 사막의 신비함을 보며 "세상에는 나보다 크고, 의미 있고, 영적인 것"이 있다고 생각했을 것이다) 그럼에도 그들의 타락한 마음은 신비주의와 무속 신앙이라는 주체적이고도 영적인 반작용으로 나타났다. 어쩌면 부인할 수 없는 인간 존재의 초라함을 뉴에이지로 무마하려 했는지도 모른다.

그러나 나는 버몬트 숲 속에 있어도 나 자신이 결코 초라하게 느껴지지 않는다. 그저 더 큰 것의 일부라는 생각이 든다. 그곳에서는 진실이 더 뚜렷해진다. 인위적인 요소가 사라진 자연에서는 오직 하나님의 풍부한 예술 감각만이 찰랑거린다. 인간에게 내려지는 보편적인 은혜와 과학문명의 발전에서 오는 모든 축복 가운데 우리가 계속 업그레이드되는 전자기기만큼이나 골똘히 씨름하는 문제는 하나님에 대한 경외심과 그분이 다음에 무엇을 할 것인지에 대한 기대감이다.

예수 그리스도는 선언하신다. "보라 내가 만물을 새롭게 하노라"(계 21:5). 전자 제품 회사와 기기 발명가들도 비슷한 말을 하지만, 오직 예수님의 말씀만이 진리다.

예수님의 새로운 일은 그분 자신을 죽음으로 내몰았다. 하지만 그건 진작부터 예상된 시나리오였다. 불순종으로 말미암은 죽음은 순종으로 말미암은 죽음만이 상쇄할 수 있고, 인간이 되신 예수님만이 그 일을 하실 수 있었다. 십자가의 무게에 짓눌리고 질투심에 못 박혀 벌거숭이로 세상 조롱거리가 된 그분은 가장 웅장하고 혁혁한 승리를 거두셨다. 하늘과 땅 사이의 장막은 찢어졌고, 무덤은 죽은 자들을 토해 냈으며, 수의로 꽁꽁 매인 우주는 재빨리 속박을 풀어 버렸다. 그 엄청난 동요를 느낄 수 있는가? "이 사람은 진실로 하나님의 아들이었도다"(막 15:39).

또한 성경은 예수 그리스도가 하나님 영광의 광채라고 하며(히 1:3), 하늘이 하나님의 영광을 선포하고(시 19:1), 하나님의 영광은 피조물에 분명히 보인다고(롬 1:20) 말한다. 그렇기에 존 칼뱅은 피조물을 "하나님 영광의 무대"로 보았다. 즉, 그리스도의 경이로움이 펼쳐지고 투영되며 관람되는 세계적인 공연 무대로 보았던 것이다. 우리가 누리는 보편적인 은혜와 축복들은 살아 있는 하나님 말씀(성자), 바로 그 특별한 계시를 가리키는 화살인 셈이다. 다음은 마크 탤봇Mark Talbot의 말이다.

> 칼뱅이 말하는 "이 가장 영광스러운 무대"는 우리가 사는 우주를 말하며, 그가 말하는 공로는 창조와 섭리를 통한 하나님의 공로를 의미한다. 건축가가 웅장한 오페라하우스를 짓고 그 안의 계단식 난간과 기둥을 하나하나 섬세히 다듬어 솜씨를 뽐내듯이, 하나님도 하늘의 장엄함부터 아기 발가락에 있는 발톱의 모양과 구조에 이르기까지 "우주만물이라는 작품을 통해 (그분의 영광을) 날마다 보여 주고 계시다."[01]

무대에서 공연되는 이야기는, 곧 무대 그 자체다. 즉, 하나님은 피조물을 통해 복음(피조물에 대해 무언가를 얘기하고 있는)의 무언가를 말하고 계시다. 그리고 그 중심에 있는 주연 배우는 예수님이다. 성경 전체가 우리에게 그 복잡다단한 비밀을 한 꺼풀씩 벗겨 주고 있다. 처음에는 어스름한 어둠 속에서, 그리고 마침내는 눈부시게 휘황찬란한 빛 가운데서….

우주적 구원을 증거하는 모세오경

태초에 이 세상은 구원이 필요하지 않았다. 하나님이 하늘에 별을 뿌리고, 육지와 바다를 갈라놓고, 식물을 자라게 하고, 마침내 남자와 여자(미래의 타락과 그로 말미암은 구원의 필요성을 내포하고 있는)를 창조하실 때, 그 누가 하나님의 불가사의한 의도를 짐작이나 했겠는가? 어쨌든 그분은 모든 것을 만드셨고, 모든 것이 좋다고 선언하셨다. 창세기는 하나님이 만물을 축복하셨다는 동시에 타락으로 만물을 저주하셨다는 이야기다. 그러나 창세기 3장 15절 말씀이 암시하는 것처럼, 하나님은 이미 대역전극을 계획하고 계셨다. 하나님이 뱀을 어떻게 저주하셨는가?

> **내가 너로 여자와 원수가 되게 하고 네 후손도 여자의 후손과 원수가 되게 하리니 여자의 후손은 네 머리를 상하게 할 것이요 너는 그의 발꿈치를 상하게 할 것이니라**

성경학자들은 이것을 '프로토이반겔리온'protoevangelion 이라고 부른다. 풀이하면 '첫 번째 복음'이라는 뜻이다. 인류 역사 초반에 인간은 모든 것을 엉망으로 만들어 버렸지만, 하나님은 아주 신속하게 곧고다 언덕(악이 그리스도의 발꿈치를 상하게 하고 그리스도는 그의 머리를 상하게 하는 곳)을 엿보게 하셨다. 그런 의미에서 창세기 3장 15절은 복음을 보여 주는 첫 번째 마트료시카(matryoshka, 목각 인형 안에 크기가 작은 인형들이 계속해서 나오도록 만들어진 러시아 전통인형 – 역주)인 셈이다. 왜냐하면 첫 번째 복음이 십자가 처형이고, 십자가 처형 안에는 사탄의 최종 패배라는 마지막 복음이 들어 있기 때문이다. 하지만 복음은 거기에서 끝나지 않는다.

아담과 하와가 불순종한 후 사태는 급격히 악화되기 시작했다. 창세기 4장의 가인이 아벨을 살해하는 장면부터 신명기 34장의 모세가 약속의 땅을 보지 못하고 죽는 장면까지 하나님 백성의 이야기는 온통 파렴치한 죄악과 이루지 못한 갈망으로 가득 차 있다. 이 모든 이야기의 직물 속에는 피조물을 향한 하나님의 복음이라는 씨실과 날실들이 무수하게 얽혀 있다. 타락과 동시에 만물은 저주를 받았다. 그러나 예비된 복음들 안에 회복의 약속이 들어 있었다.

노아의 무지개를 떠올려 보라(창 9:12-17). 홍수로 인류가 전멸된 사건은 마지막 심판 날, 인류에 쏟아질 하나님의 진노를 예시한다. 그러나 하나님의 백성은 물살을 뚫고서 안전하게 깨끗해진 세상으로 나오게 될 것이다. "홍수 뒤에 모든 색깔이 드러났네"라는 보노Bono의 노래는 성경 내용에 상징적인 의미까지 덧붙인 게 아닌가 싶다.[02] 노아의 이야기를 통해 하나님은 심판 후에 만물을 회복하려는 그분의 미래 계획을 암시하셨다. 그것은 인류와 만물의 관계, 인간들 간의 독자성과 창조주의 은혜에 대한 의존성을 동시에 보여 주고 있다. 레슬리 뉴비긴Lesslie Newbigin의 설명을 들어 보라.

> 사랑하는 아들을 죽은 자 가운데서 일으키심으로써 하나님은 자신을 거부한 세상을 향해 극한의 인내와 은혜를 서약하고 동시에 맛보게 하셨다. 예수님의 부활로는 만물과 인간들과의 처음 언약, 즉 노아와 그의 후손들과 맺으셨던 언약을 재확인해 주셨다. 인류의 문화는 하나님을 거부하고 그분의 심판 아래 놓였

지만, 하나님은 오래 참음과 희생적 사랑으로 창조된 세계, 인류 문화의 세계를 유지하신다. 그 이유는 회개와 아울러 옛것의 자궁 안에서 새로운 만물이 태어날 시간과 공간을 마련해 주기 위해서다. 몽상과 공허에 사로잡힌 세상과 문화지만, 하나님은 여전히 그것을 아끼고 지탱하신다. 노아와의 약속과 무지개의 징표는 곧 인류 문화의 가장 기본적인 요소, 즉 척박한 땅을 갈아서 인간이 먹을 음식을 생산하는 농업으로 이어진다(창 8:22). 여기에 인류와 자연의 상호의존성, 하나님의 은혜에 대한 의존성이 가장 선명하게 부각되어 있다.[03]

하나님은 아브라함과 언약을 맺을 때 두 가지 중요한 사항을 언급하셨다. 하나는 언약이 영원하다는 것이었고, 다른 하나는 가나안 땅이 그 매개체가 된다는 것이었다(창 17:1-14). 이것은 피조물을 향한 하나님의 계획을 색다르게 표현한 것이다. 하나님은 자기 백성의 이름도 계속해서 바꾸셨고(예를 들면 아브람을 아브라함으로, 사래를 사라로, 야곱을 이스라엘로 바꾸심), 하나님의 백성은 자신이 거주했던 지역의 이름들을 바꾸었다. 물론 그들은 자신의 통치권을 사용한 것이지만, 그와 동시에 하나님의 구원 역사를 하나하나 기념하면서 그 땅에 복음의 말뚝을 박아 놓은 것이라고 볼 수 있다. 한 예로 야곱은 주님과 격투를 벌였던 장소를 '브니엘'이라고 불렀다(창 32:30).

이후에 애굽은 극심한 가뭄에 시달렸고, 하나님의 사람 요셉은 온갖 난관을 극복한 뒤에 결국 총리의 자리에 올랐다. 육신의 형제들과 이방인들을 얼마든지 박대할 권한이 있었으나, 결국 그는 곡식 창고를 열어 모든 사람에게 식량을 나누어 주었다(창

41-45장). 뭔가 짚이는 게 없는가? 요셉은 곧 예수님의 작은 그림자였다. 자신을 미워한 자들을 용서하고 은혜의 창고를 열어 자기 앞으로 오는 자들을 무조건 먹여 주신 분이 예수님이 아니던가? 마지막 날에도 그럴 것이지만, 사명을 받은 자들의 베풂을 통해 땅을 고치는 하나님의 치유는 만물의 회복에 대한 그분의 관심을 만방에 알려 주고 있다.

창세기에서 출애굽기로 넘어가면 불타는 떨기나무, 피로 변한 강물, 몰려드는 개구리 떼, 구름기둥과 불기둥, 바다의 갈라짐, 비처럼 내리는 만나의 사건들을 통해 하나님이 피조물을 사용하시는 모습이 포착된다. 하나님은 자연의 질서와 혼란을 지배하는 통치자인 동시에 그것을 지휘하는 지휘자셨다. 그럼으로써 이스라엘 백성을 외국 땅에서 약속의 땅으로 옮기려는 것이었다. 출애굽은 역사적 사건인 동시에 복음의 은유이자 변주곡이다. 하나님의 심판이 타락한 피조물에게 다가오고 있었지만, 그분의 계획은 자신의 백성을 쓸어버리는 게 아니라 진정한 모세(예수 그리스도)의 사역을 통해 진정한 약속의 땅으로 옮겨 놓는 것이었다. 이스라엘 백성은 다음과 같은 찬미의 노래를 불렀다.

> 에돔 두령들이 놀라고 모압 영웅이 떨림에 잡히며
>
> 가나안 주민이 다 낙담하나이다
>
> 놀람과 두려움이 그들에게 임하매
>
> 주의 팔이 크므로 그들이 돌같이 침묵하였사오니
>
> 여호와여 주의 백성이 통과하기까지

곧 주께서 사신 백성이 통과하기까지였나이다

주께서 백성을 인도하사 그들을 주의 기업의 산에 심으시리이다

여호와여 이는 주의 처소를 삼으시려고 예비하신 것이라

주여 이것이 주의 손으로 세우신 성소로소이다

여호와께서 영원무궁하도록 다스리시도다 하였더라 출 15:15-18

여기에서 한 가지 유의할 게 있다. 이스라엘 사람들이 말하는 '하늘', 즉 하나님이 영원히 통치하고 그분의 산에서 다스리신다고 했던 하늘은 적어도 지금 우리가 흔히 생각하는 하늘의 개념과 다르다. 그들은 만물에 대한 하나님의 명백한 통치와 자기 백성 가운데 좌정하신 그분을 노래했다. 결국 모세에게 하늘은 하나님을 만나는 영적인 장소가 아니라 '그저' 시내산일 뿐이었다. 그곳에서 하나님은 모세를 만나셨다. 그런 면에서 볼 때 모세는 하나님을 만나기 위해 하늘로 갔다거나 혹은 하늘이 그에게 왔다고 말할 수 있지만, 에녹이나 엘리야나 예수님이 승천하신 그런 하늘을 의미하는 건 아니었다(창 5:24; 왕하 2:11). 출애굽기의 백성이 원했던 건 성경 전체를 통해 하나님의 백성이 간절히 고대하던 그것, 즉 하나님이 이 땅에 오셔서 에덴동산 시절처럼 그분 백성과 친교를 나누시는 것이었다. 하나님이 계신 곳, 그곳이 바로 하늘이었다. 그래서 그들은 "이곳이 그곳이 되게 하소서"라고 기원했다.

하나님은 하늘에서 양식을 보내 주셨고 바위에서 물이 나게 하셨다(출 16-17장). 이런 기적들을 보고도 만물의 회복에 대한

암시를 눈치채지 못한다면, 그는 꽤 둔한 사람이다. 터벅터벅 산길을 올랐던 모세는 율법을 들고 산에서 내려왔다. 인간과 하나님 사이의 화해, 인간들 사이의 화해, 인간들 전체와 하나님 사이의 화해라는 복음의 미래도가 율법에 담겨 있듯이 만물의 회복이라는 복음의 미래도 역시 그곳에 담겨 있었다. 우리는 약속의 땅 가나안(출 23:20-33), 토지에 대한 안식년 규정(레 25:4-5, 26:34), 육신적 질병과 장애에 관한 규정, 특히 가축에 대한 인간적인 대우를 명령한 레위기의 규정들(신 22:1-4, 6-7, 10, 25:4)에서 복음을 만나게 된다.

하나님은 율법을 통해 만물이 본래의 모습으로 회복되어야 함을 깨닫게 하셨다. 성경은 "의인은 자기의 가축의 생명을 돌보나 악인의 긍휼은 잔인이니라"(잠 12:10)고 말한다. 물론 이 말씀은 동식물을 사용하지 말라는 의미가 아니다. 다만 사용과 남용, 지배와 착취, 청지기 정신과 탕진이 다르다는 점을 말해 주는 것이다. 가축과 토지에 대한 말씀은 동물과 땅을 파괴하지 말고 새롭게 하라는 하나님의 의도에서 출발한다.

성막을 세운 이야기는 모세오경 중에서도 피조물을 향한 하나님의 계획, 즉 전능자로서 그들 안에 거주하겠다는 계획을 가장 선명하게 보여 주는 표징이다. 예전에 하나님은 이스라엘 백성과 함께 성막에 거하셨지만 현재는 영으로 우리와 함께 거하시며, 주님이 재림하실 때에는 자기 백성과 함께 다시 한 번 성막에 거하실 것이다.

우주적 구원을 증거하는 역사서

여호수아서 첫 장은 여호와 하나님이 여호수아(예수의 다른 이름)에게 약속의 땅을 정복하라고 명령하시는 장면에서 시작된다. 그리고 그분은 복음을 선포하신다. "네가 어디로 가든지 네 하나님 여호와가 너와 함께하느니라"(수 1:9). 하나님이 맺으신 언약은 진실한 약속이었기에 그 명령들은 기필코 이행되어야만 했다.

> 이제 너는 이 모든 백성과 더불어 일어나 이 요단을 건너 내가 그들 곧 이스라엘 자손에게 주는 그 땅으로 가라 내가 모세에게 말한 바와 같이 너희 발바닥으로 밟는 곳은 모두 내가 너희에게 주었노니 곧 광야와 이 레바논에서부터 큰 강 곧 유브라데 강까지 헷 족속의 온 땅과 또 해 지는 쪽 대해까지 너희의 영토가 되리라 네 평생에 너를 능히 대적할 자가 없으리니 내가 모세와 함께 있었던 것같이 너와 함께 있을 것임이니라 내가 너를 떠나지 아니하며 버리지 아니하리니 강하고 담대하라 너는 내가 그들의 조상에게 맹세하여 그들에게 주리라 한 땅을 이 백성에게 차지하게 하리라 수 1:26

약속의 땅은 하나님의 구원 계획에서 우연히 생겨난 요소가 아니다. 그것은 구원의 일부이자 한 꾸러미다. 하나님은 이스라엘 백성을 은혜로 선택하사, 그들을 거룩하게 구별하셨다. 그래서 그 백성은 믿음으로 하나님을 섬기며 그분을 따랐다. 이 언약 관계에서 이루어진 지속적인 축복은 만물을 유업으로 받는 것이었다. 여호수아서는 승리의 연대기였다.

그러나 이스라엘 백성의 가나안 통치는 오래가지 않았다. 그들은 아담의 저주 아래서 약속의 땅을 지배하고 있었다. 피조물은 탄식했고 그들도 탄식했다. 가나안에는 우상숭배가 만연했지만 이스라엘 백성은 그들을 전멸하는 대신에 함께 공존하는 길을 선택했다. 하지만 어찌 우상과 우호관계를 유지할 수 있단 말인가? "의와 불법이 어찌 함께하며 빛과 어둠이 어찌 사귀며"(고후 6:14)라고 바울은 묻고 있다. 우상숭배자들과 멍에를 함께 매었던 이스라엘 백성은 가나안 땅을 완전히 정복하는 데 실패했다. 그리고 얼마 후에는 하나님마저 멀리했다. 여호수아의 용맹한 통솔력이 사라지자 하나님은 사사들을 세워 이스라엘을 바로잡으려 하셨지만, 그들은 다른 신을 따라 창녀의 길로 달려갔다.

저주는 점차 더 넓게 확산되었다. "그때에는 이스라엘에 왕이 없었으므로 사람마다 자기 소견에 옳은 대로 행하였더라"(삿 17:6). 그래도 회복을 향한 복음적 소망은 여전히 남아 있었다. 어둠의 책에서, 사사기 5장에 기록된 드보라와 바락의 노래에서, 미디안을 혼쭐낸 기드온의 싸움에서(사사기 8장 28절을 보면, 이 싸움의 결과 "사십 년 동안 그 땅이 평온"했다), 언약의 땅을 구원한 입다의 승전고에서(삿 11:1-22), 그 소망은 환하게 온 누리를 비추고 있었다. 가장 잔혹한 죄악들 속에서, 가장 광범위한 우상숭배 속에서, 가장 야만적인 인간의 삶 속에서 하나의 약속이 주어졌다. "우리 하나님 여호와께서 우리 앞에서 어떤 사람이든지 쫓아내시면 그것을 우리가 차지하리라"(삿 11:24).

피조물이 새롭게 회복된다는 약속은 이어지는 역사적 사건들을 통해 계승되었다. 보아스는 룻을 구했을 뿐만 아니라, 또한 '기업'을 구했다(룻 4:3). 그 둘은 하나의 꾸러미였다. 또 한 명의 작은 예수이자 예수님의 그림자였던 다윗은 골리앗과 블레셋을 쳐부수었고, 하나님의 백성은 적군의 진영을 노략질했다(삼상 17장). 언약의 궤가 예루살렘에 들어왔을 때 다윗은 피조물들의 감사 찬양을 하나님께 올려드렸다.

땅이여 여호와께 노래하며
그의 구원을 날마다 선포할지어다…
온 땅이여 그 앞에서 떨지어다
세계가 굳게 서고 흔들리지 아니하는도다
하늘은 기뻐하고 땅은 즐거워하며
모든 나라 중에서는 이르기를
여호와께서 통치하신다 할지로다
바다와 거기 충만한 것이 외치며
밭과 그 가운데 모든 것은 즐거워할지로다
그리 할 때에 숲 속의 나무들이
여호와 앞에서 즐거이 노래하리니
주께서 땅을 심판하러 오실 것임이로다
여호와께 감사하라 그는 선하시며
그의 인자하심이 영원함이로다 대상 16:23, 30-34

피조물이 구원을 바라며 탄식하고 있는 게 사실이라면 구원이 이루어질 때 분명 그것들은 노래를 부르며 기뻐할 것이다.

다윗이 죽자 그의 아들 솔로몬 왕은 아버지의 꿈을 이루어 여호와의 성전을 건축했다. 하나님이 약속의 땅에서 그분의 백성과 영원히 함께 거하시기를 바랐던 것이다(왕상 8:13). 요시아 왕의 종교개혁으로 이스라엘 땅은 축복을 받았다. 갈대아인의 손에 성전과 성벽이 파괴된 후 에스라와 느헤미야는 그것들이 복원되는 과정을 지켜보았고, 여러 가지 사회개혁을 통해 이스라엘 국가가 재건되었다. 에스더서는 정치와 시민, 인간 사회의 정의, 의인들의 구원에 대한 하나님의 관심을 보여 준다.

성경의 역사서들이 반복해서 강조하는 주제는 하나님의 언약이 영원하다는 것과 피조물 가운데서 하나님의 백성이 그분의 이름을 높이기 원하신다는 사실이다. 인간들의 끊임없는 범죄에도 예수님이 같은 목적을 고수하신 점이야말로 예수님의 복음 안에 있는 그분 은혜를 증거해 준다. 성경을 계속해서 읽어 보면 그 사실은 더욱 뚜렷해진다.

우주적 구원을 증거하는 지혜서

고난의 종 욥의 증언은 옹골지고 단호하다.

> 내가 알기에는 나의 대속자가 살아 계시니 마침내 그가 땅 위에 서실 것이라
> 내 가죽이 벗김을 당한 뒤에도 내가 육체 밖에서 하나님을 보리라
> 내가 그를 보리니 내 눈으로 그를 보기를 낯선 사람처럼 하지 않을 것이라

욥은 지금 무얼 보고 있는가? 회복된 육체가 회복된 땅 위에서, 땅 위에 서 계신 하나님의 아들을 보고 있다. 심지어 여기 구약에서조차 "죽어서 천국에 가는 것"이 생의 끝이 아니라 생의 끝에 있는 시작이라고 말하고 있다. 인생의 진정한 클라이맥스는 "땅 위에 서신" 예수 그리스도와 함께 영원히 행복하게 사는 것이며, 새로워진 눈으로 그분의 영광을 보고 새로워진 육신으로 그분을 찬양하는 것이다.

시편은 그런 환상으로 가득 차 있다. 하나님이 "지면을 새롭게 하시나이다"라고 말하는 시편 104편 30절, 하나님이 "의복같이" 하늘과 땅을 바꾸신다고 말하는 시편 102편 26절이 그 대표적인 예다. 시편 37편에는 다음과 같은 구절들이 포함되어 있다. "여호와를 소망하는 자들은 땅을 차지하리로다"(9절). "온유한 자들은 땅을 차지하며 풍성한 화평으로 즐거워하리로다"(11절). "의인이 땅을 차지함이여 거기서 영원히 살리로다(29절). 그중에서도 시편 96편 10-13절 말씀이 특히 인상적이다.

모든 나라 가운데서 이르기를 여호와께서 다스리시니
세계가 굳게 서고 흔들리지 않으리라
그가 만민을 공평하게 심판하시리라 할지로다
하늘은 기뻐하고 땅은 즐거워하며
바다와 거기에 충만한 것이 외치고

밭과 그 가운데에 있는 모든 것은 즐거워할지로다
그때 숲의 모든 나무들이 여호와 앞에서 즐거이 노래하리니
그가 임하시되 땅을 심판하러 임하실 것임이라
그가 의로 세계를 심판하시며
그의 진실하심으로 백성을 심판하시리로다

"땅을 심판하러 임하실 것임이라"는 말씀을 '진노 가운데 심판하러 온다'는 뜻으로 해석하는 건 억지스럽다. 그보다는 '다스리는 전능자로서 심판하러 온다'는 말이 더 타당해 보인다. 이 말씀을 보면 탄식하던 땅은 마침내 주님이 임하셔서 영원히 다스리신다는 사실에 기뻐 뛰며 즐거워하고 있다.

'우주만물의 구원'과 '영화롭게 된 성도'는 잠언서의 처음부터 등장하는 개념이다. "대저 정직한 자는 땅에 거하며 완전한 자는 땅에 남아 있으리라"(잠 2:21). 그리고 뒤에는 이런 말씀도 나온다. "의인은 영영히 이동되지 아니하여도 악인은 땅에 거하지 못하게 되느니라"(잠 10:30).

전도서 기자는 이렇게 말했다. "한 세대는 가고 한 세대는 오되 땅은 영원히 있도다"(전 1:4). 베드로후서 3장 7절에 나오는 불사름은 땅이 바뀌지 않은 채로 지속되지 않을 것을 의미한다. 그러나 이 땅은 없어지지 않고 유지될 것이며, 성경의 지혜서도 그 사실을 말해 주고 있다. 무엇보다 종말의 장관을 보여 주는 선지서가 그 사실을 단적으로 드러낸다.

우주적 구원을 증거하는 선지서

하나님이 자신들 가운데 임하시길 바랐던 출애굽 사람들의 바람은 메시아를 고대하던 선지자들의 환상 속에서 더욱 구체적이고 강렬해졌다. 메시아가 와서 성취할 것들도 가슴 벅찬 일들이었다. 그 한 예로 이사야의 예언을 보자.

> 보라 내가 새 하늘과 새 땅을 창조하나니
> 이전 것은 기억되거나 마음에 생각나지 아니할 것이라 사 65:17

> 보라 여호와께서 불에 둘러싸여 강림하시리니
> 그의 수레들은 회오리바람 같으리로다
> 그가 혁혁한 위세로 노여움을 나타내시며
> 맹렬한 화염으로 책망하실 것이라
> 여호와께서 불과 칼로
> 모든 혈육에게 심판을 베푸신즉
> 여호와께 죽임 당할 자가 많으리니…
> 내가 지을 새 하늘과 새 땅이
> 내 앞에 항상 있는 것같이
> 너희 자손과 너희 이름이
> 항상 있으리라 여호와의 말이니라
> 여호와가 말하노라
> 매월 초하루와 매 안식일에

모든 혈육이 내 앞에 나와 예배하리라 사 66:15-16, 22-23

이사야 40장 말씀도 감동적이다.

예레미야 31장은 하나님이 그분의 백성을 다시 구성하시고 그들의 모든 두려움과 고통과 슬픔을 몰아내시며 그들 조상의 땅에서 그분과 함께 살게 하신다는 비슷한 환상을 제공한다.

에스겔 39장 28-29절에도 다가올 회복의 시대가 그려져 있다.

> 전에는 내가 그들이 사로잡혀 여러 나라에 이르게 하였거니와 후에는 내가 그들을 모아 고국 땅으로 돌아오게 하고 그 한 사람도 이방에 남기지 아니하리니 그들이 내가 여호와 자기들의 하나님인 줄을 알리라 내가 다시는 내 얼굴을 그들에게 가리지 아니하리니 이는 내가 내 영을 이스라엘 족속에게 쏟았음이라 주 여호와의 말씀이니라

에스겔의 예언은 이 땅에 세워질 거룩한 도시, 즉 "여호와께서 거기 계시다"라는 이름의 도시에 대한 환상으로 끝이 난다(겔 48:35). 다니엘서 역시 종말의 환상으로 넘쳐난다. 예수님이 새 땅에 왕으로 군림하신다는 예언을 읽어 보라.

> 내가 또 밤 환상 중에 보니 인자 같은 이가 하늘 구름을 타고 와서
> 옛적부터 항상 계신 이에게 나아가 그 앞으로 인도되매
> 그에게 권세와 영광과 나라를 주고
> 모든 백성과 나라들과 다른 언어를 말하는 모든 자들이 그를 섬기게 하였으니

그의 권세는 소멸되지 아니하는 영원한 권세요

그의 나라는 멸망하지 아니할 것이니라 단 7:13-15

소선지자서로 넘어가도 환상은 계속된다. 특히 내가 좋아하는 말씀은 하박국 2장 14절과 말라기 4장이다. 하나님을 경외하는 자들에게는 "공의로운 해"가 떠올라서 치료의 광선을 발한다고 말라기 4장 2절은 말한다. 그리고 신약의 복음서로 오면 그 치료의 광선을 아주 가까이에서 쪼일 수 있다.

우주적 구원을 증거하는 기적들

예수님은 자신 안에서, 자신을 통해서, 그리고 기사와 이적의 자체 확증을 통해서 하나님 나라가 임했음을 공표하셨다. 그분이 일으키시는 기적들은 그분이 모든 것의 핵심이자 종결자임을 보여 주었다. 아울러 만물의 회복이라는 꿈이 현실화될 것도 알려 주었다. 이를테면 기적은 또 다른 세상의 표지판인 셈이었다.

예수님이 병자와 맹인과 절름발이를 고쳐 주신 이유는 그분의 권능을 보여 줄 뿐만 아니라 그런 불행이 다시는 일어나지 않을 미래 시대를 예고하기 위함이었다. 나병환자들을 치료하고 죽은 사람까지 살려 놓았던 주님은 이사야 40장 5절에 예고된 하나님의 계획을 성취하셨다.

여호와의 영광이 나타나고 모든 육체가 그것을 함께 보리라

이는 여호와의 입이 말씀하셨느니라

귀신들을 쫓아내고, 오병이어로 수천 명을 먹이고, 물 위를 걷는 등의 기적을 일으키실 때 예수님은 하나님 나라가 이 땅에 어떻게 실현될지, 하나님의 뜻이 하늘에서와 같이 이 땅에서도 어떻게 이루어질지를 보여 주셨다. 즉, 이 세상에 존재하는 모든 것이 하나님 나라가 될 그날을 미리 맛보게 하신 것이다. 그 날에는 하늘과 땅이 하나 되어 어떤 악과 고통과 결핍도 발을 붙이지 못하게 될 것이다.

기적의 상징성은 그분의 부활에서 완성된다. 예수님의 부활은 미래에 일어날 우리 자신의 부활, 새 땅의 거주, 만물의 저주가 풀리는 날의 예고편이었다. 그날의 감동을 생생하게 전해 주는 것 중의 하나가 샐리 로이드존스Sally Lloyd-Jones가 지은 《스토리 바이블》(두란노키즈 역간)이다.

"마리아!"

그렇게 마리아의 이름을 불러 주는 이는 오직 한 분뿐이었지요. 마리아의 가슴이 쿵쾅쿵쾅 뛰기 시작했어요. 고개를 돌려보니 그곳에 한 사람이 서 있었어요. 눈을 가늘게 뜨고 자세히 살펴보던 마리아는 '아…!' 이게 꿈인지 생시인지 알 수가 없었답니다. 하지만 꿈일 리는 없었어요. 분명히 눈을 뜨고서 보고 있었으니까요. "예수님!"

마리아는 얼른 땅에 엎드렸어요. 갑자기 눈물이 솟구치면서 온몸이 떨릴 정도로 울음이 터져 나왔어요. 그 순간에는 그저 예수님의 손을 붙잡고 절대로 놓아드리고 싶지 않았답니다.

그때 예수님이 부드러운 음성으로 말씀하셨어요. "마리아야, 너는 훗날에 내 손을 잡을 수 있을 것이고 항상 내 곁에 있게 될 것이란다. 지금은 가서 다른 사람들에게 내가 살아났다고 전해 주거라."

마리아는 뛰고 또 뛰어서 곧바로 성내로 들어갔어요. 그렇게 빠르게 달려 본 적은 생전 처음이었지요. 언제까지라도 달려갈 수 있을 것 같았어요. 발이 땅에 닿는 것조차 느끼지 못할 정도였어요. 하늘의 해님도 덩실덩실 춤을 추면서 마리아와 함께 달음질하는 것 같았어요. 맑고 시원한 아침 공기 속에서 그렇게 환하게 빛나는 해님은 본 적이 없었지요.

그날 아침, 마리아는 온 세상이 달라진 것처럼 느껴졌어요. 나무들도, 풀 속의 개미들도, 새들도, 그리고 마리아의 가슴도 전부 기쁨으로 노래 부르는 것 같았어요.

하나님은 슬펐던 모든 일이 정말로 끝나게 하신 걸까요? 심지어 죽음마저도 정말로 끝나게 하신 걸까요?[04)]

사도들은 우리를 위해 하나님 나라의 정보들을 빼내 주었다. 베드로의 말을 들어 보자. "우리는 그의 약속대로 의가 있는 곳인 새 하늘과 새 땅을 바라보도다"(벧후 3:13). 그러나 이 방면에서의 전문가는 누가 뭐래도 사도 바울이라고 하지 않을 수 없다.

우주적 구원의 선지자였던 바울

창조된 세상은 좋았다(창 1:4, 10, 12). 그러나 지금은 더 낫고 참된 세상을 향해 나아가고 있다. 예수님이 죄인들을 위해 십자가 위에서 죽고 부활함으로써 영생을 주셨기에 가능해진 일이다. 복음이 성취한 공로는 각 개인에게 적용된다. 맞는 말이다. 그러나 그 공로는 세상 만물에도 적용된다. 예수님의 복음은 영원의 무게를 지녔다. 성경이 우리에게 말해 주는 것은 하나님이 예수님의 삶과 죽음과 부활로 죄인들을 구원하신다는 것이다. 이 구원은 구원 계획이라는 어마어마한 퍼즐의 가장 기본이자 핵심적인 조각이지만, 전체를 들여다보면 결국은 하나님이 예수님의 삶과 죽음과 부활로 온 우주만물을 구원하신다는 것이다. 그래서 예수님은 우리에게 으뜸이 되실 것이고 우주 만물에게도 으뜸이 되실 것이며(골 1:18), 우리 마음은 이 우주에서 안식하게 될 것이다. 내가 미네랄 스프링스 공원에서 맛본 것이 바로 그 안식의 맛이었다.

로마서 8장 1-2절에서 바울은 이렇게 말했다.

> **그러므로 이제 그리스도 예수 안에 있는 자에게는 결코 정죄함이 없나니 이는 그리스도 예수 안에 있는 생명의 성령의 법이 죄와 사망의 법에서 너를 해방하였음이라**

십자가에서 예수님이 이루신 일이 하나님의 진노를 달랬고 속죄의 목표를 달성했다. 그러므로 우리는 머리부터 발끝까지 모든 정죄에서 벗어났고 정말로, 진실로, 진짜로 자유롭게 되었다. 우리는 자유롭게 되었지만 예수님의 구원 사역에는 아직 이루어지지 않은 부분들이 남아 있다. 로마서 8장 18-25절로 내려가 보자.

생각하건대 현재의 고난은 장차 우리에게 나타날 영광과 비교할 수 없도다 피조물이 고대하는 바는 하나님의 아들들이 나타나는 것이니 피조물이 허무한 데 굴복하는 것은 자기 뜻이 아니요 오직 굴복하게 하시는 이로 말미암음이라 그 바라는 것은 피조물도 썩어짐의 종노릇 한 데서 해방되어 하나님의 자녀들의 영광의 자유에 이르는 것이니라 피조물이 다 이제까지 함께 탄식하며 함께 고통을 겪고 있는 것을 우리가 아느니라 그뿐 아니라 또한 우리 곧 성령의 처음 익은 열매를 받은 우리까지도 속으로 탄식하여 양자 될 것 곧 우리 몸의 속량을 기다리느니라 우리가 소망으로 구원을 얻었으매 보이는 소망이 소망이 아니니 보는 것을 누가 바라리요 만일 우리가 보지 못하는 것을 바라면 참음으로 기다릴지니라

모든 피조물이 우리와 함께 탄식하고 있다. 바로 우리 때문에…! 그러면서 최종적인 자유, 이전의 영광을 회복하게 될 날, 나타날 영광을 고대하고 있다. 1-2절에서 바울은 복음이 우리를 해방했다고 말했다. 그리고 18-25절에서는 피조물이 우리와 함께 어느 면에서 여전히 해방을 소망하고 있다고 말한다. 이로써 "시작된 종말론"이라는 중요한 개념이 대두된다. 예수님의 십자가 공로로 말미암아 우리는 '이미'인 동시에 '아직'인 시대를 살고 있다. 즉, 우리는 이미 해방되었으나 아직 해방되지 않았다는 뜻이다. 우리는 이미 입양되었으나 아직 입양되지 않았다. 우리는 이미 구원을 받았으나 아직 구원받지 못했다.

바울은 '이미'를 가리켜 "성령의 처음 익은 열매"라고 했다. 영생(현재 우리가 갖고 있고 또한 나중에 가지게 될)의 소망 속에서 우리는 구원을 받았고, 구원을 받고 있으며, 구원을 받게 될 것이다.

지금 우리는 영생을 소유하고 있다. 그리고 언젠가는 영생을 온전하게 영원히 누리게 될 것이다.

바울은 시작된 종말론의 역동성을 고린도전서 15장에서 더 구체적으로 묘사해 놓았다. 1-4절을 읽어 보라.

> **형제들아 내가 너희에게 전한 복음을 너희에게 알게 하노니 이는 너희가 받은 것이요 또 그 가운데 선 것이라 너희가 만일 내가 전한 그 말을 굳게 지키고 헛되이 믿지 아니하였으면 그로 말미암아 구원을 받으리라 내가 받은 것을 먼저 너희에게 전하였노니 이는 성경대로 그리스도께서 우리 죄를 위하여 죽으시고 장사 지낸 바 되셨다가 성경대로 사흘 만에 다시 살아나사**

1-2절에서 바울은 3-4절의 복음이 어떻게 우리를 구원했는지(과거), 어떻게 우리를 구원하고 있는지(현재), 어떻게 우리를 구원할 것인지(현재형 미래)를 이야기했다. 그런 뒤에 그는 로마서 8장에서 했던 것처럼 반전을 꾀한다. 다만 이번에는 좀 더 구체적이다. 고린도전서 15장 20-28절에서 그는 역사 속에 이루어진 예수님의 십자가 공로 때문에, 특히 그분의 부활 때문에 우리가 미래 부활의 처음 열매를 받게 되었다고 했다. '지금'이라는 이 중간 시대에 하나님은 더 많은 것을 예수님께 복종하게 하신다. 그래서 "만물이 자기에게 복종하게 하신 이에게 복종하게 되리니 이는 하나님이 만유의 주로서 만유 안에 계시려 하심이라"(고전 15:28). 그런 뒤 우리는 35-58절에서 굉장히 놀라운 사실을 발견한다. 예수님이 십자가 위에서, 그리고 무덤에서 나오며 이룩하

신 것이 역사 속에서 현실로 이루어질 것이라는 점이다. 즉, 죄와 사탄이 마침내 추방을 당하고, 죽음과 불의가 완전하게 정복당하고, 하나님의 자녀가 그들의 형제인 왕 예수님과 얼굴을 맞대고 화해하는 일이 실제로 이루어질 것이다. 하나님의 자녀와 예수님과의 만남은 영화로워진 얼굴과 영화로워진 얼굴의 맞대면이 될 것이다. 그날에 우리는 '아직'은 아니었던 부활의 몸, 즉 죽지 않고 타락하지 않는 몸을 마침내 받고서 주님과 영광의 맞대면을 하게 될 것이다.

그럼 우리는 어디에 있을 것인가? 천국에? 그렇다. 하지만 우리는 새로운 몸을 부여받는 것이 아니다. 예수님은 눈에 보이는 육신과 눈에 보이지 않는 영이 일체가 되어서 밥을 먹고 걸어 다니는 동시에 잠긴 문 사이로 들어오고 하나님이 계신 곳으로 올라가셨다. 그처럼 우리도 육체이탈을 해서 보이지 않는 공간을 들락거리는 게 아니라, 새로운 피조물 속에서 살아갈 새 몸을 받는 것이다.

복음이 이 모든 일을 만들어 냈다!

우주적 구원을 증거하는 요한계시록

연극을 공부하는 학생이나 문학도라면 이야기를 풀어나가는 매우 중요한 법칙 한 가지를 알 것이다. 그것은 첫 막에서 총이 나왔으면(창 3:15) 마지막 막에서는 그 총을 쏴야 한다는 것이다(계 20:1-10). 하나님은 인간이 타락했던 순간에 언젠가 인간이 뱀의 머리를 상하게 할 거라고 약속하셨다. 그리고 말세가 되기 바로 전, 예정된 시간에 하나님은 그 약속을 정확하게 지켜서 영화롭게 된 예수님이 사탄을 불바다에 영원히 집어던지게 하신다.

요한계시록 21장에는 새 하늘과 새 땅에 대한 환상이 나온다. 그것은 타락 이후부터 고대했고, 족장들 시대에 약속되었고, 시편에 등장한 이스라엘 백성이 애타게 갈망했고, 선지자들의 예언 속에 투영되었고, 성육신한 구세주에 의해 시작되었고, 또 사도들이 가르치고 전파했던 세상이었다. 드디어 하늘이 땅으로 내려온 것이다!

> 또 내가 새 하늘과 새 땅을 보니 처음 하늘과 처음 땅이 없어졌고 바다도 다시 있지 않더라 또 내가 보매 거룩한 성 새 예루살렘이 하나님께로부터 하늘에서 내려오니 그 준비한 것이 신부가 남편을 위하여 단장한 것 같더라 내가 들으니 보좌에서 큰 음성이 나서 이르되 보라 하나님의 장막이 사람들과 함께 있으매 하나님이 그들과 함께 계시리니 그들은 하나님의 백성이 되고 하나님은 친히 그들과 함께 계셔서 모든 눈물을 그 눈에서 닦아 주시니 다시는 사망이 없고 애통하는 것이나 곡하는 것이나 아픈 것이 다시 있지 아니하리니 처음 것들이 다 지나갔음이러라
>
> 보좌에 앉으신 이가 이르시되 보라 내가 만물을 새롭게 하노라 하시고
>
> 또 이르시되 이 말은 신실하고 참되니 기록하라 하시고 또 내게 말씀하시되 이루었도다 나는 알파와 오메가요 처음과 마지막이라 내가 생명수 샘물을 목마른 자에게 값없이 주리니 이기는 자는 이것들을 상속으로 받으리라 나는 그의 하나님이 되고 그는 내 아들이 되리라…

성 안에서 내가 성전을 보지 못하였으니 이는 주 하나님 곧 전능하신 이와 및 어린양이 그 성전이심이라 그 성은 해나 달의 비침이 쓸데없으니 이는 하나님의 영광이 비치고 어린양이 그 등불이 되심이라 만국이 그 빛 가운데로 다니고 땅의 왕들이 자기 영광을 가지고 그리로 들어가리라 낮에 성문들을 도무지 닫지 아니하리니 거기에는 밤이 없음이라 사람들이 만국의 영광과 존귀를 가지고 그리로 들어가겠고 계 21:1-7, 22-26

할렐루야! 예수님이 십자가 위에서 성취하신 일로 모든 피조물은 회복되었고, 우리는 죄와 사망에서 벗어났다. 의로운 해가 떠올라 만물이 치유되었다. 그 해는 바로 세상의 빛이신 예수님이다. 그분이 새 하늘과 새 땅의 태양이 되어 물이 바다를 덮음같이 온 누리가 하나님의 영광을 아는 지식으로 덮일 것이다.

진정한 천국

지난 10년 동안 쓰나미의 가공할 위력이 지구 곳곳을 강타했다. 처음에는 동아시아를, 다음에는 극동 지역을, 그리고 가장 최근에는 일본의 동해안 마을들을 초토화시켰다. 피조물이 탄식하며 구원을 갈망하고 있다. 우리도 그렇다. 장차 새 하늘과 새 땅의 자연환경과 기후는 어떤 양상일지 모르겠지만, 복음으로 말미암아 한 가지 분명한 것은 그때가 되면 지구가, 혹은 우리가 쓰나미 항체가 된다는 것이다. 새 하늘과 새 땅이 시작되면 지금의 하늘과 땅은 그때의 하늘과 땅의 힘으로 환하게 빛날 것이다.

지금 현재 우리는 탄식하고 있다. 지금 현재 우리는 고대하며 갈망하고 있다. 성경이 말하듯 언젠가는 모든 것이 미래의 모습으로 알맞게 영글어 있을 것이다.

독일의 빔 벤더스Wim Wenders 감독은 외국영화의 고전이 된 〈베를린 천사의 시〉Wings of Desire라는 영화를 만들었다(이 작품은 몇 해 뒤에 니콜라스 케이지와 멕 라이언 주연의 〈시티 오브 엔젤〉City of Angels이라는 이름으로 미국에서 리메이크되었다). 이 영화에서 주인공 천사는 자기가 반한 인간 여성과 사랑을 하기 위해 사람이 된다. 무엇보다 인상적인 점은 천사가 천사의 눈으로 세상을 볼 때는 세상이 흑백으로 보이다가(영화도 흑백으로 나옴), 천사의 날개를 단념하고 인간이 되자 영화가 총천연색으로 바뀌어 그가 온전한 눈으로 세상을 보게 된다는 것이다.

그러나 사실은 그 반대가 되어야 한다.

세상에 보물을 쌓아 둔 사람의 눈에만 천국의 것들이 우중충하게 보이고 세상의 것들이 (상대적으로) 화려하게 보인다. 우리가 사는 세상은 물론 멋지다. 하늘이 하나님의 영광을 선포하고 산과 나무가 그분의 위엄을 드러내며, 칼뱅이 말하듯 풀포기 하나 하나가 우리를 즐겁게 한다. 그러나 천국은 그보다 훨씬, 훨씬, 훨씬 더 좋은 곳이다.

문제는 우리가 이 타락한 세상을 아름답게 보는 게 아니라(나는 오히려 이 세상의 진정한 아름다움도 우리가 제대로 보지 못한다고 생각한다), 천국에 대해 너무 빈약한 개념을 갖고 있다는 점이다. 천국은 이 세상보다 더 찬란하고 아름다운 곳이지, 결코 못한 곳이 아니다. C. S. 루이스가《천국과 지옥의 이혼》(홍성사 역간)에서 말하듯 그곳은 현재 우리가 사는 이 세상보다 더 진국이다.

승천하신 예수님도 지금 천국에 계시지 않는가? 그분은 손으로 만질 수 있고 공간을 차지하는 진짜 육신을 갖고 계시다. 음식도 먹고 물건도 만지는 우리와 똑같은 몸이다. 하지만 그와 동시에 잠긴 문을 통과하고 물질과 공간을 초월하기도 하신다. 엘리야와 에녹도 실제적인 육신을 갖고서 천국에 있다.

천국은 육체가 없는 영혼들이 구름 위를 둥둥 떠다니는 천상의 무중력 공간이 아니다. 그곳은 이 세상보다 더 실제적이고 더 굉장한 곳이다. 천국이 어떤 곳인지를 그나마 제대로 그린 작품으로는 C. S. 루이스의《나니아 연대기》를 들 수 있다. 나니아라는 나라는 시간과 공간, 물질이 존재하는 실제적인 장소다. 이 세상보다 크지만, 그러면서도 이 세상 안에 존재한다. 아니, 적어도 이 세상 안에서 그곳으로 들어갈 수 있다. 외계에 따로 떨어진 공간이 아닌 이 세계 속에 있는 대형 공간이다. 그곳의 내부는 밖에서 보는 것보다 훨씬 더 크다.

천국이라는 실제적인 공간의 놀라운 사실은 한 곳에 고정되어 있지 않고 우리 곁으로 다가오고 있다는 점이다. 현재 이 세상은 구원을 바라며 탄식하고 있다. 우리 주님이 재림하셔서 그분의 왕국을 완성하시는 날, 이 세상은 구석구석 모든 곳이 본래대로 회복될 것이고 하나님의 영광으로 뒤덮이게 될 것이다. 새 하늘과 새 땅은 현재의 세상을 더 아름답게 할 것이다. 더 눈부시고, 더 멋지고, 더 신 나고, 더 행복한 곳이 되게 할 것이다. 내가《당신의 예수는 너무 안전하다》*Your Jesus Is Too Safe* 라는 책에서 썼듯이 타락한 이 세상을 천국과 비교하자면 "영원한 영광의 향연은 그 찬란한 북극광마저 아이들이 갖고 노는 라이트 브라이트(Lite Brite, 그림에 맞춰 펜을 꼽으면 색색의 환한 빛을 발하는 장난감 - 역주)보다 못하게 만든다."[05]

이 세상에 존재하는 모든 색깔보다 더 다양하고 찬란하고 아름다운 색상들이 있다고 상상해 보라. 그리고 새 피조물들을 상상해 보라. 히말라야 산맥, 붉게 물든 새벽하늘, 앙헬폭포, 아일랜드의 에메랄드 빛 언덕들, 수단의 진주, 호주의 산호초, 중국의 광활한 평원, 북극의 수정 같은 빙하, 미들타운 스프링스의 미네랄 스프링스 공원…. 이 모두 다가올 세상의 희미한 축소판이 아니겠는가?

우리는 영원히 놀라고 경탄해 마지않을 불가사의한 하나님을 숭배한다. 그분의 불가사의는 영원으로도 절대 닳지 않을 것이다. 우리의 세상은 너무 얄팍해서, 육중한 천국을 가리지 못한다. 그 천국에 10차원의 예수님이 살고 계시다. 그리고 언젠가는 이 얄팍한 세상을 압도하게 되실 것이다. 마라나타!

그리스도 안에서 무한한 위대함과
무한한 선(善)이 만나고
광채 위에 영광이 덧입혀진다.
그분의 위대함은 그분의 선하심으로 말미암아
더욱 아름다움을 발한다.
선함이 없이 큰 사람이 되면, 그만큼 악도 크다.
그러나 무한한 선함이 위대함과 합해지면
그것은 영광스럽고도 찬탄할 만한 위대함이 된다.
조나단 에드워즈

In Christ infinite greatness
and infinite goodness meet together,
and receive lustre and glory one from another.
His greatness is rendered lovely by his goodness.
The greater any one is without goodness,
so much the greater evil;
but when infinite goodness is joined with greatness,
it renders it a glorious and adorable greatness.
Jonathan Edwards

10

그리스도의 무한한 미덕

GOSPEL DEEPS

예수 그리스도의 복음은 본질적으로 예수 그리스도 자신이다. 예수 그리스도의 복음은 실제적으로 그분의 무한한 미덕의 계시다. 우리를 악에서 구원하고, 선한 사람으로 만들고, 천국으로 인도한다 하더라도 이 모든 게(혹은 그 이상이) 예수님과 상관없이 이뤄진다면 그건 복음이 아니다. 진정한 복음의 요체는 예수님을 송축하는 것이다.

> **또한 그가 만물보다 먼저 계시고 만물이 그 안에 함께 섰느니라 그는 몸인 교회의 머리시라 그가 근본이시요 죽은 자들 가운데서 먼저 나신 이시니 이는 친히 만물의 으뜸이 되려 하심이요** 골 1:17–18

우리는 오직 그분의 충만함으로부터 은혜 위에 은혜를 받았다

(요 1:16). 그렇기에 복음을 공부한다는 것은 복음의 모든 경이와 축복 중에서 "예수 그리스도의 얼굴에 있는 하나님의 영광"(고후 4:6)을 더 분명하게 보게 된다는 뜻이다.

우리가 주님을 사랑해야 할 이유도 그것이다. 주님을 사랑함으로 그분의 사랑을 더 깊이 알아서 그분을 더욱 사랑하려는 것이다. 복음의 아름다운 깊이를 보면서 예수님의 아름다움을 보지 못하면 므슨 소용이 있겠는가? 아무 소용이 없다. 천사들도 복음에 매료되지만 복음은 그들을 위한 것이 아니다. 귀신들도 복음을 알지만, 복음은 그들을 위한 것도 아니다. 복음은 오로지 우리만을 위한 것이다. 왜냐하면 예수님이 우리를 사랑하시기 때문이다. 우리가 구세주인 주님을 사랑할 때에만 복음은 우리 마음에 온전히 새겨질 수 있다. "예수께서 그리스도이심을 믿는 자마다 하나님께로부터 난 자니 또한 낳으신 이를 사랑하는 자마다 그에게서 난 자를 사랑하느니라"(요일 5:1). 사도 요한은 두 장이나 되는 지면을 할애하여 구원받은 사람들이 서로 사랑해야 한다고 역설했다. 서로 사랑하지 않는 것은 하나님 사랑을 모르는 처사라고 따졌다. 그의 말대로 우리가 하나님의 사랑을 제대로 안다면, 마땅히 하나님 아들에 대한 사랑으로 이어져야 하지 않겠는가?

예전에 내가 살던 내슈빌에는 '목회자 복음학교'라는 게 있었다. 어느 해인가 나는 레이 오틀런드Ray Ortlund 목사를 비롯해 친한 목사들 몇 명과 함께 그 집회에 참석했다. 그리고 얼마 지나서 우리가 오틀런드 목사의 사무실에 모여 있을 때 그가 예수님에 대해 친근한 말투로 이야기하는 걸 듣게 되었다. 그 순간에 나는 그 말이 지닌 마법 같은 힘에 사로잡혔다. 뭐라고 정확하게 설명하기 힘든 묘한 힘이었다. 오틀런드 목사가 이야기를 하는 동안에 우리는 그저 멍하니 그의 말에 귀를 기울였다. 예수님의 위대함이 갈수록 그 방에 가득 차올라, 우리는 점점 더 작고 초라해지는 느낌이 들었다. 오틀런드 목사는 예수님이 얼마나 키가 크셨는지(내 기억에는 2m라고 했던 것 같다), 무엇이 그분을 웃게 했는지, 얼마나 아이들에게 관심이 많으셨는지, 화가 날 때는 어떤 표정을 지으셨는지를 이야기했다. 그는 그렇게 몇 분 동안 자신이 깨달은 것들을 우리에게 말했다. 물론 그건 상상으로 지어낸 말이었지만, 그렇다고 절대 빈말은 아니었다. 농담이나 미신도 아니었다. 다만 우리에게 자신의 친구에 대해 이야기해 준 것이었다. 예전에도 예수님을 그렇게 친근히 묘사하는 사람들을 더러 본 적이 있었지만, 그때는 달랐다. 오틀런드 목사의 말에는 거룩한 존중과 함께 예수님에 대한 경외심, 진실한 사랑, 애틋한 친밀감이 짙게 배어나고 있었다. 그가 예수님에 대해 얘기하는 동안 속으로 "나도 예수님을 저렇게 알았으면 좋겠다. 나도 저렇게 예수님을 사랑하고 싶다"라는 생각이 들었다. 그는 예수님을 하늘 높이 받들면서 온 마음으로 흠모하고 있었다.

골로새서 1장 25-27절에서 바울은 말하길, 우리 안에 계신 그리스도께서 만대로부터 감추어졌던 하나님 말씀의 비밀의 영광이 얼마나 풍성한지를 보여 주신다고 했다. 그분은 단순히 이 세상에 드러난 비밀이 아니다. 영광으로 드러난 비밀이다. 그분은 단순한 영광이 아니다. 영광의 풍성함이다. 예수님은 세상 그 어느 것과 비교해도 가장 소중한 최고의 보물이시다. 믿음의 시험은 금보다 귀한 믿음을 갖도록 우리를 연단하지만, 그보다 중요한 건 아직 보지 못한 주님을 더 깊이 사랑하게 된다는 점이다(벧전 1:6-9).

주님을 더욱 사랑하기 위해서는 성경이 계시하는 그분을 더 많이 바라보는 한편, 그분의 영화롭게 된 모습을 영적으로 바라보아야 한다. 히브리서 기자는 예수님의 영화로운 모습을 다음과 같이 묘사했다.

> 이는 하나님의 영광의 광채시요 그 본체의 형상이시라 그의 능력의 말씀으로 만물을 붙드시며 죄를 정결하게 하는 일을 하시고 높은 곳에 계신 지극히 크신 이의 우편에 앉으셨느니라 그가 천사보다 훨씬 뛰어남은 그들보다 더욱 아름다운 이름을 기업으로 얻으심이니 히 1:3-4

앞에서도 말했듯이 하나님의 영광은 예수 그리스도의 속성과 성품의 집합체다. 히브리서 말씀도 예수님이 그 집합적 광채를 발하신다는 뜻이다. 이는 예수님이 하나님 영광의 반사체라는 사실을 말해 주고 있다. 주님은 하나님 본성의 정확한 복사판으로써 하나님의 영원한 광대함을 그대로 비추고 계시다. 말하자면 하나님의 무한한 신비를 우리에게 보여 주는 진열장인 셈이다.

히브리서 1장 3절과 요한계시록 21장 23절은 하나님의 영광이 새 하늘과 새 땅을 환하게 밝히며 어린양이 등불이 될 것이라고 말한다. 예수님은 다가올 세상에서 태양이 되실 것이다. 새로운 세상의 태양계에선 태양이신 주님을 중심으로 하지 않으면 아무것도 돌아가지 않는다. 생명체도 살지 못하고 균형도 무너진다. 태양이 우리 시스템의 중심이 되지 않으면 혼돈과 무질서와 죽음만 남는다.

태양이 발사하는 무수한 광선처럼 예수님에게서 발사되는 찬란한 광선들은 너무도 많아서, 일일이 헤아리기가 불가능하다. 그래도 한 번 헤아리는 모험을 감행해 보겠는가?

성경이 예수님에 대해 보여 주는 것들은 그 하나하나 그분이 지닌 무한한 영광의 한 줄기 광선으로 생각할 수 있다. 성경에 드러난 각각의 그분 모습이 하나님 영광의 광채를 보여 준다. 예를 들면 이렇다. 예수님은 우리의 변호인이자 창조주이신 동시에 우리 믿음을 완전하게 하는 분, 신랑, 구원자, 대속자, 기업 무를 자, 선한 목자, 위대한 대제사장, 메시아, 구원의 뿔, 위대한 치료자, 인자, 중보자, 두 번째 아담, 부활한 주님이시다. 이 모든 것이 그 광채의 찬란함을 증거한다.

예수님은 하나님의 어린양이자 우리 죄를 대속한 대속자이며, 승리자이고, 우리의 의로움이시다. 구원 사역에 들어 있는 이 모든 요소에서 빛과 열기가 뿜어져 나온다. 또한 주님을 가리키는 생명의 빵, 모퉁잇돌, 길과 진리와 생명, 문, 반석, 포도나무 같은 상징들에서는 얼마나 눈 부신 햇살이 쏟아져 나오는가?

예수님은 태초의 흑암 속에 계셨고, 아담과 함께 에덴을 거니셨고, 야곱과 씨름하셨고, 그분을 희미하게 볼 수밖에 없었던 선지자와 시편 기자들의 찬양을 받으셨고, 사드락과 메삭과 아벳느고 곁에서 풀무불 사이를 걸어 다니셨다. 정말로 그분이 예수님이었을까?

> 내가 그를 보아도 이때의 일이 아니며
> 내가 그를 바라보아도 가까운 일이 아니로다
> 한 별이 야곱에게서 나오며
> 한 규가 이스라엘에게서 일어나서
> 모압을 이쪽에서 저쪽까지 쳐서 무찌르고
> 또 셋의 자식들을 다 멸하리로다 민 24:17

하나님의 아들이 일어나시니 우리가 보리로다! 우리는 정말로 볼 것이다. 그분은 찬란한 새벽별이고 세상의 빛이고 하나님 영광의 광채시다!

예수님에게서는 심지어 역설적 위대함이 발사되어 나온다. 서로 모순처럼 보이는 그분의 위대함조차 서로를 완성하고 높이며 그분에게서 통합된다. 존 파이퍼는 조나단 에드워즈의 말을 빌려 다음과 같이 그 사실을 설명했다.

> 우리에게 드러난 예수 그리스도의 영광은 하나의 속성이나 행동으로 구성된 게 아니라 조나단 에드워즈가 "다양한 위대함의 감탄할 만한 결합"이라고 부른 것으로 구성된다. "그리스도의 위대함"이라는 설교에서 에드워즈는 요한계시록 5장 5-6절을 예로 들어, 그리스도는 사자인 동시에 어린양으로 비유된다고 말했다. 이를테면 예수님의 영광이 그런 다양한 위대함(사자와 어린양)으로 그분 안

에 통합되어 있다는 뜻이다. 그러한 위대함은 너무도 다채로워서, "한 주제 안에서 공존하기가 사실상 불가능할 정도다." 다시 말하자면,

- 우리는 예수님의 영광을 우러러보지만 그 영광은 그분의 겸손과 혼합되어 있어 더 우러름을 받아야 한다.
- 우리는 예수님의 초월성을 우러러보지만 그 초월성은 그분의 낮아짐과 함께하기에 더 우러름을 받아야 한다.
- 우리는 예수님의 타협 없는 공의를 우러러보지만 그 공의는 긍휼과 조화를 이루기에 더 우러름을 받아야 한다.
- 우리는 예수님의 위엄을 우러러보지만 그 위엄은 온유함 속에서 드러나기에 더 우러름을 받아야 한다.
- 우리는 예수님의 하나님과 동등됨을 우러러보지만 그럼에도 하나님에 대한 깊은 경외심을 갖고 계시기에 더 우러름을 받아야 한다.
- 우리는 예수님이 모든 것 위에 가장 존귀한 분이기에 우러러보지만 그럼에도 악의 고난을 당할 만큼 놀라운 참을성을 발휘하셨기에 더욱 우러름을 받으셔야 한다.
- 우리는 예수님이 세상을 지배하는 전능한 통치자이기에 우러러보지만 그분의 통치는 순종과 복종의 정신을 겸비했기에 더욱 우러름을 받아야 한다.
- 우리는 교만한 서기관의 코를 납작하게 했던 예수님의 지혜를 우러러보지만 또한 어린이들을 사랑하고 그들과 시간을 보내시던 소박한 모습에 그분을 더욱 우러러보아야 한다.
- 우리는 예수님이 폭풍을 잠잠케 하셨다고 우러러보지만 매정하게 대했던 사마리아인들(눅 9:54-55)을 벌하거나 십자가 위에서 내려오기 위해 그 권능을

사용하지 않으신 그분을 더욱 우러러보아야 한다.

물론 이뿐만이 아니다. 이런 식으로 나열하자면 한도 끝도 없다. 그래도 예수님의 아름다움과 위대함이 결코 단순하지 않다는 사실은 충분히 이해가 되었으리라고 생각한다. 그것은 매우 복잡다단하다. 예수 그리스도라는 한 인격체 안에는 이 모든 품성과 자질이 완벽한 균형과 조화를 이루며 결합되어 있다. 그래서 그분이 그토록 특별하고 존귀하고 영화로운 것이다.[01]

조나단 에드워즈는 예수님 안에서 교차되는 역설적인 모습들(예를 들면 유다의 사자인 동시에 하나님의 어린양이 되심)을 다음과 같이 정리했다. 물론 이 외에도 많이 있다.

예수님은 희생물이 되신 제사장이다.

예수님은 스스로를 벌하신 재판장이다.

예수님은 어린양이 되신 목자다.

예수님은 유월절 어린양이 되신, 광야에 놓아 주는 속죄염소다.

예수님은 종이 되신 왕이다.

예수님은 칼을 주러 오신 평화의 왕이다.

예수님은 알파와 오메가, 처음과 나중, 처음이자 끝이다.

예수님은 하나님인 인간이다.

예수님은 왕이고 제사장인 선지자다.

이런 식으로 주님의 상반적 위대함을 찾는 작업은 해도 해도 끝이 없다. 절대 바닥이 나지 않는다. 요한의 말처럼 예수님의 공생애 기록을 보관하기에도 이 세상이 좁을 지경이라면, 그분의 무한한 영광의 광선을 쬐는 데에는 영원이라는 시간이 필요하지 않겠는가?

우리가 이런 놀라운 열기에 타들어 가지 않는 방법은 간단하다. 우리도 뜨거우면 된다. 그러나 우리는 뜨겁지 못하다. 오직 예수님만이 뜨거우시다.

"그의 능력의 말씀으로 만물을 붙드시며"(히 1:3)라고 히브리서 기자는 말을 잇는다. 요한복음 1장 1-3절에서는 이 세상이 예수님에 의해 창조되었다고 말한다. 아닌 게 아니라 창세기 첫 장을 보면 말씀으로 천지가 창조되는 장면이 나온다. 그렇다면 지금도 그분은 자신의 능력의 말씀으로 세상 만물을 지배하고 계실 것이다. 그런데 이 말에는 이중의 뉘앙스가 있다. 예수님은 능력의 말씀으로 만물을 지배하시므로 무언가를 향해 '가만 있어라!'고 하시면 꼼짝 않고 그대로 있어야만 한다. 여기에 ESV 영어성경 번역은 생생한 느낌까지 살려서, 예수님의 권능에 대한 소문만 듣고도 감히 한 발짝도 움직이지 못하고 그대로 얼어붙는 장면을 연상시킨다.

어쨌든 예수님이 우주만물을 지배하고 계시다면 이건 굉장한 일이다. 우리는 모든 걸 다시 생각하고 다시 고심해야 한다. 정말로 예수님이 만물을 지배하신다면 사탄과 하나님이 싸우고 있다는, 그리고 그 결과는 알 수 없다는 식의 이원론적 사고는 쓰레기통에 버려야 한다. 어떤 강사와 책들은 그 싸움에 우리의 능력이 매우 중요하다는 식으로 이야기한다. 정말 그럴까? 하나님이 세계를 지배하시는 데 우리의 기도가 진짜로 필수적일까? 대중문화에서는 그런 억지주장을 끌어들여 예수님을 팅커벨(동화 '피터 팬'에 등장하는 요정 – 역주)로 둔갑시키고 구경꾼들의 환호가 있어야만 힘을 내시는 분으로 묘사한다. 예수님을 나약한 요정으로 모는 짓은 당장 회개해야 한다.

예수님이 능력의 말씀으로 우주 만물을 통치하고 계시다면 우리는 세상 종말에 대한 근심과 염려를 그쳐야 한다. 지구온난화로 멸망한다고 생각하는가? 그럴 수도 있고 아닐 수도 있다. 어쨌든 예수님이 오셔야만 세상은 끝이 난다. 종말은 그분의 손에 달린 것이다.

예수님이 능력의 말씀으로 우주 만물을 통치하고 계시다면 우리는 회개할 게 아주 많다. 먼저는 우리가 세상에 무언가를 공헌한 듯이 우쭐대었던 걸 회개하고, '원하는 대로 이루어 주신다'는 번영 신학, '믿음대로 된다'는 인간 중심의 이단적 헛소리를 회개해야 한다.

예수님은 능력의 말씀으로 세상을 통치하고 계신다!

"죄를 정결하게 하는 일을 하시고"(1:3). 예수님은 얼마나 위대하신가? 죄를 정결케 하기 위해서는 흠이 없고 완벽한 희생물이 필요하다. 그러나 아무리 흠 없고 완벽한 동물이라도 모든 죄를 한꺼번에 속죄할 수는 없다. "제사장마다 매일 서서 섬기며 자주 같은 제사를 드리되 이 제사는 언제나 죄를 없게 하지 못하거니와"(히 10:11). 그러나 "그는 저 대제사장들이 먼저 자기 죄를 위하고 다음에 백성의 죄를 위하여 날마다 제사 드리는 것과 같이 할 필요가 없으니 이는 그가 단번에 자기를 드려 이루셨음이라"(히 7:27). 그분은 완벽한 정도가 아니라 초강력 울트라슈퍼급으로 완벽하신 분이다.

예수님은 우리의 죄를 정결하게 하기 위해 자신의 완벽함을 사용하셨다.

"높은 곳에 계신 지극히 크신 이의 우편에 앉으셨느니라"(히 1:3). 왜 주님은 앉으셨을까? 일이 끝났기 때문이다. 죄의 대가를 끝전 한 푼까지 모조리 남김없이 치러 주셨기 때문이다.

"그가 천사보다 훨씬 뛰어남은 그들보다 더욱 아름다운 이름을 기업으로 얻으심이니"(히 1:4).

미국을 떠들썩하게 만들었던 《3분》(크리스천석세스 역간, 콜튼 부포라는 4살 소년이 수술 도중 천국을 다녀왔다며 그 체험을 기록한 책 - 역주)이라는 책의 문제점을 알고 싶은가?[02] 이런 류의 책에서 논란이 되는 정직성의 문제는 제쳐놓더라도, 가장 큰 문제는 천국의 예수님이 마치 디즈니랜드의 만화 주인공 복장을 한 사람처럼 묘사된다는 점이다. 그들은 예수님을 산타클로스나 천국의 볼거리로 취급한다. 말하자면 그분은 천국의 특별 출연자인 셈이다. 그러나 성경은 예수님이 천국의 주인이라고 말한다. 천국에 예수님이 계시지 않다면 그건 천국이 아니다. 예수님이 전부이거나 제로가 되어야 한다.

당신은 대중을 현혹시키는 천사 문화에 관해 알고 있는가? 천사에 대한 관심은 썰물도 밀물도 있었지만, 1980년대 중반부터

1990년대 초반까지는 특히 천사 문화가 대유행이었다. 천사 장식물, 천사 조각상, 천사에 대한 TV쇼, 천사에 대한 책 등등. 사람들은 왜 그렇게 천사를 좋아하는 걸까? 아마도 기분 좋고 평화로운 느낌을 주고 막연한 영적 동경심을 채워 주기 때문이 아닐까? 그러나 이러한 천사 이미지는 성경에 나오는 거룩하고 위엄 있는 천사들과는 아주 동떨어진 이미지다. 성경의 천사들은 대개 "두려워하지 마라!"고 말했다. 만약 그들이 분홍 드레스를 입은 예쁜 아가씨나 하프를 타는 붉은 볼의 아기들이었다면 그렇게 말할 이유가 없었을 것이다. 어쩌면 성경의 천사들은 우람한 보디빌더에 더 가깝지 않았을까? 어쨌든 그들은 인간들을 두렵게 했고 당황하게 했다. 이사야서 6장이 대표적인 경우다.

아울러 대중문화에서는 천사들이 보통 인간을 도와주는 존재로 그려진다. 물론 성경의 천사들도 하나님의 백성을 지키고 보호할 때가 있었다. 그러나 실제 그들이 맡은 임무는 유치한 현대판 버전하고는 거리가 멀다. 요즘의 천사는 천사라기보다는 요술램프에서 나오는 요정에 더 가깝다.

현대판 천사론은 거의 예외 없이 예수님 권위에 대한 도전이라고 해야 한다. 천사는 결코 숭배의 대상이 될 수 없다. 주님만이 그 대상이 되어야 한다. 그분은 자신을 우주의 중심에 갖다 놓으셨다. 그래서 우리에게 사랑이든 미움이든 반응을 요구하신다. 우리는 절대 그분에 대해 모호한 태도를 취할 수 없다(마 12:30).

예수님만이 최고다. 그분 앞에서는 그 무엇도 기를 펴지 못한다. 높은 자리에 앉아서 이래라저래라 지시하는 사람을 우리는 무엇이라고 부르는가? 우두머리라고 부른다.

마태복음 10장 33절에서 예수님은 이렇게 말씀하셨다. "누구든지 사람 앞에서 나를 부인하면 나도 하늘에 계신 내 아버지 앞에서 그를 부인하리라." 예수님을 사랑한다는 것은 그분과 함께, 그분 안에서, 그분을 위해서, 그분에 의해서 살아가며 영생을 누린다는 것이다. 반면에 예수님을 거절하는 것은 곧 지옥을 선택하는 것이다. 왜 그런가? 주님은 천사들과 만물보다 뛰어나신 분이고, 그분이 기업으로 받은 이름은 천사들이나 다른 모든 이름보다 훨씬 더 우월하기 때문이다.

그럼 예수님은 어떤 이름을 기업으로 받으셨는가? 만물 위에 뛰어난 이름!!

그분은 이름 부자다. 그리스도, 주, 전능자, 신실하고 진실한 분, 알파와 오메가, 임마누엘(우리와 함께 계신 하나님), 찬란한 새벽별, 의로운 해, 왕 중의 왕, 주의 주, 유다의 사자, 다윗의 뿌리, 다윗의 자손, 랍비, 하나님의 독생자, 옛적부터 항상 계신 분, 하나님의 말씀, 스스로 있는 자….

그분의 이름은 모든 이름 위에 뛰어나다(엡 1:21; 빌 2:9). 그분의 이름은 홀로 높임을 받을 것이다(시 148:13). 그분의 이름 외에 하늘 아래 우리를 구원할 수 있는 다른 이름은 주어진 적이 없다(행 4:12).

만약 하나님의 사랑을 느끼고 싶다면, 하나님께 자신의 사랑을 전해 드리고 싶다면, 진정한 부흥을 맛보고 싶다면, 독생자를 주신 은혜에 조금이라도 보답하고 싶다면, 우리는 예수 그리스도의 얼굴에 있는 하나님의 영광을 구해야 한다. 바로 그 영화롭고, 크고, 뛰어난 주님을 우리는 믿고 경배하며 전파해야 한다.

"그리스도는 언제나 우리에게 열려 있는 샘이다. 우리는 그곳에서 깊고 비밀스런 샘에 무익하게 숨어 있었을 물을 긷는다"라고 칼뱅은 말했다.[03] 아! 우리의 마음은 얼마나 목말랐던가! 사슴이 시냇물을 갈구하듯 우리의 영혼도 예수님을 갈구하고 있었다(시 42:1). 비록 알아차리지 못했어도, 진창 속에서 헤매고 있었어도 그건 사실이었다. 우리에게는 생수가 필요하다. 생수를 마시지 못하던 죽을 때까지 우리는 목마를 것이다. 예수님 안에는 무한한 영광의 광채가 빛나고, 그분 안에는 또한 무한한 생명의 샘물이 흐른다. 그러기에 시편 기자는 "나의 모든 근원springs이 네게 있다 하리로다"(시 87:7)라고 읊은 것이다.

하나님의 깊은 것들, 하나님과의 친밀한 관계는 모두 하나님 영광의 광채이신 예수님으로부터 비롯된다. D. A. 카슨은 "하나님이 우리에게 베푸시는 모든 은혜는 예수님의 공로에 연결되어 있다"고 말했다.[04] 복음의 풍성함도 마찬가지다. 그분에게서 하나하나씩 은혜 위에 은혜가 샘솟듯이 흘러나온다. 하나님의 축복은 예수님 안에서 보장되고 무상으로 제공된다. 하나님은 예수님 안에 있는 보물을 우리에게 아낌없이 부어 주신다. 그러면서 그 영광스런 광채 속에서 마음껏 뛰어놀라고 하신다. 로버트 머리 맥체인Robert Murray M'Cheyne의 권유를 들어 보라.

깊이를 헤아릴 수 없는 은혜의 바다가 그리스도 안에서 당신에게 펼쳐져 있다.

그 속에 뛰어들고, 또 뛰어들라. 아무리 내려가도 당신은 그 깊이의 끝에 도달하지 못할 것이다. 지금 이 순간에도 얼마나 많은 눈부신 진주와 보석들이 그 깊은 바닷속 동굴 안에 감추어져 있을 것인가! 그곳에는 그리스도의 헤아릴 수 없는 부요함이 들어 있다.[05]

데인 오틀런드Dane Ortlund는 한 블로그에서 그리스도의 부요함이라는 바닷속 동굴이 태초 이전부터 얼마나 깊었는지를 이야기했다. 그곳은 바닥이 보이지 않으며, 깊이 들어갈수록 더 깊은 심연만이 있고, 신약의 책들은 그 길을 안내하는 길잡이라고 그는 말했다.

마태복음은 메시아에 대한 구약의 소망이 이루어졌음을 보여 준다. 그분은 하나님의 백성을 구원할 다윗의 아들이자 기름부음 받은 그리스도였다(마 1:21).

마가복음은 하나님이 오셔서 불의한 세상을 바로잡아 주길 바라는 구약의 갈망이 성취되었음을 보여 준다. 부자와 빈민, 압제자와 압제받는 자, 배부른 자와 배고픈 자, 이방인과 유대인의 처지가 뒤바뀌었다(막 19:10).

요한복음은 구약의 성막, 또는 성전이 본연의 역할을 다했음을 보여 준다. 즉, 하나님과 인간의 관계를 회복시킨 것이다(요 1:14, 2:21, 14:6).

사도행전은 하나님이 열방에 긍휼을 베푸심으로 구약의 언약이 성취되었음을 보여 준다(행 1:8, 9:15).

로마서는 예수님 안에서 하나님의 공의가 온전히 드러남으로써 그분의 의와 긍휼 사이의 끊임없는 긴장이 해소되고 구약의 언약이 성취되었음을 보여 준다(롬 1:17, 3:21–26).

고린도전서는 하나님이 세상의 지혜를 점진적으로 멸하심으로써 그리스도 안에서 구약의 언약이 성취되었음을 보여 준다(고전 1:19).

고린도후서는 연약한 자들을 통해 큰일을 이루시는 구약의 반복적인 양상이 그리스도 안에서 훌륭히 완성되었음을 보여 준다. 그리스도 안에서 하나님의 모든 약속이 매듭지어졌다(고후 1:20).

갈라디아서는 예수님의 대속의 역사(갈 3:13)가 정해진 때에(갈 4:4–5) 이루어진 것을 지적함으로써 구약이 성취되었음을 보이고 아브라함의 진정한 후손은 믿음의 후손임을 확인시켜 준다(갈 3:7–9).

에베소서는 오랫동안 감추어진 '신비'가 바로 그리스도였다는 사실을 밝힘으로써 구약이 성취되었음을 보여 준다. 주님의 죽음과 부활로 말미암아 유대인과 이방인이 하나 되었고, 새로운 하나님의 백성이 되었다(엡 3:5–6).

빌립보서는 교회가 진정한 할례임을 강조함으로써 구약이 성취되었음을 보여 준다(빌 3:2–3).

골로새서는 하나님의 형상으로 된 또 다른 아담(골 1:15)이 창세기 1장 28절의 생육하고 번성하라는 명령을 완수함으로써 우리가 두 번째 아담과 연합하여 첫 번째 아담이 실패한 일(즉, 생육하고 번성하는 일)을 이행했고 구약의 언약이 성취되었음을 보여 준다(골 1:10).

데살로니가전후서는 예수님이 심판을 받으심으로써 하나님의 원수들이 심판받기를 원하는 구약의 소망이 성취되었고 이제 하나님의 징벌적 심판은 오직 예수님을 거부한 사람들에게만 임하게 되었음을 보여 준다(살전 5:1–10; 살후 1:5–12).

디모데전후서는 하나님의 백성이 싸워야 할 대상이 아말렉이나 암몬이나 다른 종족이 아니라 오직 죄와 사탄이라는 사실을 알림으로써(딤전 1:18, 6:12; 딤후 2:3–4) 구약의 언약이 성취되었음을 보여 준다. 구약에서 고대하던 구세주로 말미암아 그 전쟁은 결코 패배하지 않는다(딤후 3:15).

디도서는 하나님의 소유이며 선한 일을 열심히 하는 그분의 백성을 구원하려는 구약의 미완성 작업이 완성되었음을 보여 준다(딛 2:11-14).

빌레몬서는 진심으로 사랑하라는 구약의 주장이 실현되었음을 보여 준다(몬 14절).

히브리서는 완벽한 제사장과 최종적인 희생제사로 새 언약이 이뤄지길 바랐던 구약의 염원이 실현되었음을 보여 준다(히 8:1-13).

야고보서는 순종을 바랐던 구약의 염원이 진정한 사랑 안에서 이루어졌음을 보여 준다(약 1:12, 2:8-26).

베드로전후서는 이스라엘에게 왕 같은 제사장이며 거룩한 나라가 되길 바랐던 구약의 염원이 이루어졌음을 보여 준다(벧전 1:4-12). 이사야서 52-53장에 나오듯이 한 집단만이 아닌 한 사람에 의해 그것이 이루어짐으로써 집단적 성취도 가능해졌다(벧전 2:22-25).

요한일이삼서는 그리스도를 통해 우리가 다신 한 번 아담처럼 하나님의 아들이 되고 사랑으로 구약의 율법을 이행하게 되었음을 보여 준다(요일 3:1 외 다수).

유다서는 궁극적으로 구원을 이루신 분이 예수님임을 증거함으로써 구약의 출애굽의 목적이 이루어졌음을 보여 준다(유 5절; 또한 고전 10:4 참고).

요한계시록은 에덴동산에서부터 우리의 원수가 된 사망을 예수님이 이기심으로써 구약의 언약이 성취되었음을 보여 준다(계 1:18, 21:4).[06]

공감각(共感覺)이라는 신경 능력을 가진 사람은 하나의 자극을 받는 순간에 뇌 속에서 다른 감각의 자극이 일어난다고 한다. 예를 들면 4라는 숫자를 볼 때마다 푸른색을 연상하거나 사과 냄새를 맡으면 특정한 음악이 떠오르는 식이다. 말하자면 하나의 감각이 다른 감각을 불러일으키는 것이다.

예수님을 볼 때에도 이런 영적 공감각이 작용한다. 그분은 동시에 수십만 개의 장소에 계시고, 한 장소에서도 수십만 개의 일을 하신다. 그분의 말씀을 읽을 때면 우리는 그분의 미소 짓는 얼굴과 양팔을 벌린 모습을 떠올린다. 그분의 얼굴을 보면 천사들이 "거룩하다!"고 외치는 소리가 들린다. 그분은 우리의 주님으로 군림하시는 동시에 우리의 구세주시다. 우리를 위한 사자인 동시에 어린양이 되셨다. 그분이 우리를 만지시는 순간 우리는 그분 영광의 향기로운 냄새를 맡는다. 그분이 재림하시는 날(제발 그날이 오늘이었으면!)에 우리는 그분을 직접 보게 될 것이며, 그분이 우리를 아시듯 우리도 그분을 알게 될 것이고, 그분 광채의 뜨거운 열기 속에서 말할 수 없는 희열을 느끼는 중에 하나님의 충만함이 우리를 감쌀 것이고, 예수님의 영광과 위대함은 우리의 모든 감각과 신경회로와 영적 안테나와 본능을 자극할 것이고, 영원 무궁히 기쁨이 분출하는 속에서 살게 될 것이다.

복음은 하나님이 예수 그리스도의 생애와 죽음과 부활을 통해 죄인들을 구원하신다는 소식이다. 그 복음은 끝도 없이 깊고 깊으며 온갖 축복과 뛰어남과 미덕이 들어 있어 서로를 밝혀 주고, 서로를 돋보이게 하고, 우주의 아름다움을 반사하고, 온 세상을 주님의 부인할 수 없는 영광으로 뒤덮는다. 예수님만이, 오직 예수님만이 전부 중의 전부시며 만물보다 먼저 계시고 만물이 그 안에 함께 서 있음으로(골 1:17) 하나님은 만유의 주로서 만유 안에 계신다(고전 15:28).

그럼, 이 장은 칼뱅의 해설로 갈무리하겠다.

> 우리의 구원과 구원의 모든 부분은 그리스도 안에서만 이해될 수 있다. 따라서 구원의 아무리 작은 부분도 다른 곳에서 추론하려는 생각을 버려야 한다. 구원을 바라는 사람이라면 누구나 예수님의 이름부터 알아야 한다. 구원은 그곳에 들어 있기 때문이다. 성령의 은사들도 그분의 기름부으심 안에서 발견할 수 있다. 능력은 그분의 통치에, 정결함은 그분의 수태에, 온유함은 그분의 탄생에 들어 있다. 이 세상에 태어남으로 예수님은 모든 면에서 우리와 같이 되셨고, 그럼으로써 우리의 고통을 느껴 주셨다. 구원은 그분의 고난에서, 속량은 그분의 정죄에서, 저주에서의 풀려남은 그분의 십자가에서, 만족은 그분의 희생에서, 정결케 됨은 그분의 보혈에서, 화해는 그분의 무덤행에서, 탐욕의 억제는 그분의 죽음에서, 생의 거듭남은 그분의 부활에서, 영생도 그분의 부활에서, 하늘 왕국의 유업은 그분의 승천에서, 보호와 안전과 축복은 그분의 왕국에서, 심판 날의 설레는 기대감은 그분의 심판관으로서의 권세에서 찾아야 한다. 요컨대 그분 안에 모든 좋은 것이 풍성하게 쌓여 있으니 다른 대상이 아닌 오직 그분의 샘에서만 실컷 마시자는 것이다.[07]

이제 마지막으로 해야 할 말은 오직 하나밖에 없다. 모든 영광을 주님께!

마치며

예수님이 하신 일에 감사하고 싶다면 그분이 무엇을 하셨는지를 더 깊이 알아가라. 당신이 알고 있는 복음에 절대 안주하지 말라. 복음은 삶에 침투하고, 세상을 변화시키고, 우주를 바꾸는 진리다. 어떤 다이아몬드보다 더 많은 면을 갖고 있으며 결코 다함없는 깊이를 갖고 있다.[01)]

– C. J. 매허니 C. J. Mahaney

당신은 복음이 따분하게 느껴지는 병에 걸려 있는가? 그렇다면 정말 큰일이다. 그건 복음이 따분해서가 아니라 당신이 그 이야기를 듣는 데 지쳤다는 뜻이다. 혹자는 복음이 인생 전반을 위한 것이 아니라 특별한 경우에만 해당된다고 말한다. 혹자는 우리가 복음을 과용하면 그 능력이 축소되거나 제한된다고 말한다. 혹자는 복음을 평범한 일상과 구분 지어야 오염되거나 무뎌지지 않는다고 말한다. 모두가 복음을 모르고 과소평가하는 소리다.

히브리서 기자는 그런 어리석은 생각을 하지 말라고 충고한다.

이는 젖을 먹는 자마다 어린아이니 의의 말씀을 경험하지 못한 자요 단단한 음식은 장성한 자의 것이니 그들은 지각을 사용함으로 연단을 받아 선악을 분별하는 자들이니라 히 5:13–14

그러므로 우리가 그리스도의 도의 초보를 버리고 죽은 행실을 회개함과 하나님께 대한 신앙과 세례들과 안수와 죽은 자의 부활과 영원한 심판에 관한 교훈의 터를 다시 닦지 말고 완전한 데로 나아갈지니라 히 6:1–2

문제는 이 말씀들이 교회에서 잘못 해석되고 있다는 점이다. 아동용 글러브를 끼고 복음을 다루려 했던 사람들은 이 말씀을 복음에서 '졸업'하라는 얘기로 알아들었다. 하지만 그런 내용은 성경 어디서도 찾을 수 없을 뿐만 아니라 히브리서의 이 구절에도 해당되는 이야기가 전혀 아니다. 그럼에도 대충 성경을 읽어본 사람들은 이 구절을 그런 뜻으로 오해한다. 그럼 다른 말씀들을 참고삼아 도움을 받아 보자. 히브리서 5장 12절은 "때가 오래되었으므로 너희가 마땅히 선생이 되었을 터인데 너희가 다시 하나님의 말씀의 초보에 대하여 누구에게서 가르침을 받아야 할 처지이니"라고 말했다. 분명한 사실은 이 편지를 받은 사람들이 그리스도의 초보적 가르침을 떠나야 하고 하나님 말씀의 초보를 다시 배워야 한다는 것이다. 히브리서 저자가 두 개의 입을 갖지 않는 한 이 말씀은 두 개의 전혀 다른 뜻을 의미한다고 봐야 한다.

대체 '터'를 다시 닦지 말라는 건 무슨 얘기일까? "죽은 행실을 회개함과 하나님께 대한 신앙과 세례들과 안수와 죽은 자의 부활과 영원한 심판에 관한 교훈의 터"가 무엇을 말하는 건가? 존 파이퍼는 다음과 같이 풀이했다.

> 히브리서 5장 12절에서 말한 가르침과 6장 1절에서 말한 터를 다시 내린다는 것에는 분명한 차이점이 있다. 하나는 그들에게 필요하고, 하나는 필요하지 않다는 점이다. 그렇다면 무엇이 다르다는 말인가?
>
> 그들에게 필요했던 초보적 가르침(5:12)이란 예수님을 위해 그 가르침을 어떻게 사용해서 성숙해지느냐를 말하는 것이라고 생각한다. 그러나 터를 다시 내린다는 것은 그리스도에 대한 초보적 가르침을 망각하고서 구약과 유대교의 논리를 사용해 예수님을 이해하며 전도의 근거로 삼으려 했음을 의미하는 듯하다. 히브리서 저자는 그 논리로 돌아가는 것을 원치 않았던 것이다.
>
> 다시 설명해 보겠다. 히브리서 저자는, 그리스도를 이해하기 위한 터를 내리는 것과 그 터를 바탕으로 그리스도 안에서 어떻게 살아갈까를 고심하는 문제를 별개의 것으로 생각했다. 그의 생각 속에 있는 터가 무엇인지는 6장 1–2절에 나와 있다. 그런데 여기에서 놀라운 사실은 저자가 조목조목 나열하는 사항들이 기독교 교리보다는 편지 수신인들이 원래 믿었던 구약과 유대교의 교리였다는 점이다.[02)]

존 칼뱅은 같은 구절에 대해 다음과 같은 주석을 달았다.

> 저자는 그들에게 그 초보적 가르침을 떠나라고 권했다. 성도들에게 그것을 완전히 잊으라는 게 아니라 그것에 머물러 있지 말라는 것이다. 그 뒤에 나오는 '터'와 비교해 보면 그 뜻은 더욱 분명해진다. 집을 건축할 때 터를 떠나면 안 된다.

> 그렇다고 언제나 터만 닦고 있는 것도 우스운 일이다. 터를 내리는 것은 그 위에 건물을 짓기 위함이다. 만일 터를 내리고도 그 위에 건물을 세우지 않는다면 그건 아무 소용이 없으며, 어리석은 노동에 지나지 않는다.[03]

이번에는 튤리안 차비진Tullian Tchividjian의 의견을 들어 보자.

> 성화는 고되고 힘겨운 과정이다. 그것은 우리가 의롭게 된 것을 넘어서는 과정이 아니라 우리의 의로움 속으로 더 깊이 들어가는 과정이다. 성화가 수영이라고 한다면 의로움은 우리가 수영하는 수영장이다. 성화란 우리가 이미 그리스도 안에서 확실하게 용서받은 사실(의롭게 된 것)로 돌아가서 그 단추를 계속해서 누르는 작업이다.[04]

어떤 경우든 나는 복음이 기독교의 ABC(초보)이니까 안전벨트를 단단히 매고서 더 어려운 가르침을 배워야 한다는 뜻으로 히브리서 말씀을 해석하지 않는다. 오히려 복음에서 멀어지지 말고 복음을 더 깊이 알아야 한다는 뜻으로 생각한다.

복음 속에 깊이 침잠할 때, 즉 천사들이 그랬던 것처럼 그 영광을 뚫어져라 응시할 때, 우리에게 어떤 일이 일어날까? 고린도후서 3장 18절에 따르면 우리가 주님을 바라볼 때 더 높은 차원의 영광으로 변화된다고 한다.

나는 로마서 12장 11절의 RSV 성경 버전을 좋아한다. RSV는 "열심을 품고"라는 부분을 "be aglow with the Spirit"(성령으로 빛을 발하면서)라고 번역했다. 반면에 ESV 성경은 "be fervent in spirit"(열심을 품고)라고 번역했지만, 그렇다고 RSV와 모순되는 것은 아니다. "성령으로 벌겋게 달아오르다"라는 표현은 분명 성경적인 사고방식이다. "그들이 주를 앙망하고 광채를 내었으니"라는 시편 34편 5절 말씀도 떠오른다. 예수님의 광채는 분명 우리 얼굴에서도 반사될 것이다. 정말로 주님을 바라본다면 우리는 그분으로 빛이 나게 되어 있다.

문제는 주님의 죽음과 부활을 보면서도 결국은 그분의 죽음과 부활을 보지 못한다는 데 있다. 복음은 유창한 언변이나 학자들을 통해 전파된 게 아니었음을 기억하라. 전도자들은 그저 불을 일으켰을 뿐이다. 불이란 모든 걸 순식간에 삼켜 버리는 속성이 있다. 초기의 복음도 그랬다.

우리 모두 그 단순한 복음의 깊고 깊은 심연 속으로 헤엄쳐 나아가자. "네가 만일 네 입으로 예수를 주로 시인하며 또 하나님께서 그를 죽은 자 가운데서 살리신 것을 네 마음에 믿으면 구원을 받으리라"(롬 10:9). 겨자씨 크기의 믿음만 있으면 그리스도의 엄청난 부를 받을 수 있다는 간단한 소식이 복음이다. 그러나 그 작은 겨자씨가 이후에는 새들의 주거지가 된다(마 13:32). '아주 약간'의 복음이 전 세계를 채울 것이다(마 13:33; 골 1:5-6).

레온 모리스Leon Morris는 이렇게 말했다.

> **대속을 공부할 때 가장 인상적인 것은 예수님의 공로가 지닌 매우 다양한 면이다. 우리를 위해 십자가에 달려 돌아가심으로써 그분은 매우 놀라운 일을 성취하셨다. 따라서 그 일을 완전하게 이해하기란 불가능하다. 그래도 우리는 이해**

를 해야 하고, 그러한 필요성은 예수 그리스도 안에서 온전하게 충족된다. 신약의 저자들은 하나님이 인간을 위해 하신 일의 일부나마 설명하기 위해서 알고 있는 모든 단어를 총동원해야 했다. 그것은 너무 어렵고 복잡했지만, 그래도 그들은 이렇게 고백하지 않을 수 없었다. "이제 내가 육체 가운데 사는 것은 나를 사랑하사 나를 위하여 자기 자신을 버리신 하나님의 아들을 믿는 믿음 안에서 사는 것이라"(갈 2:20).[05]

복음은 단순하지만 물리지 않는다. 예수님께 물리는 일은 절대로 없다.

우리 모두에게는 주님의 모든 것이 필요하다. 그렇다. 이제 회개하고 그분을 믿는 것은 우리 몫일 뿐이다.

주

시작하며

1) C. S. Lewis, *The Last Battle* (New York: Macmillan, 1970), p.180《나니아 연대기-마지막 전투》(시공주니어 역간)
2) Leon Morris, *The Cross in the New Testament* (Grand Rapids, MI: Eerdmans, 1965), p.419《신약의 십자가》(기독교문서선교회 역간)

1장. 복음의 심연 속으로

1) Thomas Goodwin, "A discourse of the Glory of the Gospel", *The Works of Thomas Goodwin* (*Edinburgh*, UK: James Nichol, 1862), 4:272
2) D. A. Carson, *The Difficult Doctrine of the Love of God* (Wheaton, IL: Crossway, 2000), p.24
3) Richard Lovelace, *Dynamics of Spiritual Life: An Evangelical Theology of Renewal* (Downer's Grove, IL: InterVarsity, 1979), p.84-85
4) 여기에서 영적이라는 것은 일반적인 기독교 신앙을 의미하는 게 아니라 특별히 성령의 능력을 가리키는 것이다. 하나님의 사랑은 우리가 생각하는 것보다 훨씬 더 응숭깊으며 훨씬 더 풍요롭고 매력적이다. 천사들도 그 사실을 분명히 알고 있었을 것이다.

5) Matt Chandler, *The Explicit Gospel* (Wheaton, IL: Crossway, 2012). 《완전한 복음》(새물결플러스 역간)

6) Fred Sanders, *The Deep Things of God: How the Trinity Changes Everything* (Wheaton, IL: Crossway, 2010), p.100

7) 같은 책, p.10

8) 같은 책, p.100

9) John Calvin, *Institutes of the Christian Religion*, ed. John T. McNeill, trans. Ford Lewis Battles, 2 vols. (Philadelphia: Westminster, 1960), 1:729

10) 같은 책, 1:736

11) 나는 이런 생각의 보호막으로써 다음 책을 강력히 추천하는 바다. D. A. Carson, *Exegetical Fallacies* (Grand Rapids, MI: Baker, 1996). 《성경 해석의 오류》(성서유니온선교회 역간)

2장. 복음의 위대한 역할

1) Keith Green, "Asleep in the Light", *No Compromise* (Sparrow Records, 1990).

2) 영원한 보장에 대한 신학은 뒤의 7장에서 더 자세하게 논할 것이다.

3) 이 말은 라틴어인데 '의인인 동시에 죄인'이라는 뜻으로 풀이할 수 있다. 로마서 7장에서 바울이 말한 내용을 바탕으로 했으며, 이 사상이 마틴 루터의 저술과 종교혁명 시대에 큰 영향을 끼쳤다.

4) Neil T. Anderson, *Victory Over the Darkness: Realizing the Power of Your Identity in Christ* (Ventura, CA: Regal, 1990), p.57-59 《내가 누구인지 이제 알았습니다》(죠이선교회 역간)

5) Martin Luther, *Luther: Letters of Spiritual Counsel*, ed. and trans. Theodore G. Tappert (Vancouver, CA: Regent College, 2003), p.86-87

6) N. T. Wright, *The New Testament and the People of God* (Minneapolis: Fortress, 1992), p.226-227

7) 1880년 10월 20일에 암스테르담의 자유대학(Free University)에서 아브라함 키이퍼가 했던 다음 강의에서 발췌. "Lectures on Calvinism" (Peabody, MA: Hendrickson, 2008), viii

8) 로그레스(Logres)는 '영국'(England)을 뜻하는 웨일스 말에서 파생했다.

9) David C. Downing, "That Hideous Strength: Spiritual wickedness in High Places", in *C. S. Lewis: Life, works and Legacy*, vol. 2, *fantasist, Mythmaker, and Poet*, ed. Bruce L. Edwards (Westport, CT: Praeger, 2007), p.65

10) Jonathan Edwards, *Dissertation on the end for which God Created the World in The Works of President Edwards* (New York: Leavitt and Allen, 1852), 2:200

11) John Piper, *The Dangerous Duty of Delight* (Sisters, OR: Multnomah, 2001), p.20 《나의 기쁨 하나님의 영광》(생명의말씀사 역간)

3장. 하나님 모양의 복음

1) C. S. Lewis, *Mere Christianity* (Westwood, NJ: Barbour, 1952), p.139-140 《순전한 기독교》(홍성사 역간)

2) John Calvin, *Institutes of the Christian Religion*, 1:128

3) "Belief Statement", The Potter's House, http://www.thepottershouse.org/Local/About-Us/Belief-Statement.aspx

4) T. D. Jakes, "My Views on the Godhead", *Christianity Today Online* (February 1, 2000), http://www.christianitytoday.com/ct/2000/februaryweb-only/13.0b.html

5) T. D. Jakes, interview by Sheridan Voisey, *Open House*, July 18, 2010, http://downloads.fm1032.com.au/oh/oh_TDjakes2010-07-18.mp3

6) D. A. Carson, *Matthew Chapters 13 through 28, Expositor's Bible Commentary* (Grand Rapids, MI: Zondervan, 1995), p.597-998; and Robert H. Gundry, *Matthew: A Commentary on His Handbook for a Mixed Church under Persecution* (2nd ed., Grand rapids, MI: Eerdmans, 1994), p.596

7) Fred Sanders, *The Deep Things of God*, p.211-239

8) J. I. Packer, *Knowing God* (Downer's Grove, IL: InterVarsity, 1973), p.15 《하나님을 아는 지식》(IVP 역간)

9) John Piper, "God So Loved the World, part 2" (sermon, Bethlehem Baptist Church, Minneapolis, March 10, 2009), http://www.desiringgod.org/resource-library/sermons/god-so-loved-the-world-part-2

10) John Calvin, *Commentaries on the Catholic Epistles*, trans. John Owen (New York: Cosimo, 2007), p.24

11) Wayne Grudem, *1 Peter, Tyndale New Testament Commentary* (Grand Rapids, MI: Zondervan, 1999), p.50

12) *Ancient Christian Commentary on Scripture*, New Testament vol. 6, *Romans*, ed. Gerald Bray (Downer's Grove, IL: InterVarsity, 1998), p.276

13) *Letters of Francis Schaeffer*, ed. Lane Dennis (Wheaton, IL: Crossway, 1985), p.127

14) Phillip Ryken and Michael LeFebvre, *Our Triune God* (Wheaton, IL: Crossway, 2011), p.21

15) John Updike, *Terrorist* (New York: Ballantine, 2006), p.152 《테러리스트》(영림카디널 역간)

16) 같은 책, p.211

17) C. S. Lewis, *Mere Christianity*, p.139

4장. 주의 동산에서 뛰어놀라

1) C. S. Lewis, *Reflections on the Psalms* (San Diego: Harcourt Brace, 1986), p.97 《시편 사색》(홍성사 역간)

2) N. T. Wright, *For All God's Worth: True Worship and the Calling of the Church* (Grand Rapids, MI: Eerdmans, 1997), p.9 《톰 라이트 예배를 말하다》(에클레시아북스 역간)

3) Thomas Aquinas, *The "Summa Theologica" of St. Thomas Aquinas*, part 1, trans. Fathers of the English Dominican Province (London: R.&T. Washbourne, 1912), p.432 《신학대전》(바오로딸 역간)

4) John Piper, 2011년 2월 18일자 트위터 메시지에서 발췌, http://twitter.com/#!/JohnPiper/status/38822372786053120

5) C. S. Lewis, *The Problem of Pain* (New York: Macmillan, 1962), p.67 《고통의 문제》(홍성사 역간)

6) Eugene Peterson, *Living the Resurrection: The Risen Christ in Everyday Life*

(Colorado Springs: NavPress, 2006), p.20

7) Jerry Bridges, *The Joy of Fearing God* (Colorado Springs: Waterbrook, 1997), p.253 《하나님을 경외하는 기쁨》(생명의말씀사 역간)

8) 이 주제에 대해서는 내가 쓴 다음의 책을 참고하기 바란다. Jared C. Wilson, *Gospel Wakefulness* (Wheaton, IL: Crossway, 2011). 《복음에 눈뜨다》(예수전도단 역간)

9) Thomas Watson, *Puritan Gems*, ed. John Adey (London: J. Snow and Ward, 1850), p.15

10) Russel Moore, *Tempted and Tried: Temptation and the Triumph of Christ* (Wheaton, IL: Crossway, 2011), p.75 《왜 우리는 유혹을 이길 수 없는가》(복있는사람 역간)

11) Matthew Lee Anderson, *Earthen Vessels: Why Our Bodies Matter to Our Faith* (Bloomington, MN: Bethany, 2011), p.230

12) Thomas Chalmers, "The Expulsive Power of a New Affection" in *The Works of Thomas Chalmers* (Philadelphia: Towar, J. and D. M. Hogan and Hogan, 1830), p.384

13) C. S. Lewis, *Surprised by Joy* (Orlando, FL: Harcourt Brace, 1955), p.193 《예기치 못한 기쁨》(홍성사 역간)

14) John Piper, *Don't Waste Your Life* (Wheaton, IL: Crossway, 2003), p.19 《삶을 허비하지 말라》(생명의말씀사 역간)

15) John Flavel, *The Whole Works of the Rev. Mr. John Flavel* (London: Baynes and Son, 1820), 2:215

16) Jane Austen, *Pride and Prejudice* (New York: Readers' League, n.d.), p.330 《오만과 편견》(민음사 역간)

5장. 대속의 날카로운 칼날

1) 다음 강의에서 인용했다. J. I. Packer, "The Logic of Penal Substitution", (Tyndale Biblical theology Lecture, Tyndale House, Cambridge, UK, 1973년 7월 17일), http://www.the-highway.com/cross_Packer.html

2) Martin Hengel, *Crucifixion in the Ancient World and the Folly of the Message of the Cross* (Philadelphia: Fortress, 1977), p.90

3) Jeff Purswell, "Will Focusing on the Cross Lead Us to Neglect the Resurrection?", C. J.'s View from the Cheap Seats (blog), 2010년 8월 25일자의 글, http://sovereigngraceministries.org/blogs/cj-mahaney/post/2010/08/25/1-Will-focusing-on-the-cross-lead-us-to-neglect-the-resurrection.aspx

4) 시 16:10; 호 6:1-2; 예수님이 언급하신 '요나의 표적'을 참고하라.

5) 존 스토트가 쓴 다음의 책에서 '십자가의 중심성'(The Centrality of the Cross)이라는 소제의 글을 참고하라. John Stott, *The Cross of Christ* (Downer's Grove, IL: InterVarsity, 2006), p.23-50 《그리스도의 십자가》(IVP 역간)

6) 다른 사람에게 내려진 형벌을 대신 받고 죄를 면하게 해주었기에 '대속'인 것이다. "그리스도께서도 단번에 죄를 위하여 죽으사 의인으로서 불의한 자를 대신하셨으니 이는 우리를 하나님 앞으로 인도하려 하심이라 육체로는 죽임을 당하시고 영으로는 살리심을 받으셨으니"(벧전 3:18).

7) John Knox, *The Death of Christ: The Cross in New Testament History and Faith* (New York: Abingdon, 1958), p.146

8) Gustaf Aulen, *Christus Victor*, trans. A. G. Hebert (London: SPCK, 1931), p.106 다음의 강의에서 인용함. J. I. Packer, "The Logic of Penal Substitution" (Tyndale Biblical Theology Lecture, Tyndale House, Cambridge, UK, 1973년 7월 17일), http://www.the-highway.com/cross_Packer.html.

9) 다음의 책을 참고하라. Steve Jeffery, Michael Ovey, and Andrew Sach, *Pierced for Our Transgressions: Rediscovering the Glory of Penal Substitution* (Wheaton, IL: Crossway, 2007). 아울러 다음의 기사를 참고하라. Michael J. Vlach, "Penal Substitution in Church History", *The Master's Seminary Journal*, 20, no. 2 (Fall 2009), p.199-214

10) R. C. Sproul, *The Holiness of God* (Carl Stream, IL: Tyndale, 1998), p.116

11) John Knox, *The Death of Christ*, p.152

12) Charles E. B. Cranfield, *A Critical and Exegetical Commentary on the Epistle to the Romans* (Edinburgh: T&T Clark, 1975), 1:217

13) Bruce Demarest, *The Cross and Salvation: The Doctrine of Salvation* (Wheaton, IL: Crossway, 1997), p.171 《십자가와 구원》(부흥과개혁사 역간)

14) Benjamin B. Warfield, "Christ Our Sacrifice", in *The Works of Benjamin B. Warfield*, vol. 2, *Biblical Doctrines* (Grand Rapids, MI: Baker, 2003), p.423

15) R. K. Harrison, *Leviticus,* Tyndale Old Testament Commentary (Downer's Grove, IL: InterVarsity, 1980), p.182

16) James M. Hamilton Jr., *God's Glory in Salvation through Judgment: A Biblical Theology* (Wheaton, IL: Crossway, 2010), p.114

17) Emil Brunner, *The Mediator*, trans. Olive Wyon (Philadelphia: Westminster, 1947), p.152; 다음의 책에서 인용함. John Stott, *The Cross of Christ*, p.111

18) Rebecca Pippert, *Hope Has Its Reasons* (New York: Harper & Row, 1989), p.159 《토마토와 빨간사과》(사랑플러스 역간)

19) George Herbert, "The Agonie", in *The Essential Herbert*, selected by Anthony Hecht (New York: Ecco Press, 1987), p.25

6장. 고난의 경광

1) John Calvin, *Commentary on the Book of Psalms*, trans. James Anderson (Edinburgh, UK: Calvin Translation Society, 1845), 1:xxxvii

2) Thomas Watson, *A Divine Cordial: Romans 8:28* (Lafayette, Indiana: Sovereign Grace, 2001), p.21

3) C. S. Lewis, *The Business of Heaven: Daily Reading with C.S. Lewis* (Orlando, FL: Harcourt, 1984), p.242 《기쁨의 하루》(홍성사 역간)

4) "Fanny Crosby", Christian History Online, 2008년 8월 8일, http://www.christianitytoday.com/ch/131christians/poets/crosby.html?start=1

5) C. S. Lewis, *The Great Divorce* (New York: HarperCollins, 2001), p.69 《천국과 지옥의 이혼》(홍성사 역간)

6) Jud Wilhite, *Torn: Trusting God When Life Leaves You in Pieces* (Colorado Springs: Multnomah, 2011), p.6-7

7) Rich Mullins, "Hard to Get", *The Jesus Record* (Word Music, 1997)

8) Isaac Watts, "Joy to the World" (1719)

9) John Calvin, *Commentary on Matthew*, Christian Classics Ethereal Library,

http://www.ccel.org/ccel/calvin/calcom33.ii.wlii.html

7장. 동이 서에서 먼 것같이

1) C. S. Lewis, *The Last Battle* (New York: Macmillan, 1970), p.140 《나니아 연대기-마지막 전투》(시공주니어 역간)

2) T. S. Eliot, "*The Waste Land*", iv.4-7, in "The Waste Land" and Other Poems (Orlando, FL: Harcourt Brace, 1962), p.41

3) C. S. Lewis, *Perelandra* (New York: Macmillan, 1965), p.201 《페렐란드라》(홍성사 역간)

4) Joseph Conrad, *Heart of Darkness, in Heart of Darkness and The Secret Sharer* (New York: Signet, 1997), p.164

5) Herman Melville, *Moby Dick* (New York: Penguin, 2009), p.145 《모비 딕》(작가정신 역간)

6) Richard Sibbes, *The Bruised Reed* (Carlisle, PA: Banner of Truth Trust, 1998), p.71 《꺼져가는 심지와 상한 갈대의 회복》(지평서원 역간)

7) John Flavel, *The Whole Works of the Rev. Mr. John Flavel* (London: W. Baynes and Son, 1820), 1:39

8) John Gill, *A Body of Doctrinal Divinity* (Paris, AR: The Baptist Standard Bearer, 2001), p.200

9) Arthur W. Pink, *The Attributes of God* (Grand Rapids, MI: Baker, 2006), p.9-14 《네 하나님을 알라》(규장 역간)

10) Phil Johnson, "Kenosis and the Omnipresence of Christ", Pyromaniacs (블로그), 2011년 8월 25일자, http://teampyro.blogspot.com/2011/08/kenosis-and-omnipresence-of-christ.html

11) Herman Ridderbos, *The Gospel of John: A Theological Commentary*, trans. John Vriend (Grand Rapids, MI: Eerdmans, 1992), p.134-136; and D.A. Carson, *The Gospel According to John*, Pillar Commentary Series (Grand Rapids, MI: Eerdmans, 1991), p.199-201

12) David Alan Black, "The Text of John 3:13", *The Grace Theological Journal*,

6.1 (1985): p.49-66, http://faculty.gordon.edu/hu/bi/Ted_Hildebrandt/NTeSources/NTArticles/GTJ-NT/Black-Jn3-GTJ-85.pdf

13) 같은 책, p.58-59

14) John Calvin, *John*, Crossway Classic Commentaries, ed. Alister McGrath and J. I. Packer (Wheaton, IL: Crossway, 1994), p.74-75

15) Millard J. Erickson, *The Word Became Flesh: A Contemporary Incarnational Christology* (Grand Rapids, MI: Baker, 1991), p.561

16) 같은 책, p.549

17) Louis Berkhof, *Systematic Theology* (Grand Rapids, MI: Eerdmans, 1996), p.323-324 《벌코프 조직신학 합본》(크리스찬다이제스트사 역간)

18) John Calvin, *Institutes of the Christian Religion*, 1:481

19) Thomas Goodwin, *A Habitual Sight of Him: The Christ-Centered Piety of Thomas Goodwin,* ed. Joel Beeke and Mark Jones (Grand Rapids, MI: Reformation Heritage, 2009), p.63-64

20) Marcus Rainford, *Our Lord Prays for His Own: Thoughts on John 17* (Grand Rapids, MI: Kregel, 1985), p.160

21) Derek W. Thomas, *How the Gospel Brings Us All the Way Home* (Lake Mary, FL: Reformation Trust, 2011), p.131

8장. 본향을 향하여

1) Jonathan Edwards, "Memoirs of President Edwards", in *The Works of President Edwards* (New York: Leavitt, Trow, and Co., 1844), 1:19

2) C. S. Lewis, *The Last Battle*, p.180

3) C. S. Lewis, "The Weight of Glory", in *"The Weight of Glory" and Other Addresses* (New York: HarperCollins, 2001), p.30

4) Calvin's *Commentary on the Acts of the Apostles*, cited in W. Robert Godfrey, *John Calvin: Pilgrim and Pastor* (Wheaton, IL: Crossway, 2001), p.79

5) John Kramp, *Out of Their Faces and into Their Shoes* (Nashville: Broadman and Holman, 1995), p.31

6) Augustine, *The Confessions of Saint Augustine*, trans. J. G. Pilkington (Edinburgh: T&T Clark, 1876), 1:1 《성어거스틴의 고백록》(대한기독교서회 역간)

7) John Calvin, *Institutes of the Christian Religion*, 2:739

8) John Murray, *Redemption Accomplished and Applied* (Grand Rapids, MI: Eerdmans, 1955), p.134 《구속》(복있는사람 역간)

9) Lewis B. Smedes, *Union with Christ* (Grand Rapids, MI: Eerdmans, 1983), p.86-87 《바울의 그리스도와의 연합 사상》(여수룬 역간)

10) Matt Chandler, *The Explicit Gospel*, p.207-208

11) John Murray, *Redemption Accomplished and Applied*, p.161

12) 같은 책, p.165

13) John Calvin, *Institutes of the Christian Religion*, 1:737

14) Lewis B. Smedes, *Union with Christ*, xii

15) 그리스도와의 연합에 관해 더 많은 인용문을 보고 싶다면 다음을 참고하라. Justin Taylor, "Union with Christ: A Crash Course", Between Two Worlds (블로그), 2011년 2월 9일, http://thegospelcoalition.org/blogs/justintaylor/2011/02/09/union-with-christ-a-crash-course/

16) Thomas Watson, *Discourses on Important and Interesting Subjects* (Glasgow, Scotland: Blackie, Fullarton, and Co., 1829), 1:614

17) Arthur Pink, *Spiritual Union and Communion* (Lafayette, IN: Sovereign Grace, 2002), p.9

18) Thomas Boston, *An Illustration of the Doctrines of the Christian Religion* (Berwick, UK: W. Gracie and J. Rennison, 1804), 2:134

9장. 우주적 구원

1) Mark Talbot, "*Sin and Suffering in Calvin's World and Ours*" in *With Calvin in the Theater of God*, ed. John Piper and David Mathis (Wheaton, IL: Crossway, 2010), p.53

2) U2, "Beautiful Day" 2000

3) Lesslie Newbigin, *The Gospel in a Pluralist Society* (Grand Rapids, MI: Eerdmans, 1989), p.194 《다원주의 사회에서의 복음》(IVP 역간)

4) Sally Lloyd-Jones, *The Jesus Storybook Bible* (Grand Rapids, MI: Zondervan, 2007), p.314-317 《스토리 바이블》(두란노키즈 역간)

5) Jared C. Wilson, *Your Jesus Is Too Safe: Outgrowing a Drive-Thru, Feel-Good Savior* (Grand Rapids, MI: Kregel, 2009), p.35

10장. 그리스도의 무한한 미덕

1) John Piper, *God Is the Gospel: Meditations on God's Love as the Gift of Himself* (Wheaton, IL: Crossway, 2005), p.52-53 《하나님이 복음이다》(IVP 역간)

2) Todd Burpo with Lynn Vincent, *Heaven Is for Real: A Little Boy's Astounding Story of His Trip to Heaven and Back* (Nashville: Thomas Nelson, 2010). 《3분》(크리스천석세스 역간)

3) John Calvin, *Institutes of the Christian Religion*, 1:736

4) D. A. Carson, *A Call to Spiritual Reformation: Priorities from Paul and His Prayers* (Grand Rapids, MI: Baker, 2006), p.189 《영적개혁 부르짖음》(나침판 역간)

5) Robert Murray M'Cheyne, *Memoir and Remains of Reverend Robert Murray M'Cheyne* (London: W. Middleton, 1845), p.240

6) Dane Ortlund, "The New Testament's Multi-Dimensional Fulfillment of the Old", in Strawberry-Rhubarb Theology (블로그), 2011년 10월 26일, http://dogmadoxa.bolgspot.com/2011/10/new-testaments-multi-dimensional.html

7) John Calvin, *Institutes of the Christian Religion*, 1:527

마치며

1) C. J. Mahaney, *The Cross Centered Life: Keeping the Gospel the Main Thing* (Colorado Springs: Multnomah, 2002), p.67

2) John Piper, "Let Us Press on to Maturity", Desiring God Online, 1996년 10월 6일, http://www.desiringgod.org/resource-library/sermons/let-us-press-on-to-maturity

3) John Calvin, *Commentaries on the Epistle of Paul the Apostle to the Hebrews*, trans. and ed. John Owen, Christian Classics Ethereal Library, http://www.ccel.org/ccel/calvin/calcom44.i.html

4) Tullian Tchividjian, "Work Hard! But in which Direction?" Liberate (블로그), 2011년 6월 8일. http://thegospelcoalition.org/blogs/tullian/2011/06/08/work-hard-but-in-which-direction/

5) Leon Morris, *The Cross in the New Testament* (Grand Rapids, MI: Eerdmans, 1965), p.419 《신약의 십자가》(기독교문서선교회 역간)

복음에 잠기다

지은이 제라드 C. 윌슨
옮긴이 안정임

2014년 10월 21일 1판 1쇄 펴냄

펴낸곳 도서출판 예수전도단
출판 등록 1989년 2월 24일(제2-761호)
주소 경기도 고양시 일산동구 호수로 340-11, 301호(백석동)
전화 031-901-9812 · **팩스** 031-901-9851
전자우편 publ@ywam.co.kr
홈페이지 www.ywam.kr
주문 전화 031-908-9987 · 팩스 031-908-9986

ISBN 978-89-5536-454-5

책값은 뒤표지에 있습니다.
잘못된 책은 바꾸어 드립니다.